历史与理论

Everyman His Own Historian

Essays on History and Politics

人人都是他自己的
历史学家

论历史与政治

〔美〕卡尔·贝克尔（Carl L. Becker）著

马万利 译

北京大学出版社
PEKING UNIVERSITY PRESS

图书在版编目（CIP）数据

人人都是他自己的历史学家：论历史与政治 /（美）卡尔·贝克尔著；马万利译 . — 2 版 . — 北京：北京大学出版社，2022.6
（历史与理论）
ISBN 978-7-301-31635-1

Ⅰ.①人⋯　Ⅱ.①卡⋯②马⋯　Ⅲ.①史学理论—文集　Ⅳ.①K0-53

中国版本图书馆CIP数据核字（2022）第073393号

书　　　名	人人都是他自己的历史学家：论历史与政治 RENREN DOUSHI TAZIJI DE LISHIXUEJIA： LUN LISHI YU ZHENGZHI
著作责任者	〔美〕卡尔·贝克尔　著　马万利　译
责任编辑	李学宜
标准书号	ISBN 978-7-301-31635-1
出版发行	北京大学出版社
地　　　址	北京市海淀区成府路205号　100871
网　　　址	http://www.pup.cn　新浪微博：@北京大学出版社
电子信箱	pkuwsz@126.com
电　　　话	邮购部 010-62752015　发行部 010-62750672　编辑部 010-62707742
印　刷　者	北京中科印刷有限公司
经　销　者	新华书店
	880毫米×1230毫米　32开本　11.125印张　244千字 2013年2月第1版 2022年6月第2版　2022年6月第1次印刷
定　　　价	75.00元

未经许可，不得以任何方式复制或抄袭本书之部分或全部内容。
版权所有，侵权必究
举报电话：010-62752024　电子信箱：fd@pup.pku.edu.cn
图书如有印装质量问题，请与出版部联系，电话：010-62756370

目 录

卡尔·贝克尔的生平与学术（代译序） / 1

前 言 / 1

上篇 1776年精神 / 3
论堪萨斯 / 4
布赖斯勋爵与现代民主 / 30
1776年精神 / 51
现代利维坦 / 84
自由主义——一个过路站 / 93
论言论自由 / 102

中篇 历史与历史学家 / 115
历史学家的标签 / 116
亨利·亚当斯的教育 / 128
再论亨利·亚当斯 / 149
威尔斯与"新史学" / 156
弗雷德里克·杰克逊·特纳 / 177

人人都是他自己的历史学家　　　　　　　　/ 218

下篇　解读　　　　　　　　　　　　　　/ 241
朱丽叶·德鲁埃与维克多·雨果　　　　　　/ 242
狄德罗的悖论　　　　　　　　　　　　　　/ 248
约翰·杰伊与彼得·范肖克　　　　　　　　/ 270
罗兰夫人的回忆录与信件　　　　　　　　　/ 284

附　录
卡尔·贝克尔的主要著述及相关文献　　　　/ 312

译后记　　　　　　　　　　　　　　　　/ 333

卡尔·贝克尔的生平与学术

（代译序）

马万利

卡尔·贝克尔（Carl Lotus Becker，1873—1945）是美国著名历史学家，曾任美国历史学会主席。近些年，贝克尔的名言"人人都是他自己的历史学家"在国内知识界流行开来，贝克尔的史学著作和思想开始引起知识界的注意；这反映出新时代里人们兴趣点的微妙变化，也说明贝克尔史学思想的持久魅力。但要想更加充分地理解这句话的深刻含义，了解贝克尔的著述与生平是必要的。

卡尔·贝克尔1873年生于美国中北部艾奥瓦州黑鹰县的一个农场家庭，出生不久随父亲迁到附近的一个小镇上，在那里度过了童年和少年时光。这座小镇名叫"滑铁卢"，这可能让人联想到拿破仑的那桩"伟业"。实际上，这是一个远离东海岸美国文化中心的古朴而边远的小镇；东部大都市对于小镇上的居民来说，几乎与法国同样遥远，甚至于，"人们对大企业以及东海岸的优势——无论是文化上的、经济上的还是殖民地历史传统上的，都怀有敌意"。[1]可以想象，在这座小镇上的童年经历对贝克尔后来的成长产生了很大影响：他对边疆所怀有的天然情感，使他后来成为美国"边疆史

---

[1] William H. McNeill, "Carl Becker, Historian", *The History Teacher*, vol. 19, no. 1 (Nov., 1985), p. 89.

学派"的重要人物；而且，从"边缘"立场出发的平等观念、反叛观念、保守观念、自然观念，时常或隐或现于他的作品、演讲甚至性格之中。

1893年，20岁的贝克尔离开滑铁卢，进入威斯康星大学学习。威斯康星大学位于艾奥瓦州东北方向威斯康星州首府麦迪逊市。在这个从未离开过自己童年小镇的乡下大男孩的心目中，麦迪逊是个大城市，他对它充满"浪漫而迷人的幻想"。贝克尔在威斯康星大学断断续续度过了14年的学院时光——3年大学、2年研究生，辗转多年后，又于1907年从该校获得博士学位。在威斯康星大学，有两位历史学家对贝克尔影响至深：查尔斯·霍默·哈斯金斯（Charles Homer Haskins，1870—1937）与弗雷德里克·杰克逊·特纳（Frederic Jackson Turner，1861—1932）。

哈斯金斯是美国著名思想史家，曾任美国历史学会主席及威尔逊总统顾问。哈斯金斯以研究中世纪史为专长，在其名著《12世纪文艺复兴》(The Renaissance of the Twelfth Century，1927)中，哈斯金斯质疑人们长期以来认为中世纪是"黑暗的时代"的观点，指出中世纪对近代文明的发生起到了不可忽视的作用。今天，这种观点已为国内外学术界普遍接受。在威斯康星大学，哈斯金斯指导过贝克尔。贝克尔在本书所录的《弗雷德里克·杰克逊·特纳》一文中用调侃的语调回忆说："那一年我还是没有真正学历史，我只是受到感染，想学历史。这当然是特纳的错，而不是我自己的原因。(顺便说一下，也是哈斯金斯的错。……至于哈斯金斯，要说的还有很多。)"

相比之下，在威斯康星大学，弗雷德里克·杰克逊·特纳对贝克尔影响更大；在《弗雷德里克·杰克逊·特纳》一文中，贝克尔对自己的这位导师表达了深厚的崇敬与怀念：

> 这个人以他的人格魅力对我们所有的人产生了并且依然产生着影响。他给我们留下的某些挥之不去的印象，他作为一位具有高尚情操的绅士，通过机敏、才智、善良与正直给我们传输的某些美德，都依然塑造着我们的生命，并为我们的作品增添灵魂。……这个人身上一些弥足珍贵、感人至深的品质，一些曲高和寡的人性精神，我无以言表！[1]

实际上，初入大学的贝克尔一开始对历史学并不抱多大的兴趣，甚至怀有抵触情绪。他选修历史课程，是冲着特纳来的。特纳在学生们中口碑不错，被戏谑地称为"老弗雷爹"。他的人格与学问都深深地影响着贝克尔。

特纳是一个"特立独行"的人，同时也要求学生学会独立思考。作为教师，他的这种独立风格甚至让人误认为是不负责任，因为他从不干涉学生的研究，不给学生提供答案，不限定参考书，甚至有时上课会迟到，会开小差走神。但是，对于学生主动提出的问题和要求，他总能耐心细致地解答。在研讨班（seminar）上，特纳似乎只是在"放羊"。但这位放牧者手中时刻握着一根鞭子，一旦发现哪只羊儿偏离了方向，他只需一个响鞭，就能将羊儿带回正路上。

---

[1] 见本书第230页。

作为美国著名边疆学派历史学家，特纳在学问上对贝克尔影响最深的，是他的"边疆史学"。实际上，边疆是一个超越地理之外的概念，更是一个相对的概念。在 19 世纪末，相对而言，不仅中部是东部的边疆，而且美国本身仍然是欧洲的边疆、文明世界的边疆。"边疆与其说是一个区域，不如说是一个过程。"[1] 边疆并不意味着没有希望的蛮荒之地；相反，正是在不断的边疆拓展中，在新旧文化的碰撞中，诞生了美国人的开拓精神。这是一种只有边疆才有的精神，是真正的"美国精神"。这就是特纳《边疆在美国历史上的意义》这篇著名论文的基本思想。这种思想鼓舞了贝克尔，让他联想起自己童年的边疆小镇，思考美利坚从殖民地到独立的历程。在他《革命的前夜》（The Eve of the Revolution，1918）、《论〈独立宣言〉：政治思想史研究》（The Declaration of Independence: A Study in the History of Political Ideas，1922）等关于美国革命的研究中，无不渗透着这种思想逻辑。

1896 年，贝克尔本科毕业，继续留在威斯康星大学攻读硕士学位。1898 年，贝克尔获得硕士学位，后来到纽约，在哥伦比亚大学政治学院继续攻读哲学博士。在哥伦比亚大学，贝克尔又遇到了一位对自己的学术和思想发展影响至深的重要人物：詹姆斯·哈维·鲁宾逊（James Harvey Robinson，1863—1936）。

鲁宾逊是美国"新史学"的创始人，提倡历史学在研究对象与方法上都应该做出最大变革，要扩大历史研究的范围，扩充研究的方法，主张史学研究要为现实服务。长期以来，在美国史学界，占

---

[1] 见本书第 222 页。

支配地位的是欧洲"兰克学派"所谓"科学史学"的研究方法,以及美国自班克罗夫特(George Bancroft,1800—1891)以来的"进步史观"。"新史学"在很大程度上是针对这种学术语境出现的。在本书所录《威尔斯与"新史学"》一文中,贝克尔回忆说,鲁宾逊教授反对脱离现实的研究,他"哀叹历史学家浪费时间去考订'胖王查理公元887年7月1日到底是在英格尔海姆(Ingelheim)还是在鲁斯特瑙(Lustnau)'[1],要求他们改弦更张,去考察一下'海德堡人'的下巴"。[2] 在《人人都是他自己的历史学家》一文中,贝克尔也讽刺了这种"考据癖"的做法,主张历史学家应该把握住切实的研究主题,并提出自己的分析和见解。

在鲁宾逊的带领下,哥伦比亚大学涌现了一批颇有影响力的"新史学"代表人物和研究成果。比如,巴恩斯(Harry Elmer Barnes,1889—1968)关注欧洲的巫术和科技的发展历史,拓展了史学研究的范围。又比如,同样在哥伦比亚大学深受鲁宾逊影响的美国著名历史学家查尔斯·A. 比尔德(Charles Austin Beard,1874—1948),在其名著《美国宪法的经济观》中从经济角度解读美国宪政的根源;本书所录的《现代利维坦》一文,就是贝克尔为此书所写的书评,贝克尔对这种分析方法特别赞赏。而贝克尔本人关于《独立宣言》的著名研究,更是体现了"新史学"在选题、史料、方法、倾向上的风格;从某个侧面看,本书所录《1776年精神》一

---

[1] 公元887年,法兰克王国最后一个国王查理(绰号"胖子")被废黜,统一的法兰克国家再次分裂。历史学家认为,查理当时身在何地对后世法国疆域的沿革具有象征意义。后文的"海德堡人"是指1907年人类学家在德国海德堡附近的毛尔(Mauer)地区发现的史前人类。
[2] 见本书第172页。

文就是贝克尔对自己这项研究的回应和补充。

在哥伦比亚大学，贝克尔跟随鲁宾逊研修宪政史、欧洲史、国际法和美国历史等课程。1937年，他回忆说，"1898年，我选修了詹姆斯·哈维·鲁宾逊的18世纪思想史课程，上课地点在哥大旧图书馆，每周一个晚上。教授讲得如此生动有趣，以至于我们都忘了记笔记。他很有才华；他的幽默感是朴素而富有感染力的；他传达的信息是令人震惊的、不带学究气的，我从任何教科书和正规史学著作里从没看到过。但是，在他的面色中，有一丝忧伤；他有一种气质，一半属于悲伤，一半属于顺从；他的语调让即便是最简单的事实陈述也变得有趣、发人深省，或者既有趣又发人深省"。[1]

实际上，鲁宾逊对自己的这位哥大弟子一直给予很高评价。他给贝克尔写过很多热情洋溢的信，在1899年，鲁宾逊写道，"我很高兴地说，你在我的指导下所做的研究是完全令人满意的。你在研讨会上的那些报告显示出你的勤奋与见解，这充分证明了你已经很好地掌握了史学研究方法"。[2] 贝克尔与鲁宾逊保持着长期的交往，他后来关于18世纪欧洲启蒙"哲人"[3]的研究，一直受到鲁宾逊的关注和启发。当时，鲁宾逊已经接受了哈斯金斯对中世纪"黑暗性"以及教会反科学性的否定，这种态度进一步影响到了贝克尔，贝克尔设想将启蒙"哲人"解释为"不是基督徒的基督徒"（Christians-not-Christian），这后来成为他著名的《18世纪哲学家的天城》的主题。

---

[1] Henry Johnson, *The Other Side of Main Street* (New York, 1943), p. 162.

[2] James Harvey Robinson to Carl Becker, New York, September 3, 1899. 转引自 Burleich Taylor Wilkins, *Carl Becker: A Biographical Study in American Intellectual History* (Cambridge, Massachusetts, 1961), p. 62.

[3] *Philosophes*，通常特指法国启蒙运动时期的哲学家，本文在翻译中加引号标示。

1899 年，贝克尔离开哥伦比亚大学，在宾夕法尼亚州立大学谋到一个相当于讲师的教学职位，同时将自己的博士学位申请转回到威斯康星大学。1901 年，贝克尔结婚，妻子名叫莫德·赫普沃斯·兰尼（Maude Hepworth Ranney），她是一名寡妇，后与贝克尔生有一子。实际上，之前在威斯康星贝克尔就与妻子相识，但由于性格羞涩，差点错过这段姻缘。随后几年间，贝克尔先后在达特默思（Dartmouth）、明尼苏达等地做教师。贝克尔当时已近而立之年，但仍然性情腼腆。他不能很好地驾驭课堂和学生，他的教师生涯并不被人看好。

1902 年，贝克尔来到堪萨斯大学任教。这次他终于稳定下来，直到 1916 年，在这里共生活了 14 年之久。贝克尔对堪萨斯一直怀有特殊的感情，称这片西部边疆土地为"亲爱的老堪萨斯"。堪萨斯非常贴近贝克尔的童年生活，贝克尔早年曾经想去堪萨斯大学读本科。从本书所录《论堪萨斯》一文中，我们可以感受到贝克尔对这片土地的深情。在贝克尔心目中，这片"蝗虫之地、干涸之地、不毛之地的社会试验场"代表了一种特殊的"精神"。"堪萨斯精神是对美国精神的双倍提炼，是美国式个人主义、美国式理想主义以及美国式宽容精神的新的嫁接。堪萨斯就是美国的缩影：美国人在欧洲背景下反观自己，同样，堪萨斯人在美国背景下反观自己。"[1]

1907 年，他在威斯康星大学获得了博士学位；1908 年，在堪萨斯大学升任教授。在堪萨斯大学的 14 年间，贝克尔的主要努力集中在教学上。他逐渐适应了教师的角色，开始赢得学生及同行的尊

---

[1] 见本书第 44 页。

重。这其中最主要的原因,是贝克尔逐渐形成了自己独特的教学风格。他说:"毫无疑问,大学应该直接关注现实问题。"贝克尔这种特立独行的作风,显然是受到了特纳的影响,同时也体现出"新史学"的"学以致用"倾向。

这期间,贝克尔发表了一些论文及书评文章,包括本书所录的《论堪萨斯》(1910)以及《朱丽叶·德鲁埃与维克多·雨果》(1914)。1908年,他的博士论文出版,题为《1766年至1775年间纽约地区的政治派别》(Political Parties in the Province of New York, from 1766-75)。1915年,贝克尔出版《美国人民的形成》(The Beginning of the American People)。在这些早期著述中,贝克尔开始思考历史学的本质以及历史学家的使命,并且是从边疆、欧洲,甚至是人性的角度思考。

1916年,贝克尔应邀到康奈尔大学任终身教授,一直到1945年去世。这30年是贝克尔一生最重要的学术活动时期,也是他的思想形成时期。

1918年,贝克尔《革命的前夜》出版。这本书可以说是贝克尔的第一部思想史研究著作,标志着他开始摆脱辉格派史学"技术史"(technical history)的缺陷[1],转而重视思想对于美国革命的推动作用。他提出一个假设:观念,不论是历史观念还是政治哲学观念,要比那些经过加工提炼的或者说绝对的事实更能起到理性化的作用。据此他认为,在美国革命前夕,"爱国者们"发现洛克对1688

---

[1] "Carl Becker's Review of Butterfield, 'The Whig Interpretation of History'", Journal of Modern History, IV(June, 1932), 278-279.

年"光荣革命"的辩护是有用的,他们购买、阅读、收藏和传播这类书籍和观念,推动了革命的到来。由于这种突破性的思想史研究,《革命的前夜》为贝克尔带来了很大的成功。此书当时热销4万册之多,而且好评不断。

《合众国:一场民主试验》(*The United States: An Experiment in Democracy*, 1920) 是对《革命的前夜》的深入:它进一步将思想史分析方法具体运用到对美国民主的历史解释上。应该说,贝克尔对美国的民主一直怀有坚定的信仰,他所做的历史研究,总体上都是为美国民主赋予思想史的,而非迷信式的基础。在《合众国》中,贝克尔分析了一些可能会影响人们对民主的信仰的因素,如"民主与自由土地""民主与移民"。贝克尔在这里追随特纳的方法,认为边疆新开辟的自由土地对美国式民主的形成和发展起到了重要的作用。

《论〈独立宣言〉:政治思想史研究》是贝克尔一生最重要的著作之一。近些年,它已为国内学界熟知,并已经有中译本问世(彭刚译,2005年),被视为《18世纪哲学家的天城》之"姊妹篇"(彭刚)。贝克尔用文本比较的方法,对《独立宣言》起草过程中的不同版本进行解读,但是他的目的不在于指出哪个版本的内容是最真实的、哪个版本的主张是最正确的;相反,他指出,"《独立宣言》里的自然权利学说是对是错,这个问题根本没有意义"。有意义的是,人们在当时需要这种学说。"当诚实的人们被迫不再效忠于某一群体既定的法律或习俗时,当他们进一步地认为这样的法律和习俗邪恶得不堪再忍受时,他们就会去寻找某种比该群体既定的法律和习俗更为普遍有效的原则、某种具有更高权威的'法律'。借助于这种更高级的法律或者更为普遍有效的原则，他们就使得他们那些被该群体指斥为不义的和犯罪的行为合理化了。"无怪乎，"19世纪几乎是堂而皇之地拒绝从《独立宣言》和《人权宣言》所表达的自然权利的哲学中，推演出多数人的权利来，这一点颇为意味深长"。[1] 可以说，《论〈独立宣言〉》修正了人们关于权利学说与革命的关系的想象，因此一直受到重视。

如果说《论〈独立宣言〉》修正了人们的某些历史想象，那么可以说，《18世纪哲学家的天城》（The Heavenly City of the 18th-Century Philosophers, 1932）颠覆了人们的某些历史逻辑。贝克尔在此书中指出，18世纪的哲学家反对奥古斯丁的"天城"，其实他们"只不过是以新的材料在重新建造另一座中世纪奥古斯丁式的'天城'而已"。[2] 他们反对宗教崇拜，却重新陷入对理性的崇拜。进一步而言，中世纪在迷信与崇拜之外，也有科学与理性，而18世纪对科学与理性的提倡，其思想模式仍然是信仰式的；在这个意义上，18世纪与现代的关系远不如18世纪与中世纪的关系更为密切。在这样的分析中，我们不仅看到了其业师、中世纪研究专家哈斯金斯的影子，而且看到了贝克尔关于"新史学"的反思。从本书所录《亨利·亚当斯的教育》《再论亨利·亚当斯》以及《威尔斯与"新史学"》中，可以看出，贝克尔"对亨利·亚当斯以及H. G. 威尔斯的预言风格较感兴趣，只不过他反对亨利·亚当斯的悲观主义，赞

---

[1] 卡尔·贝克尔：《论〈独立宣言〉——政治思想史研究》，见《18世纪哲学家的天城》，何兆武译，生活·读书·新知三联书店，2001年，第317页。
[2] 转引自卡尔·贝克尔：《18世纪哲学家的天城》，"译序"，第9页。

同 H. G. 威尔斯的乐观主义"。[1] 笔者认为，贝克尔将中世纪投影到 18 世纪，又将 18 世纪投影到他所处的 1930 年代，将 1930 年代投影到未来，这体现的是"新史学"的实用主义与相对主义的历史观。从史学史上看，《18 世纪哲学家的天城》的意义正在于此。

值得一提的是，《18 世纪哲学家的天城》实际上是一部论文集，由贝克尔 1931 年 4 月在耶鲁大学所作的 4 次演讲结集而成，于次年出版。与贝克尔的大多数著作（除了其博士论文）一样，这部著作是在很短时间内完成的；但是，贝克尔关于相关问题的思考是一贯的。第一章"舆论的气候"源于他对当时著名思想家怀特海（Alfred North Whitehead，1861—1947）所提出的这一命题的思考。第二章"自然法与自然界的上帝"在很多地方与他早先的《论〈独立宣言〉》有相似之处。第三章"新史学：用前例教哲学"源于贝克尔对历史编纂学的思考，以及他与鲁宾逊等"历史哲学家"的长期通信。最后一章"对于后世的运用"反映了贝克尔本人关于后人应该如何评判前人的思考，这与他关于罗兰夫人的研究（见本书所录《罗兰夫人的回忆录与信件》）也是一致的。难怪，当时有学者指出，贝克尔此书"没有什么特别令人惊奇或新颖之处"。[2]

同样，《人人都是他自己的历史学家》也是一篇一蹴而就的作品。1931 年[3]，卡尔·贝克尔出任美国历史学会主席，发表了这篇著名的演讲词。这篇演讲词与他的其他文章一道，于 1935 年结集出

---

[1] Burleich Taylor Wilkins, *Carl Becker*, p. 174.
[2] Adrain Coates, *Philosophy*, VIII（October, 1933）, pp. 495-496. 转引自 Burleich Taylor Wilkins, *Carl Becker: A Biographical Study in American Intellectual History*（Cambridge, Massachusetts, 1961）, p. 178。
[3] 在本书中，这篇文章的落款日期为 1932 年。

版为同名论文集。这篇演讲词是较早引起国内学者关注的贝克尔著述之一。"人人都是他自己的历史学家",这可以说是对贝克尔相对主义史观的高度概括和形象化描述。在这篇演讲中,贝克尔不认为"历史就是关于过去发生的事件的知识",而提出一个更形象化、更简单化的概括:"历史就是关于所说的话和所做的事的记忆。"由此,历史由"知识"变成"记忆",历史学家由专业人士变成"人人"。必须指出的是,贝克尔这里的"人人"(Everyman)其实是一个双关语。在字面意思之外,Everyman(人人)还指英语文化中自中世纪以来源远流长的一个戏剧人物:Mr. Everyman,直译为"'人人'先生",它既指一个真实的个体人物,在说着话、做着事;又被用作一个泛指,代指普通的人。因此,本书有时将其译作"普通人",有时转译作"张三、李四"。这种双关含义意味深长,读者可以在阅读中细细品味。有意思的是,这篇形成于20世纪30年代的演讲,还预示了历史学的一种新的转向——"公共史学"的兴起。"公共史学的目的不仅是让历史回归到公共领域和公众生活中,而且要让'公众'(the public)参与到历史的解释中来,赋予他们解释历史和发出声音的机会。"[1]

以上是贝克尔学术旺盛时期的主要作品。除此之外,贝克尔还发表了大量的书评文章。通过所有这些作品,笔者不揣冒昧,将贝克尔学术贡献的独特之处概括为以下几点:

第一,相对主义。相对主义是贝克尔史学思想的基本特征;但应该指出,贝克尔并没有陷入虚无主义。贝克尔相信相对的"真实

---

[1] 王希:《公共史学在美国》,《中国社会科学报》2010年6月13日。

性",并且从不怀疑历史学的现实意义。贝克尔的个人精神一直是"堪萨斯"式的——命运是相对的、随机的,但是我们可以做出绝对的、决定性的选择。

第二,乐观主义。贝克尔身处两次世界大战之间,一度对人类的命运十分担忧,他的相对主义观念以及他理想中的史学"天城"的失落,都加重了他的悲观。但是,正如他对亨利·亚当斯的分析一样,这种悲观背后是一种淡定的乐观。他"认为人类毕竟是应该热爱真理并追求真理的;虽则我们的理性是有限的,但毕竟乃是我们的理性发现了这种局限性。"[1]

第三,实用主义。贝克尔秉承"新史学"的传统,提倡用历史联系现在与未来。但是,贝克尔反对为现实而歪曲历史。

第四,心理史研究方法。贝克尔追随特纳尝试心理史研究,本书所录《罗兰夫人的回忆录与信件》是一个典型的例子。贝克尔指出,罗兰夫人的性格具有两面性,她的回忆录与信件之间隐秘的悖论反映出"两个罗兰夫人":一个只想做一个简单的女人,另一个决心要做历史上的英雄。特纳对贝克尔的这种分析十分赞同。实际上,就个人及社会的心理史乃至思想史领域而言,贝克尔的研究可以说超越了特纳。在从《革命的前夜》到《合众国:一场民主试验》《论〈独立宣言〉:政治思想史研究》,直至《18世纪哲学家的天城》《人人都是他自己的历史学家》等著作中,我们可以比较清晰地看出贝克尔从思想史角度解读历史的努力与成就。

就笔者所掌握的资料看,最早将贝克尔的思想介绍到国内来

---

[1] 转引自卡尔·贝克尔:《18世纪哲学家的天城》,"译序",第9页。

的，是当年著名的爱国"七君子"之一王造时。1925年8月，王造时到美国威斯康星大学学习政治学，1929年6月获政治学博士学位。对于威斯康星大学里的贝克尔以及"边疆学派"，王造时想必不会陌生。1951年，王造时任复旦大学历史系教授。在"反右"及"文革"期间，他的整个家庭受到惨重打击，本人最终被迫害致死。1982年，上海人民出版社出版田汝康、金重远选编的《现代西方史学流派文选》，书中收录了王造时所译的《人人都是他自己的历史学家》以及另外一篇文章。这可能是贝克尔在国内最早面世的译本了。随后，贝克尔的这篇文章又有过几个不同的节译本。对贝克尔思想进行较为全面介绍的是何兆武先生。2001年，他翻译了《18世纪哲学家的天城》，其中还收录了《论〈独立宣言〉：政治思想史研究》（彭刚译）、《现代民主》（林猛译）两篇文章。何兆武先生在译序中对贝克尔的思想做了简短而恰当的评价，这个译本目前已成为广为学界所知的史学著作。

贝克尔谈不上著作等身，也没有开辟什么流派；但是他的影响是独特而深远的。在康奈尔大学，有一座"卡尔·贝克尔楼"，就是为纪念这位历史学家而命名的。我们从这本论文集中，可以感受到贝克尔对历史学的挚爱、对现实的关怀，特别是他对历史与现实所抱的坚定而不偏执的"反思精神"。贝克尔是一位来自边疆的史学核心人物，是一位怀疑"革命精神"的进步论者，是一位提防自由价值的自由主义者，也是一位冷峻的精神分析史家。如果说贝克尔就是相对主义的化身，那只是因为，失去了相对主义与宽容，这个世界可能将只剩下绝对主义和暴政。

怀着感激与深情

献给

年轻的人们。

他们有的今天不再年轻,

但当年曾帮助我理清思路。

他们曾不厌其烦地听我讲话;

更主要的,他们没有犯颜回的错误——

子曰:"回也非助我者也,

于吾言无所不说。"[1]

---

[1] 《论语·先进篇》。——译者注(本书脚注均为译者所加,后文省略)

前　言

本书所录论文，都曾公开发表过。当时，这些论文反响非常好。在我看来，既然它们已经被体面地收藏在了学术期刊中，我们今天似乎就没有多少必要再把它们从沉睡中唤醒。但我以前的一些学生不这么想。他们谬奖我的作品，认为很多人希望手头上有一本收录了我随意写下的那些文章或书评的文集。他们愿意承担筹划出版的具体事务。对此我欣然应允。在这项工作中，我所做的仅限于遴选文章以供出版。对于所录论文，除《历史学家的标签》《论言论自由》两篇外，其他都只做了一些文字上的改动；而这些改动虽然都只是为了让主题更鲜明，仍不失过度之虞。借此机会，特别是对于一些学识渊博的读者，我还想说，《1776年精神》一文所提到的所谓"原稿"，除一两处引言外，其他都是虚构的。

下面列出这次重印的论文以及当年首次刊发它们的刊物或著作，以示谢意：

《论堪萨斯》，"Kansas"，*Essays in American History*；

《弗雷德里克·杰克逊·特纳》，"Federick Jackson Turner"，*Masters of the Scia Sciences*，Henry Holt and Company；

《布赖斯勋爵与现代民主》"Lord Bryce and Modern Democracies"，

The Political Science Quarterly；

《1776年精神》，The Spirit of '76 and Other Essays，The Brookings Institute；

《现代利维坦》，"The Modern Leviathan"；《自由主义——一个过路站》，"Liberalism-A Way Station"；《再论亨利·亚当斯》，"Henry Adams Once More"，The Saturday Review of Literature；

《论言论自由》，"Freedom of Speech"，The Nation；

《历史学家的标签》，"Labelling the Historains"；《朱丽叶·德鲁埃与维克多·雨果》，"Juliet Drouet and Victor Hugo"，The Dial；

《亨利·亚当斯的教育》，"The Education of Henry Adams"；《威尔斯与"新史学"》，"Mr. Wells and the New HIstory"；《人人都是他自己的历史学家》，"Everyman His Own Historian"；《罗兰夫人的回忆录与信件》，"The Memories and The Letters of Madame Roland"，The Philosophical Review；

《约翰·杰伊与彼得·范肖克》，"John Jay and Peter Van Schaack"，The Quarterly Journal of the New York State Historical Association。

一些编辑及出版人慨允重印这些论文，F. S. 克罗夫茨（F. S. Crofts）先生一直愿意为此书的出版承担风险；对他们我表示衷心的感谢。我以前的一些学生对于本书的问世贡献甚大，一并致谢。

卡尔·贝克尔

上 篇

1776年精神

论堪萨斯

几年前，在新英格兰的一座大学城，我告诉一位新英格兰朋友，我打算去堪萨斯，他的反应相当冷淡："堪萨斯？哦。"看得出，他这样回答纯粹是出于日常交谈的礼节；但是，从我的这位新英格兰朋友的态度中，我猜想他真的是没什么话要说。实际上，站在新英格兰静静的榆树下，堪萨斯的确看起来很遥远。几个月后的一天，我乘车从堪萨斯城出发，第一次进入那块一直被我称为蝗虫之地、干涸之地、不毛之地的社会试验场。在我的前座，是两位年轻女性，确切地说，是两个女生，后来我还在大学里遇到过她们。当我们把这块沉闷的土地抛到身后，进入堪萨斯河沿岸那个半面环山的县城时，本来一直在两岸响个不停的潺潺流水声，在这段河岸突然消失了。我们向车窗外看去。这时其中一位姑娘的注意力似乎被凝固了。差不多一个小时，她一直盯着窗外的某处景色——玉米地，也可能是道路两旁的向日葵[1]。最后，她转向同伴，以一种游子回归的满足语气叹道："亲爱的老堪萨斯！"不知怎的，这句话让我想起了我的那位新英格兰朋友。我想知道，其实我相信我一定知

---

[1] 堪萨斯州有"向日葵之州"的称号。

道,为什么有人说起"亲爱的老堪萨斯"时,会那么心动。我曾认为,堪萨斯就好比意大利,充其量不过是一个地理名词。但是我错了。自此以后,我不时地听到同样的感叹——这种感叹并非只出自多愁善感的年轻姑娘之口。要理解人们为什么会说"亲爱的老堪萨斯",就要懂得堪萨斯不止是一个地理名词,它还集"思想之州"、宗教、哲学等含义于一体。

我那位古板的新英格兰朋友的回答,与这位多愁善感的年轻姑娘的感叹截然不同;这或许是一种象征,在某些方面代表了两种不同的人之间的差异:一种人愿意留在家里;另一种人,一代一代地,愿意向未知之地冒险——"西部"、新英格兰或堪萨斯,哪里都行。在17世纪,无疑,很多英国人——比如,那些高级教士们——穿着用上等细麻布做的长袍,在"什一税"和《三十九条信纲》[1]的庇护下过着舒适的生活,他们只需一句"新英格兰?!哦",就可以让我们看出他们的立场。当时的新英格兰是否也曾有人说过"亲爱的老新英格兰",我不知道。但是,那种感情是存在的,它们点亮了人们"内心的灵光"[2],这一点是毫无疑问的。今天,新英格兰的好处,我相信,对于生活在这块土地上的人来说,是毋容置疑的;其实,在17世纪,当新英格兰的居民还只是一些边疆人时,那些人也曾像今天的堪萨斯人一样赞叹:啊!气候宜人呀。1629年,希金森(Higginson)先生,一位可敬的绅士,回到英国后这样告诉自己的朋友们:"新英格兰的河流使这个地方具有得天独厚的气候条

---

1 《三十九条信纲》(the Thirty-nine Articles),英国议会于1571年通过,确立了英国新教安立甘宗的国教地位,但后来遭到清教徒的反对。
2 "内心的灵光"(inner light),清教中的激进派贵格会的一种信条。

件。我的阅历告诉我，世界上再也找不到一个比它更好的地方，更有利于我们英国人的健康。很多以前在英国体弱多病的人，一来到这里，就完全康复，变得健康而强壮了。这里空气清新、气候干爽宜人，是绝佳的疗养胜地，特别适合那些患有伤寒、忧郁、冷漠、风湿等病症的人……因此，我认为，对患有各种伤寒并发症的人来说，到新英格兰疗养是一剂良方；一勺新英格兰的河水，就胜过一大扎'老英格兰'的麦芽啤酒。"今天，我们这些生活在堪萨斯的人都知道，这里拥有世界上绝无仅有的好气候，它比其他任何地方都更能使人远离酒精。

很多人会说，事实上已经有很多人在说，一些统计数据令人震惊地显示，今天堪萨斯只有少数地区居住着新英格兰人的后裔，因此，说堪萨斯代表了清教徒移民，是相当可笑的。诚然，堪萨斯人主要来自"中西部"，比如伊利诺伊、印第安纳、俄亥俄、爱荷华、肯塔基，以及密苏里。但是，这几乎不影响我们的论述主题；因为，是理想而非他们所生活的地理环境，决定了他们的前进方向。正如人们所说的，"是'始祖移民们'（the Pilgrims）的思想，而非他们的子嗣，统治着这个年轻的共和国"。有时候，思想与帝国之星一道，引领着人们西行；于是，堪萨斯变得比今天的新英格兰更具清教色彩。今天的堪萨斯好比昔日的新英格兰。新英格兰起初本是"老英格兰"，后来变成边疆，变成不断变化的土地，才吸引那些勇敢的人前去挑战命运、征服环境。

边疆不仅指地点，清教精神本身就是一种边疆。有"思想"的西部，也有"地理"的西部。两者都离经叛道，都为谨言慎行者所不齿。对人进行分类总很容易，虽然常常难免偏颇，但也便于我们从总体上认识事物。这里，我们有必要考察两种人：一种人喜欢深居简出，另一种人难耐寂寞；一种人认为世界就像自己所看到的那样一切皆好，另一种人梦想找到更好的事物，至少，是不同的事物。社会为人们建造了各种栖身之所——传统、信条、政治制度、思想观念、世代耕耘的土地、鳞次栉比的城市大楼。这些东西日积月累，为人们提供了单调而舒适的生活，使人们对习惯变得麻木，对变革心怀抵触。其中，恋家与怯懦是最主要的问题。那些人坐在熟悉的角落里，不受偶发事故的干扰。但是，也有另一些人，他们努力挣脱按部就班的生活的束缚，热切希望探索未知世界。他们放弃已被踏平的小道，闯入人迹罕至的蛮荒之地。他们总处于人类事务的边疆，使成规旧制服从于前无古人的新环境。因此，边疆就是新生活方式的温床，不论那是制度上的，还是思维方式上的，都能在那里生根发芽；在一定意义上，所有的进步都以回归原始为条件。

今天，一般来说，那些开创了边疆世界的人——不论是宗教、政治、科学、地理上的探索，还是到新的区域定居，都有着某种重要而卓越的品质。他们首先是有信仰的人。他们相信自己，他们是个人主义者。他们还是理想主义者，因为他们相信宇宙，相信一切自有安排。他们拿未来做赌注，他们自立新神，他们总是把世界改变得像自己理想中的那样。他们相信人的力量，相信人性的完善，因此，他们还是平等主义者，是改革家、不宽容者，他们的目的是要他人达到与自己同样的高度。这些品质不仅属于清教徒，还属于美国人；堪萨斯不仅是清教思想的拓殖地，还是美国精神的拓殖地。在个人主义、理想主义、平等主义这些堪萨斯的主流思想中，我们看不到什么标新立异之处，我们看到的只是人们所熟悉的美国精神的新嫁接。但是，由于堪萨斯是一个有着独特而杰出的历史的社会，那里的人民对于个人主义、理想主义以及平等主义，也就有着自己的独特而杰出的理解。如果能够把握这类独特而杰出的事物，我们就能理解，为什么有人看一眼那些生长在道路两旁的向日葵，就禁不住感慨："亲爱的老堪萨斯！"

一

在边疆各地，个人主义是典型特征。在美国，但凡那些个人主义起着重要作用的地方，某种独特的个人主义就会成为那里的人民的显著特征。"到边疆去，"特纳教授说道，"美国人的才智有自己的显著特征，那就是：粗犷有力加敏捷好奇；注重实践与发明，能够快速发现生机；对重要事物当仁不让，虽缺乏艺术性但有力量实现伟大的目标；拥有不竭的活力；个人主义压倒一切，不成功便成仁；此外，还有因自由而形成的心情舒畅和生机勃勃。"在边疆，一切都成就于个人，没有什么是由有组织的社会做成的。勇于创新、足智多谋、敏捷、自信，以及正确的判断，这些都是成功的必备品质。但是，由于边疆面临的问题是相当明确而清晰的，那些在边疆获得成功的人就必然形成了同样明确而清晰的创造精神和聪明才智，他们的判断只会涉及那些人人熟悉的问题。这样一来，那种源于边疆、影响全国的个人主义就有了新的特征，那就是，虽然人们都有很强的自由观念，但在能力、习惯、观点方面，绝不缺乏某种一致性。边疆培养了强烈的个人主义，但那是一种特定类型的个人主义,所有的人都服从某个同一的模式。边疆的个人主义是一种成就力量,而不是一种离心倾向,它源于认识到自己有力量克服阻碍,而不是源于在压力面前的怯弱。这不是因为人们害怕政府行为,而是因为人们经常不知道什么是政府,结果美国人都成了个人主义者。边疆人讨厌犹豫、多疑、谋划、自省;但他们是有信仰的人,只不过他们信仰的不是外部力量,而是自己、自己的运气,以及自己的天命,他们相信自己能够得到自己需要的一切、想要的一切。正是这种显著的自力更生精神,为美国人赋予了巨大的创造力量;同时,由于不存在根深蒂固的分歧,美国人又获得了同样巨大的协调一致的社会行动力量。

在那些靠毅力取得成就的人身上体现出来的这种自信的个人主义精神,就是堪萨斯人的典型特征。实际上,在堪萨斯,这种特征带有夸大的成分,这是由于,不论在堪萨斯取得什么成就,其实都要付出艰辛的劳动。堪萨斯人不仅要面对通常的边疆困境,还要面对不断的毁灭与灾难;只有那些宁死也不认输的人,那些绝不投降因此绝不会失败的人,才能在毁灭与灾难中生存下来。一场场边境战争之后,接踵而来的是热浪、干旱、蝗灾;天灾之后又是人祸,一会儿是"魔鬼的抵押"(mortgage fiends),一会儿是"通货紧缩"。1895年之前,整个州的历史就是一系列的灾难史,并且总有新的、极端的、奇异的事情出现,以至于后来堪萨斯这个名字成为一个笑柄,成为不可能与滑稽可笑的代名词,只会引起人们的嘲笑,只会为人们提供取笑和欢闹的机会。"对上帝,我们信赖;对堪萨斯,我们无奈。"这句谚语在移民中广为流传。一些移民受尽了折磨,最后回到更舒适的地方。多少年来,这句谚语一直充分表达了人们对那块倒霉的土地的普遍看法。

然而，总有不愿放弃的人。他们战胜了它。他们承受了在堪萨斯可能遭受的一切。他们矢志不移，或许，如果他们由此感到这块土地将从此因他们而戴上光荣的桂冠，他们会得到上帝的宽恕。那些在1875年至1895年间留在堪萨斯的人，一定一开始就具备某种非凡的忍耐品质，而这种品质只有经过多年的磨炼才会获得。而当一切努力终于换来成功的回报，他们又体会到某种光荣，某种生机勃勃的活力；还有某种优越感，这种优越感伴随成功而来，但来得太晚，来得太难了。这样的结果，为堪萨斯式的个人主义添加了独特的风味。有了堪萨斯的这段历史做后盾，真正的堪萨斯人就会觉得，再大的事情都没什么大不了。既然在这里，失败不仅是人之常事，而且是一种荣誉；既然在这样的土地上都能取得成功，那么，还怕什么危险，还会在什么障碍面前犹豫不决？既然连堪萨斯都能征服，他们就一定懂得，再也没有哪个世界更难征服了。因此，堪萨斯精神就在于，在挑战极端的困难时，总能找到某种兴奋点。圣奥古斯丁说："人爱忍耐，但不爱所忍耐的。"对堪萨斯人而言，特别值得骄傲的一点就是，乐于接受命运带来的伤痛；如果他们不能在伤痛中找到快乐，那么乐于承认伤痛也会给他们带来一种成就感，这本身也是一种回报。真正的堪萨斯人忍受可能发生的最糟糕的事情；但并不觉得其中有什么悲壮的殉难色彩。堪萨斯人的第一反应是，把它们当作一小桩烦心事克服掉，把它们当作一个调笑的机会；因为堪萨斯人的标志就是，把逆境当作笑料，而从不把它们当一回事。实际上，忍受极度的不幸，培养了堪萨斯人对某种幽默感的热爱，这种幽默感在西部随处可见，那就是，漠视困难，或者把困难变成另一种恰恰相反的困难。自蝗灾时期以来，人们就有了某种传统，这种传统能很好地说明这一点。据说，在灾害最严重的中部，当虫子在街上堆到6英寸高时，一家地方报纸的编辑只用了一行文字表达自己对这种形势的评论："今晨，在法院大楼的台阶上，人们看见了蝗虫。"似乎这只是本周发生的一件琐事而已。春天，雨下了6个星期，小麦眼看就要颗粒无收，而玉米还没有播种。一位农夫看着自己一年的收成就要完蛋，抬头看看阴暗的天空，吸一口潮湿的空气，煞有介事地说道："嗯，看来又要下雨了。我们得把庄稼保护好。""是的，"他的邻居回答，带着同样一本正经的语气，"雨就要来了，不会有什么好事的。"当接二连三的不幸袭击某个人时，有一段时间，他会无济于事地与之抗争，到最后，那些不幸会在这位不幸者心中产生某种局外旁观式的好奇心，他会带着听天由命的哲学态度，去审视命运的反复无常，最终获得一种令人心痛的快意。这样，堪萨斯人"惯于正话反说，以表达他们对命运的轻蔑"，他们把幽默当作对抗苦难的避难所。他们不仅学会了忍受不幸，而且学会打心眼里嘲笑它。

我说过，美国式的个人主义是一种成就感，而非一种离心倾向。这里，我要再次提到这一点，因为相比大多数州，这一点更符合堪萨斯，尽管在外人看来，堪萨斯充满了怪异和反常之辈。在欧洲，人们一度普遍认为，美国人全都是特立独行之辈——或许事实的确如此。今天，堪萨斯人的特立独行与整个美国的人的特立独行是一样的：他们在某些方面不同于其他美国人，就像美国人不同于欧洲人一样。但是，堪萨斯人的个人主义有个根本的特点，那就是倾向于服从；它是一种讲求服从而非反叛的个人主义。既然学会了忍耐到底，他们也就学会了服从。关于美国人，外国人会十分费解但又津津乐道地评价说，在美国，每个人都只做自己喜欢做的事情，但是，暴乱和起义的危险却如此之小。当然，原因之一就是，边疆的生活环境使个人摆脱了以前那个按部就班的社会的各种束缚，但原始的社会里严酷的生活需求又不可避免地为人们规定了行为路线，并要求人们严格遵守它。在边疆，人们很快就学会了服从那些最基本的法则，因为抗拒或漠视它们只会是死路一条，在那里，生存法则自然而然起着作用。尽管对新来者来说边疆人看上去十分古怪，但在根本性问题上，他们少有改变。在这个新社会里，个人主义意味着个人有能力取得成功；要取得成功，个人不需要屈服于某种外在的传统权威，也较少听命于未受雕琢的个人意愿，而是承认并心甘情愿地接受那些必需的条件。的确，堪萨斯滋生了特立独行的作风；但是，当地有一种说法："怪异之物仅供出口。"在某种意义上，这一说法是完全正确的，因为让人感到特别震惊的是，总体上，堪萨斯本地人都是一个样子的。堪萨斯是一个高度团结一致的社会；对于本地人来说，"东部人"看上去才是特立独行的。

在堪萨斯，对蛮荒地带的征服培养了人的忍耐品质，以及沉着冷静、坚忍不拔、在自然困难面前保持乐观、服从那些被视为必然之物的品质。然而，忍耐、沉着，以及乐于服从等品质被严格限定在那些被视为属于自然过程的事物之内。如果堪萨斯人看上去反应迟钝，那也只是表面如此。特殊的起源与历史条件在人们的性格中糅进了某种浪漫和伤感的因素。在他们平静的外表下面，有某种东西在肆意地燃烧，那是一种潜在的力量，不经意间从一些琐碎的事件或某个响亮的词语中释放出来。在最近一次颁奖典礼上，亨利·金（Henry King）先生说，早年堪萨斯的形势可谓"一触即发"。当然，堪萨斯人本身也是一触即发的，轻轻地一压，只要用力得当，就能使他们奋发。"每个人都在应答'谁？——万岁'[1]这一口令，每个人都很警觉、警惕，像一名站岗的哨兵。"这一特点最明显地表现为人们对本州的浪漫主义忠诚，表现为对外部批评的某种警觉，但首先，还是表现为普遍的热忱，有了它，人们无须他人警告也会投身某项事业，特别是当这里的人们已经成为某句警语的化身和践行者的时候。反叛是堪萨斯的本来状态，它的政治史就像它的气候一样，充满令人惊异之处，这使它"在人类事务上轮番成为责备与赞叹的靶子"。但是，这种表面上的动荡只是对当地人极端的、自信的个人主义的自然补偿：既然成功地战胜了这么多无法避免的阻碍，那么他们就毫不怀疑自己有能力快速捣毁那些似乎是人为建造出来的事物。于是，一方面没有人比堪萨斯人更能用坚韧的品格及良好的幽默感去忍受自然的逆境，另一方面，那些看上去是人为的灾祸却会在他们心中引发一种真正的反抗激情。对不公正的猜疑、那些锦衣玉食之辈或真实或煽动性的宣传、强制性法律所带来的压迫，都在他们的本性中添加了某种一点就着的成分，使平静务实的人们变成激动的革命者。蝗虫只引出俏皮话，但"魔鬼的抵押"导致平民主义政体，这是一次讨伐"金钱力量"异端的宗教远征。同样的精神还体现在最近的"扳倒老板"（Boss Busters）运动上；仅一个夏天，这项运动像一把燎原之火，燃遍整个州，掀翻了那架现成的、被认为永不会出轨的机车。在堪萨斯，"高级法"仍

---

[1] "谁？——万岁"，法文 *qui vive*，哨兵的口令。

然是一支力量。拒绝遵守"伪法律"仍然是一种容易被激起的精神。一个人忍受了自然界最严酷的暴政，也乐意接受那些自愿负担的人间暴政，但不愿忍受那些本可以改变的困境。

二

在边疆一直盛行理想主义，因为不论从地理上还是文化上看，边疆几乎没有为那些安分守己的人展现什么希望。在蛮荒之地冒险，人们必须放眼未来，而不只是着眼于现在。边疆属于那些放眼未来的人，那是一块希望之地，没有信心的人是不会进入的。理想主义正是深深地根植于这些人的品格之中。但是由于美国的边疆是地理上的和物质上的，美国的理想主义至今仍带有物质上的偏向，美国人也常常被误解为物质至上主义者。的确，美国人的兴趣主要在于物质，他们更多用金钱来衡量事物的价值：一个人有价值，因为他有这么多钱；一所大学很了不起，因为它有最多的捐赠；一座好的建筑物就是一座价值连城的建筑物。价值是粗放的，而非精细的、内在的。他们认为美国是世界上最好的国家，因为美国最有钱、最强大。美国人民是最好的，因为他们最自由、最有活力、受教育程度"最"高。但是，如果在这一切事物里面只看到物质至上主义的倾向，那么就是错把形式当实质。美国人关心物质，说明他们把握住了所希望得到的事物的根本。相比对钱的关注，他们更关注挣钱：财富有价值并非因为财富意味着便利，而是因为财富意味着奋斗、成就和进步。一个城市里竖起第一座摩天大楼，这本身并不说明什么，它更多的是一种增长的证据,它是通向目标之途中的一级"玉阶"。

这种类型的理想主义就是堪萨斯精神的精髓所在。很少还有人会如此频繁地使用"进步"这一词语;即便使用,也较少与物质联系在一起。它代表着"最高善"(*summum bonum*),这已成为一种信条。错误是可以原谅的,只要一个人在不断进步。而不求上进的人是难以想象的;就像亚里士多德所说的"非政治动物",不求上进的人不属于人类。或许这可以说明为什么每一位堪萨斯人都一上来就想告诉别人,他来自某某镇,那是这个州最好的镇。其实,他无意说这个镇真的就是本州最好的镇,而是说你如果不怕麻烦,愿意探究一下这个镇,了解它的土地、气候、降雨,再看看这个镇子本身,那么你会觉得这个镇就是最好的。偶尔,他也会承认,那里很热,那里降雨稀少,那里的土地由于缺乏雨水都快被烤干了;但所有这些都无关紧要,因为很快,他们通过灌溉解决了缺水问题,实际上,灌溉比降雨效果更好。接下来,他还会向你描述他的镇子,其实不用他描述,你也很容易生动地想象出来:只有一条街道,两旁是大同小异的圆木结构的商店;街道的一头是火车站,另一头是邮局;街道后面是一排排木屋,有的漆了颜色,有的没有;不远的地方有座学校,另外一头是尖顶的教堂;大致就是这样。从外表上看,这个镇子与你在西部其他任何地方随处可见的数百座镇子一样,是一个沉闷的地方,你会觉得,全世界人都不在乎让它自生自灭。但是,你面前的这个人是热情的;他开口闭口谈的都是这个镇。他哪里来的这么多热情呢?你会发现,秘密就在于:"终有一天,这将是一个伟大的市镇。"这是不可避免的;你会想到,说到底,这个人并非生活在这个沉闷的镇里,而是生活在"终有一天"会变得伟大的国家里。他们拥有圣奥古斯丁所说的"天城",那是未来的理想化的堪萨斯——要拥有它,你只需相信它。

对于堪萨斯的这种理想主义的描述,最好的莫过于麦考密克夫人的那本描写个人经历与思考的小书[1]。她讲述了一位典型的农场主数十年的奋斗历程,然后形容说,当正义战胜邪恶时,"正义女神"向他展现了那块土地"所应该呈现的样子"。

> 在约翰眼里,这个四百英里长、两百英里宽的大平原就像一个庞大的农业王国,农夫耕种着土地,城镇和乡村四处散落着。在每一个农庄,伫立着漂亮的房子,房子外墙涂着好看的颜色,房内家具十分考究,另外还配有各种便于管理房舍的现代设备。屋里地板上铺着布鲁塞尔地毯,客厅里摆着油光发亮的家具和钢琴,餐厅里欢声笑语,餐桌上铺着亚麻桌布,摆着镂花玻璃杯和银质餐具。自来水从水库流进乡村的房子里,就像在城市里一样。农民们的妻子和女儿们不再需要像奴隶般劳作,不再缺少各种顺手的器具和家具;她们拥有一切必需的物件,便于做灯下的活计,把房子收拾得可心迷人。她们拥有"夏季厨房"[2]、洗衣房、晾衣房、凉亭等。前院有翠绿的草坪,院子里不会留下猪的脚印,没有驴子会来啃树枝,也没有母鸡

---

[1] 这里指 Fannie McCormick, *A Kansas Farm, or the Promised Land*, New York: J. B. Alden, 1892。

[2] summer-kitchen,在没有空调的时代,乡间房舍都有一间独立的建筑,用于做饭、储藏,特别是确保主妇在烹调时不让热气进入主房。

会到花圃里抱窝。树荫、吊床、藤椅被随意安排，看上去都那么称心。谷仓里存满粮食。农舍被院墙围着，一块一块的田地里，麦浪滚滚，草场碧绿。

为偿还债务，约翰曾卖身为仆；当他劳苦一生，偿清了所有债务时，在一个夏天，看到的据说就是这幅景象。约翰不如那位女人善感，他真实所见的画面或许并非如此多彩；但这幅画面代表了某种理想，即便不是堪萨斯农夫们的理想，也是堪萨斯妇女的理想。

然而，美国理想主义的这一特征并非只在堪萨斯才体现出来，它几乎是所有西部社会的共同特征。但是，堪萨斯的理想主义中有某种特别的因素，这使得它看上去与众不同。堪萨斯的历史应该从反抗奴隶制的斗争说起。在这个问题上，堪萨斯久负盛名。"山中无岁月，逍遥不知愁"不是对堪萨斯社会的写照。堪萨斯有自己的历史，堪萨斯的人民为自己的历史感到自豪，他们认为那段历史是必然发生的，必须在公立学校里被讲授。在堪萨斯，有很多"老式家庭"，他们知道并且坚守自己的位置——"堪萨斯斗争"这一传统的神圣传承者。"堪萨斯斗争"对于堪萨斯人的意义，就像美国革命对于新英格兰人的意义一样；虽然现在还没有出现"堪萨斯斗争女儿会"这样的组织，但无疑总有一天会有的。"堪萨斯斗争"被视为人类争取自由的事业的关键时刻，就像麦考兰[1]据说曾认为《改革法

---

[1] 这里指乔治·麦考兰·特里维廉（George Macaulay Trevelyan, 1876—1962），英国历史学家，中文旧译"屈勒味林"，见我国著名法学家钱端升（1900—1989）所译其中译本《英国史》（上、下册）。后文"改革法案"为 The Representation of the People Act 1832, the Reform Act 1832, 指英国 1832 年国会改革法案。

案》是一个终点，所有的历史都只是在为此做准备。对于所有真正的堪萨斯人而言，早年发生在边疆的那些战争能引起经久不衰的兴趣：他们告诉人们琼斯在哪里枪杀了史密斯，引导旅游者来到莱康普顿（Lecompton）村，或者自豪地指给人们看某一棵树，树身留着考崔尔袭击战[1]留下的光荣伤疤。约翰·布朗到底是一个杀人犯还是一位烈士？这是一个只有本地人才敢充满自信地回答的问题。最近，在一份测试学校老师的试卷中，有这样一道试题："什么是 Andover Band？"似乎很少教师知道它是什么。有的说是一块铁牌，有的说是一个印第安人团伙。一些报纸提到过它。人们发现，除了一些旧家庭之外，人们普遍不知道 Andover Band 是什么东西。当人们得知 Andover Band 与"堪萨斯斗争"有关时，简直羞愧难当。[2]

堪萨斯为建功立业而创建，这种观念使得它在其居民的眼中成为一个特别的自由家园。它使自己的历史超越了一般西进运动的平常之处，为堪萨斯人的性情添加了某种崇高的、斗志昂扬的品质。爱荷华和内布拉斯加的人也不错，但是他们从来没有经历宏大的历史进程。人们觉得，"始祖移民"们较少怀有崇高的、利他主义的动机。萨尔[3]说过："'始祖移民'们逃避压迫，到新世界寻求'礼拜上帝的自由'。"但是，堪萨斯的移民们来到堪萨斯，是为了"根据自己的原则直面、反抗和挫败压迫。他们是一群自我牺牲的移民，而

---

[1] 考崔尔袭击战（Quantrill Raid），即"劳伦斯大屠杀"（Lawrence Massacre）。1863 年美国内战期间，威廉·克拉克·考崔尔（William Clarke Quantrill, 1837–1865）率领的游击军袭击了堪萨斯州亲北方派的市镇劳伦斯。
[2] Andover Band，即"安杜佛团"，指的是一队在内战之前来到堪萨斯的传教士，他们来自马萨诸塞州的安杜佛神学院。Band 在英文中又有"牌子"的意思。
[3] 这里疑指希尔瓦诺斯·萨尔（Sylvanus Thayer, 1785—1872），美国军事教育家，据传是西点军校的创始人。

别人都是自我满足之辈。正义虽然姗姗来迟,但是终将带来最高的荣耀,堪萨斯先辈们为神圣的人权事业献出了自己以及自己所拥有的一切,后人将永远怀念他们。"

这可能是偏袒之见,但在堪萨斯并非奇异之谈。训练有素、不带偏见的重农主义历史学家会告诉我们,这种说法没有文献支持。他会说,文献显示,堪萨斯移民与其他地方的移民一样,是冲着这里便宜的土地而来的,并且怀揣着改善生活条件的希望;他们的真正动机在于经济,就像所有的历史动机一样;堪萨斯移民们或许认为自己来到堪萨斯是为了反抗压迫,但其实他们是为了抢占农场。至少,很多移民自以为自己是为反抗压迫而来,这是无须辩驳的事实。他们的后代也会这么认为。而且,毕竟,重要的或许是区分两种人:一种寻求更好的农场并且知道自己除此之外别无他求;另一种人也寻求更好的农场,但他们认为自己参与的是一场神圣的战争。当纽顿(Newtown)的人希望搬到康涅狄格时,我们得知,他们会提出三种理由:第一,"他们需要找地方安置自己的牲畜";第二,"康涅狄格富饶而辽阔";第三,"他们有强烈的迁徙倾向"。在解释人类历史时,有时或许要调用所谓"他们的强烈倾向"。毫无疑问,牲畜需要安置;但是,一种观念即便是建立在错误基础之上,也会变成事实,有时还会改变历史的走向。无论如何,堪萨斯人坚信,他们的祖先为崇高的目的而斗争;这种信念,无论正确与否,都对他们的品格产生了影响。在堪萨斯,开拓边疆是一种理想主义,其中渗透着这样一种强烈的观念:自由有时远不止是经济进步的副产品。

堪萨斯的理想主义带有19世纪上半叶的人道自由主义色彩。

无论怎样，它都一定程度上受到了当时朦胧的、情绪化的让·保罗[1]式浪漫主义的影响。相对于所有沮丧的、神秘的情绪，堪萨斯精神是异乎寻常自由的。在堪萨斯，没有拜伦，也没有唐璜。这里有的是光明，但不是那种"从不照耀大地与海洋"[2]的光明。堪萨斯的理想主义不像学院派的沉思，在不可捉摸的事物上耗尽自己的力量。它是实实在在的、合乎现实的理想主义，它选择特定的目标作为自己的追求对象，并且一旦找到这样的目标，就会为之付出永无止境的活力；这种活力令人震惊——不论目标是什么，人们都会付出热情和必胜的信念，只有通达"绝对主宰"的人，才被赋予这种热情和信念。专注于实实在在的、合乎现实的事物，似乎会使人们追求相对更有价值的东西；但是在新的乡村里，物质运输问题如此紧迫，人们要求手边的工具能立即带来最终的价值。堪萨斯是一个新州，它的居民专注于眼前，他们没有体验过以前那几个世纪的经历，他们只把今天的自己与昨天的自己相比较。"世界历史就是世界法庭。"这句话所包含的理念，在一个经20年快速物质进步，人们坚信未来无限美好的社会里，得到了一定的验证。在这样的社会里，过去和未来都被缩短了，最新式的机械设备使我们迈出了走向盛世的坚实一步，而盛世似乎只需翻过下一座山就到了。结果，通过某种奇特的精神历练，讲求实在、注重现实的人呈现出某种绝对的尊严，而追求舒适则带有伟大远征的色彩。不论是宗教信仰还是筑路，不论是教育还是垃圾处理，都会成为人们一时关注的焦点，都会使人

---

[1] 让·保罗（Jean Paul），笔名，原名约翰·保罗·弗里德里希·里希特（Johann Paul Friedrich Richter），1763—1825，德国浪漫主义作家，著有《赫斯珀洛斯》（Hesperus，1795）等。
[2] 英国诗人威廉·华兹华斯诗句。

们同样地忙碌奔走,同样地热情高涨,同样地精神焕发。所有这些,都是人们的战利品,人们评判它们的标准是它们是否包含看得见、拿得走的有价值的东西,人们赢得它们的手段是对它们发起协调一致的、有组织的一击。我还记得,我曾读过堪萨斯的一份地方报纸,上面提到某镇的一座临近村庄(那里有一所学院,但报纸误说成大学),那段简短的评论这样写道:"某某大学也设立了音乐节,其内容安排与州立大学一样,并且取得了十分令人满意的结果。第一届音乐节就大获成功。某某镇是一座迷人的小镇,是该州最好的城镇之一。它有着极好的大学,里面居住着上等的居民,这些人使它成为文化的中心。该镇唯一的缺憾,就是没有下水管道。"或许,有些人会发现,把文化与下水管道相连有点莫名其妙。但是对我们这些堪萨斯人来说,情况并非如此。应该承认,文化与下水道都是值得拥有的好东西。那么,就让我们积极地、毫不动摇地追求它们吧!这样一来,理想中的下水道就会变成某种目标,直达任何正直的社会的道德深度。

这种迫切的、注重现实的理想主义,总是忙于处理具体问题。它很可能更喜欢那些循规蹈矩的理想,因此在一定程度上会有失于思想的灵活应用,对那些放荡不羁的、批评性的以及沉思型的精神总是投以怀疑的眼光。这种理想主义过于自信,不能理解某些思想所带有的无形力量。它只知道自己是对的,一门心思想着往前奔。一旦具备某些习惯性的前提,它就匆忙得出显而易见的结论。这样一来,绝大多数的美国人都心满意得地满足于对那些耳熟能详的词语的纯粹形式化的解释;在他们看来,那些词语代表了某些观念,而他们的制度据说正是建立在这些观念之上。在这一点上,堪萨斯人是地地道道的美国人。没有哪个地方的人比堪萨斯人更忠于自由、民主、平等、教育这类词语。但是，专注于具体的事物会使人将注意力集中到词语本身，集中到词语习惯上所带有的含义上。比如，传统上，民主这个词意味着选举，以及选举的诸多方面。如果你坚持认为，民主并不必然地与某种具体制度相连，它正在被复杂的"全面选举"（blanket ballot）所扼杀；那么，就没有人能理解你，或者说，人们只会认为你是在宣扬某种精英政治。美国的民主在一定程度上与具体事物相连，因此，追求"短票选举"[1]就是非美国式的。

三

在像美国这样如此信奉个人主义的国家里，人们自然会期望找到最全面的宽容，而不愿意将政府用于强化社会统一的目的。从逻辑上讲，强调自由与强调平等似乎是不相容的。然而恰恰是在美国，恰恰是在美国的西部，自由与平等总是并行不悖地同时出现在大众演讲之中。在这里，人们的自由意识格外强烈，但追求平等也是一种重要的主张。纵观历史，西部曾经是推动国家政府权力扩张的主要因素，西部各州在各种激进的带有平等化特征的立法中起着领导作用。当人们在堪萨斯讨论这些问题时，这种明显的不相容性给人印象尤为深刻。在这里，平等的主张确实存在，人们认为，政府存在的目的就

---

[1] "短票选举"（short ballot），指对少数主要官员的选举。

是为了确保平等成为人们的共同信念。所谓"针对平等的立法"是治疗各种弊病的特效药。社会福利被认为始终优于个人利益，但另一方面，没有人怀疑完全的自由是人人与生俱来的权利。

或许，真相在于，真正的宽容不属于美国人的本来性情。宽容是对于怀疑论者而言的，是多虑的产物，或者漠不关心的结果，有时还的确只是迫于社会的异质性而做出的一种"妥协"(modus vivendi)。在美国，我们相信自己是有着自由胸怀的，因为我们宽容那些我们不再认为重要的事物。在美国，我们宽容各种宗教信仰，但不宽容无宗教信仰者；我们宽容不同的政治主张，但不宽容非政治性的意见；我们宽容各种习俗，但不宽容对习俗的漠视。清教徒们为宽容——也是为自己——而战。但是一旦赢得宽容之后，他们又立即否认对他人的宽容。美国的历史没有哪一段是清教斗争的再演；作为普遍原则的宽容不是美国历史上的斗争目标，那些斗争是为了让人承认文明乃是寓于特定原则之上的——从外部关系上讲，是为了使美国获得欧洲的承认；从内部关系上讲，是为了使"西部"获得"东部"的承认。宽容原则被写进我们的宪法，但没有被写进我们的心里；因为那些确保个人自由的著名条款只是对个别意见的承认，而非对任何意见的宽容。事情本该如此。那些开辟边疆、创立新的文化的人有着太强烈的信仰，不可能宽容；他们是彻底的理想主义者，不可能不在乎其他事物。边疆条件恶劣，不利于思想家及学院派们发展，只有那些做对了并且相信自己是对的人，才能成功。当然，知道自己是对的，这向来是美国人的典型特征。他们当然认识到自己在这个世界上肩负着使命，并且认识到自己一直相信这个世界。他们已经解决了此前尚未解决的重大问题，他们认识到，乌托邦一直是欧洲人的梦想，但欧洲人从来没有将其实现。因此，他们属于文化的先锋，他们方向明确，怀着必胜的信念朝着最终的目标进发。人人做自己喜爱的事情，这句话只是在很有限的意义上才成为美国人的一个信条。人们能够知道什么是对的，对的就应该承认，对的就应该去做；这些才是更为重要的信念。

  无论如何，在堪萨斯，人们毫不怀疑，自由与平等是两个相容的术语。然而，信奉平等就是相信所有的人都是平等的，这并不等于相信为人人平等创造条件乃是社会的责任。那种观念与这里宣扬的占主导地位的个人主义是不相容的；就此而论，也是它的自然结果。至少在堪萨斯，没有人坚持认为个人有权做自己喜欢的任何事，而不管自己喜欢的是什么。对个人的信任是对具体个人，也就是说，对真正的堪萨斯人的信任，他们历经磨难，最后服服帖帖地去做该做的事情。人性，或者至少可以说，堪萨斯人的品格，本质上是好的，如果环境允许，所有的人都能达到那样的人格高度。好的环境是可以人为塑造的，这一点毫无疑问。那些勇往直前、自强不息的人克服了重重障碍，他们不可能再怀疑自己这种完善人格的能力。在征服了自然之后，他们满怀欣喜地迎接人性改造的任务。正因为堪萨斯人是如此彻底的个人主义者，如此足智多谋，对自己的判断力如此深信不疑，如此不拘于先例，如此习惯于在新困难面前找到应变之策，才不会把世人的种种失败记录放在眼里。他们总是能绝处逢生，失败的土地为他们带来难以抗拒的挑战。

p.23

  为了实现这些美好目标，堪萨斯人很自然地转向政府，因为他们对为什么要建立政府、政府是什么样子有着简单而实际的想法。在堪萨斯，政府并非抽象的概念。堪萨斯不是德国，没有那么多的形而上学。在这个边疆社会里,还没有人认为政府作为一种权力不是他们自己为克服邪恶而创造的。堪萨斯人思考政府,就像思考其他事物一样,总是用很具体的方式。实际上,他们为什么不这样呢?在人们的记忆中,堪萨斯本没有政府。堪萨斯人自己创设政府,为的是自己的目的。因此,政府只是他们自己为做特定的事情而雇佣的特定的人。政府是那些创建它并且不定期地修正它的人的能力、良好的判断,以及智谋的总和。政府的个人性不言而喻,每一个堪萨斯人都从政府中看到被放大的自我。一切按法律办事,这种热情并不意味着无望而沮丧的个人会转向另外的、超过保护自我所需要的限度的权力;它只是一种本能,人们将众多才智中的一种有效地用于实现向往的目标。一个仇视个人的政府,对他们来说是难以想象的;那样的政府是"伪政府",它制定的法律是"伪法律"。为抵制和推翻那样的政府,所有的潜能与才智,只要旨在树立一个能被视为合法的政府,都被调动起来。在成文法之上,是高级法。在这里,国家的法律如果不代表个人的意志,就不是法律。

以这样一种简易的方式把个人意志等同于社会意志,实际上预设了社会存在某种稳定性:种族、风俗、习惯、需求的一致,以及在道德、政治问题上的意见趋同。堪萨斯就是这样的社会。它的人民大体上都在美国出生,祖辈主要是来自中西部的拓殖者。堪萨斯是一个农业州,生活条件对每个人来说都一样,或者说在这之前一直一样。"在这田园牧歌般的边疆,"前参议员英格斯(Ingalls)以其独有的堪萨斯方式说,"没有百万富翁,也没有乞丐,只有一些因为年龄、疾病或者不幸失去劳动能力的人。这个州没有什么横财,也没有人通过商业、制造业或投机活动聚集起财富。没有豪华大厦、锦衣玉食、排场铺张会让人群情激奋、如痴如狂。"稳定感源自种族的相同、风俗的一致，其核心是该州的独特历史。堪萨斯人互敬互爱，共渡难关；独特的经历导致强烈的"团队精神"（*esprit de corps*）——虽然堪萨斯人与其他人不同，但一个堪萨斯人与其他堪萨斯人不仅同样优秀，而且很相似。对人数的关注、少数服从多数的原则，就这样生了根；很少有同情心被浪费在少数派身上。卢梭曾指出，少数就是错误，这种观念在这里被广泛接受；而且，个人意志很容易与社会意志相一致。

在某种意义上，这种观念是非常正确的，因为人们在一些根本性问题上，很少有不同意见。在宗教领域，有很多种教义、很多教派，但是它们之间的差别不被人看重。然而，在道德领域，有一种绝对的教义。洗礼只适用于信奉它的人，但道德生活适用于所有的人。而且，道德生活由什么构成？答案是十分清晰的：讲究诚信、欠债还钱；友好、善良、有幽默感但不愤世嫉俗；人不犯我我不犯人，但在内心里视生活为严肃的事情；尊重他人的情感及无害的偏好；尊重伟大的思想传统；过坚定而正直的生活。——这些都是他们深信不疑的。在政治领域，同样如此。一个人可以是民主党也可以是共和党，可以坚定也可以灵活，可以是反对派也可以是顽固分子；这些都不重要。重要的是没有人整天想着否定民主，否定人民的意志，否定最大多数人的最大利益，以及否定在正义与机会面前人人平等。不论涉及政治、经济、教育还是道德问题，意见的统一几近完美：意见在对中庸的膜拜中统一起来；意见是"追求总体水准"这一教义的内核。

毋庸赘言，堪萨斯的总体水准被认为格外地高。堪萨斯人不认为自己只不过是些像爱荷华人或内布拉斯加人那样的西部人。他们在热浪中死里逃生，是经过了七重锤炼的西部人。E. H. 阿伯特（E. H. Abbott）先生说："在堪萨斯，人们出于虔敬之心感谢上帝——自己没有像其他人，尤其是密苏里人那样，沦为酒鬼、懒汉，或者习俗的囚徒。"即便遭到普遍的怀疑，人们的判断最终仍被证明是正确的；那么对于这些人来说，骄傲之情或许是最自然不过的。多年以来，堪萨斯人为民族的兴盛贡献卓著，他们不再是国家的贱民。堪萨斯人听惯了"约伯的安慰"，当那些人的庄严的预言化为泡影时，他们已经习以为常了。"当满怀嫉妒的对手们在讪笑，并用僵硬的手指轻蔑地数落着旱灾、蝗灾、热浪、颗粒无收以及其他大灾难时，整个世界突然惊愕了：在纪念费城建城100周年的大展览中，堪萨斯人的很多产品夺得了最高奖。"堪萨斯人发现自己将他人废弃的石材打造成了一块重要的基石；这时，他们自然会认为自己是最杰出的工人。

用高标准去要求他人是人的一种本能做法。人们对那些从外地来到本州的人的品行保持警觉。其中的关键是，他们是"我们这类人"吗？他们讲"堪萨斯话"吗？其实，堪萨斯话并不代表某种说话方式或表达某些特别的观念，它更代表一种特定的个人品质。不久前，有一位大人物从东部来到这里，发表了一次公开演说。他受到了友好的接待，就像所有的来访者一样，不论其是大人物还是小人物。他的演讲中充满了半个世纪前的自由主义理想，人们专心地听讲，并给予很高的评价。但是，那些理想根本没有意义。人们发现，这位大人物名不副实，因为人们发现他在各种随身用品之外，还带了一个仆人。这真要命。人们评论这位可怜的仆人甚于评论演讲，关注仆人甚于关注主人。这种氛围为这位遭诟病的人打上了一个标签：他明显不是"我们这类人"。很明显，没有谁既带着仆人又讲堪萨斯话。不用说，在堪萨斯，没有人需要仆人。

堪萨斯人觉得，优越感本来属于上帝的选民，但同样使他们倾向于不在乎他人的建议或经验；穿百衲衣的苦行僧不需要听那些穿绫罗绸缎的人讲禁欲主义。有一次，在与一位州立法委员讨论大学及其问题时，我大胆地提出了一些统计数据，它们显示，其他州对自己的大学的拨款要比堪萨斯州慷慨得多。我以为，这种比较是有启发性的，会触及人们对州的自豪感。但根本没有。"这个情况我完全知道，"那位立法委员回答，"任何州立机构中任何有志于增加自己部门的拨款的人，都会持这种观点。但是这类观点不会影响到州的立法。在堪萨斯，我们不关心其他州在做什么。堪萨斯是引领者，而不是追随者。"事实上，不墨守成规几乎是一条信念；说"有人做过这类事情"就意味着现在是该改进的时候了。历史告诉人们，法律不能规定将人带到天国。堪萨斯人并非无视事实；问题在于那些事实并非他们自己的。历史经验并不适用于那些有志于完善它并坚信一定能完善它的人。让那些举棋不定的人，那些胆小怯懦的人去从历史中受益吧；只有始终勇于运用自己热情的人，才会创造历史，而不是简单地重复历史。堪萨斯人树立了自己的标准，就像人们看到的，堪萨斯州成为社会科学的一块试验田。

因此，在堪萨斯，追求平等就是实现个人主义、实现堪萨斯人民的理想。在这一基础上，它有着利他主义的动机，平等的目的不是要降低所有的人，而是要提升所有的人。堪萨斯人的个人价值观使他们相信没有人会比自己更好，同时这种自信的理想主义又激励他们希望没有人比自己更糟。

四

　　堪萨斯精神是对美国精神的双倍提炼，是美国式个人主义、美国式理想主义以及美国式宽容精神的新的嫁接。堪萨斯就是美国的缩影：美国人在欧洲背景下反观自己，同样，堪萨斯人在美国背景下反观自己。在边疆，美国精神——纯净的、未被污染的美国精神——获得了新的活力。这群自发走到一起的人，其使命正是见证这种精神不会毁于外部力量。光明无论在别处如何不受眷顾，一旦投射到堪萨斯这块祭坛之上，必定获得双倍的力量。如果说这是地方主义，那它是关于信念的地方主义，而不是关于地域的地方主义。为州献身就是为理想献身，而非为地域献身；如果有人说起"亲爱的老堪萨斯！"，那是因为对于他们来说，这个名字象征着这一立州箴言最能表达的涵义——"充满艰辛的星光大道"（*ad astra per aspera*）。

1910 年

布赖斯勋爵与现代民主

很多年前，在英国，人们竞相讨论各种政治改革方案，其中大多数讨论涉及一般性原则问题，也有一些提到历史上以及其他国家发生的事件，但通常又是含糊而不相关的；这时，我萌生了要做点什么的念头，我想考察一定数量的常见的政府形式，考察它们的实际运作方式，并把它们互相比较，摆出各自的长处与缺陷，以便为人们的争论与判断提供一个坚实的基础。我没发现有人做过类似的比较研究，所以打算尝试一下。为查找资料，我走访了瑞士等欧洲各地，还走访了美国与加拿大，走访了西班牙在美洲、澳大利亚及新西兰的殖民地，最后终于在1914年第一次世界大战爆发前不久，完成了旅行。这些调查比预计的要辛苦，花的时间也更长；而战争不时带来的干扰使这本书推迟到今天才出版，今天，上述一些国家的形势已变得不同于我研究它们的那个时候。……（但是，）我还是打算把这些政府描述为民主的，而非眼下的政治形式。十年前发生的那些事情应该能被用来服务于这一特定目的，它们对我们仍有启示作用，就像发生在今天一样。[1]

今天我们能有幸读到这两卷本皇皇巨著，应该感谢作者的这段经历。这的确是一件幸事！如果布赖斯勋爵[1]年轻时决定到老了以后再写这样一部著作，那么他就不可能为这一工作做好我们在上面看到的那些准备。他熟悉古代世界，似乎古典时代与他如影随形；他对神圣罗马帝国的解读才华横溢，这使他即便在德国的历史学教授之中也是佼佼者；作为政治家，他在自己的国家引人注目；他在美国是令人尊敬的大使，受人爱戴的朋友，并因对我们的制度的阐述和批评而受到赞赏；他到过很多地方旅行，接触过不同类型、不同环境中的人，他不停地思考，不倦地探寻，储备了用之不竭的知识，从波旁宫里的勾心斗角到关于堪萨斯州劳伦斯镇的准确海拔高度。除了詹姆斯·布赖斯，谁还能为我们带来这种"根据实际运作方式"展开的对现代各民主政体的比较研究？还能有谁像这样从惯于反思的心智中获得练达的智慧，而这种反思因接触诸多人事得到加固，因知道过去与当今的众多事件得到充实，因熟悉众多并不如世人常常说的那么好的事物而得到合乎人性的解放？

人们不可能对于每个词的含义都像了解《憨布·墩布》[2]那样熟悉；但是，"民主"一词却可被人用于表达任何自己想表达的含义。布赖斯勋爵说，"民主"一词

---

1 布赖斯勋爵（James Bryce, 1st Viscount Bryce, 1838–1922），·英国法学家、历史学家、政治家，著有《现代民主》(*Modern Democracies*)，另著有《神圣罗马帝国》(*Holy Roman Empire*，中文版由孙秉莹、谢德风、赵世瑜翻译，商务印书馆，1998 年）及后文提到的《美利坚共和国》(*American Commonwealth*, 1888)。卡尔·贝克尔著有同名文章《现代民主》(1940，林猛中译本，参见本书代译序）。

2 《憨布·墩布》(*Humpty Dumpty*)，美国一首家喻户晓的童谣。

> 近些年被广泛地使用,有时指一个国家或社会,有时指一种心态,有时指行为的品质。它被附加上各种联想,有的迷人,有的令人讨厌;有的关乎伦理,有的富有诗意,有的甚至带有宗教色彩。但是,民主不是别的,它实际上就是指全体人民通过投票表达自己的主权意志这样一种统治形式。(p. ix.)

人们可以质疑民主是否"实际上就是指"这些,但是作者有权力决定自己研究主题的范围,而布赖斯勋爵无疑能让我们明白,在当前的研究中,民主的含义应该是什么。

> 我在本书中使用"民主"一词,指的是其旧有的、被严格限定的涵义。它指的是一种按多数称职公民的意志来治理的政府形式,而称职公民占据其居民的多数,比如,大致为四分之三;这样,公民的实体力量(大致说来)与选举效力相一致。按照这一标准,我们可以用民主来形容英国、不列颠名下的各自治殖民地、法国、意大利、葡萄牙、比利时、荷兰、丹麦、瑞典、挪威、希腊、美国、阿根廷,甚至包括智利、乌拉圭。(I, p. 22.)

这不包括德国、奥匈帝国,以及巴尔干半岛除希腊之外的所有国家,因为那些国家还处于战前状态。"不论对于中美洲及加勒比海各共和国,我们可以称为什么;对于新诞生的欧洲诸国,说它们不是民主国家,还为时太早。"做出这样的定义和限定之后,布赖斯勋爵分三部分来论述自己的主题。第一部分涉及适用于一般民主政府形式的各种思考，并为第二部分做铺垫。第二部分论述某些现实的现代民主政体，"其中特别选取了六个国家作为论述对象——两个旧的欧洲国家：法国和瑞士；两个在新半球诞生的国家：美国和加拿大；两个南半球国家：澳大利亚和新西兰"。(I, p. 7.) 大不列颠被故意忽略了，因为在大不列颠，"那些在40年间作为立法机构成员或内阁成员参与政治的人，没有哪位可以说是正直的"。(同上) 布赖斯勋爵这么对待不列颠的政府难免有不公正之嫌，对此我们不必大惊小怪；如果说把大不列颠纳入民主国家之列就意味着要把瑞士排除在外，那么，我们就不必为不列颠被排除在外而难过，因为对西方国家而言，瑞士最能代表小国之中的民主，就像美国最能代表大国之中的民主一样。或许，这本书的确过多地充斥了对英语国家的论述，但是这种取舍总体上具有足够的广度和代表性。在对这六个国家做了相当充分的论述之后，这本书在最后一部分，即第三部分里，在前面那些研究的基础上，花23章篇幅做了评论与批评。关于此书，最好的评价莫过于：它具有与《美利坚共和国》(*American Commonwealth*) 一样的特点和优点，它对于一些现代西方民主国家所做的研究，堪比《美利坚共和国》对于美国这个被布赖斯勋爵本人称为最伟大的现代西方民主国家所做的研究。

在18世纪临近尾声之际，改革精神成为一种时尚，最好的思想家们都相信，"权威"既已退位，"理性"遂成主宰。

"理性"，在"正义"的护卫与激励下，有望在一个更美好的世界里引领人们的行动。天使姐妹紧随其后，

"友爱"兄弟亦步亦趋。而这都是因为人性本身将得到升华。不平等与压迫曾为统治者与被统治者造成各自的邪恶。……在好的政府下——在理性时代,几乎不需要政府——人性将不再为种种坏人得势的先例所败坏,将回归造物主本意培植的淳朴美德。……这些信念是一种动力,使民主一度几乎成为一种信仰。(I, p. 46.)

这一理想久已失去光芒;但是,仍有很多人对布赖斯勋爵所指的那种民主深信不疑,仍有很多人珍视实事求是的品格。布赖斯勋爵明显当属此列,他"用我们今天的方式"为我们描述了这一理想的民主社会。

在这个理想的民主社会里,普通公民密切而持久地关注公共事务,他认识到这是自己的利益所在,也是自己的责任所在。他会尽力全面理解政策的主旨,为其做出独立的、公正的思考,这种思考首先考虑的不是他自己的利益,而是大家的利益。如果由于在以什么方式实现公共福利方面大家难免意见不同,并由此出现不同的派别,那么他会加入其中的某一派,并参加它的集会,但是他会压抑党争的冲动。他从不放弃投票;只要自己一派的候选人足够称职和诚实,他就会投他的票。他愿意在某个地方机构或委员会中任职,(如果有能力胜任的话)会被推举为立法机构的候选人,因为在他看来,服务公众乃是一项责任。由这样的公民做选民,立法机构将由正直而有才能的人组成，他们一心想的就是报效国家。选民中的贿赂、公职人员中的腐败，这些现象将会消失。领袖人物不必心无旁骛，议会成员不必永远英明，行政官员不必总很能干，但是所有这些人无论如何都必须诚实而热忱，只有这样，信任与良知之风才能树立。能引起冲突的大部分祸根都不存在了，因为没有什么特权，没有什么优势会激起人们的嫉妒。人们追求公职，只是因为它能带来造福社会的机遇。权力属于人人，职业向人人开放。即便法律没有制止——或许它也制止不了——财富的累积，这类现象也不会多见、不会过度，因为公众的警觉将关闭非法的通往财富的途径。除了那些堕落之辈，大多数人都能遵守法律、拥护法律，感到那就是自己的法律。暴力是没有理由的，因为任何不公都能在宪法里找到解决办法。平等促成了人们的团结观念，教化了人们的举止，增加了人与人之间兄弟般的情谊。(I, p. 48.)

这段话极好地表达了大众政府的理想；一个世纪以来，这一理想已经赢得了心胸开阔而无私的人们的服膺。就我们所知道的那些民主政府而言，我们觉得，如果布赖斯勋爵想要写一部讽刺它们的作品，他可能写不了这么好。当然，他也不会那么做。他的目的是对期望与现实做严格的区分。他没有失去对民主的信心，但他也不会感情用事地用有色眼镜看待这个世界；他是一位沉着冷静、心明眼亮的现实主义者，他只愿意用白光眼镜看待事物，如实地描述事物。他这两卷本著作的目的就在于，通过大量确凿的事实以及独到的评论,展示现代西方民主政体在其"实际运作"中,如何以及为何最终变得缺乏其应该拥有,以及我们希望其拥有的那些特质。这本书平静、不带感情地对形势做出了如实描述,它要比莱基(Lecky)那两卷本重复谴责民主政体的著作[1]更能发人深省。而且,布赖斯勋爵虽然使我们有很多理由陷入绝望,但他自己从不绝望,他意在通过健全、充沛、敢爱敢恨的乐观主义,为将来积聚起应有的勇气。

民主之所以没能达到其最初的倡导者所提出的那种理想状态,还有更一般的原因,这种原因是不难找到的。

通常,大众想要的,不是自己治理自己,而是要得到好的治理。(II, p. 501.)

人们通常追求、赢得和珍视大众政府,但这并不是因为政府本身是好的,而只是把它当作一种消除明显不公、确保明显益处的手段。一旦达到目的,人们对政府的兴趣一般就会减弱。(I, p. 41.)

当打倒专制和特权成为建立一个更美好的世界的首要和必要的一步时,人们很容易将民主理想化。1789年以降,持续的革命震撼整个欧洲大陆;对于激起这些革命的那些信念与希望,今天任何人都会报以耻笑和叹息。今天,任何人都会指出,人们错误地把那些泛滥着自私性情的邪恶

---

[1] William Edward Hartpole Lecky, *Democracy and liberty*, 2 vols., Indianapolis, Ind., 1896.

渠道当作自私性情本身,实际上,即便旧的渠道被破坏,自私性情也一定会找到新的渠道。(I, p. 49.)

任何人都明白,对于那些没能实现的目标,人们本不该抱有期望。没有哪种政府形式能够完成哲学、宗教、知识的传播,各种生活艺术方面的进步所没能完成的任务,特别是对人性中某些人们早就认识到的,也早就承认其永久性的性情进行变革。(II, p. 534.)

这些话让人醍醐灌顶。虽然说,如果人们从来不抱不切实际的期望,那么他们或许甚至连可能得到的也得不到;但是,显而易见的是,人们毕竟对民主寄予了太多的期望。既然我们拥有的是大众政府,那么显而易见,这种政府只是一种有所不同的治理方式,相比其他方式,有优点,也有缺点。

如果有人怀疑这一点,不妨读一下布赖斯勋爵关于政府在他所特意选择的那六个国家里的实际运作情况的论述。在每一个国家,情况都差不多。我们看到,在每一个地方,大众都对政府漠不关心,除非"把它当作一种消除明显不公、确保明显益处的手段";在每一个地方,人性作恶或者行善的程度,与在先前的政府模式下并无差别;在每一个地方,我们总能看到"新的渠道"——人的自私性情找到新渠道,以取代那些已被破坏的旧渠道。布赖斯勋爵有一双慧眼,能识别这些新的渠道;又有一支妙笔,能刻画它们的各种变体形式。人们不禁要问,如果1792年的乐观主义者们能够预见现代"法国议员"(French Deputy)的这一图景,他们会怎么想?

大多数人……都是通过影响身边的人而开始自己的政治生涯的。他们出入各种地方议事机构，由此成为地方的政界名流……他们"为官一方"，积极参与地方党派活动，时刻关注地方的公共利益。一位有野心的医生或律师会提供免费服务，或者讨好当地的某位主顾。加入某个"共济会"，甚至连成为某个垂钓协会、体操俱乐部的成员，都是有好处的。……他不仅必须举止从容、广结人缘，而且必须遵从正派的生活方式，至少在本地如此，以免一不小心就冒犯了那些"不开化的外省人"，特别是在法国的北部地区的人。如果他有钱花在地方事务上，那么多多益善。（I, p. 249.）

一旦进入了圈子，这位政客就实现了自己的第一桩心愿。此后他必须持续不断地关注人们的利益，他不仅要关注社区的利益，而且要关注社区里居民个人的利益，特别是那些为他带来一席之地的人的利益。每一种公共事务都仰仗他去完成。对于那些核心支持者，他必须为他们搞到房屋装修费，并且帮助他们的儿子和女婿成家立业。他必须确保政府里的一些次要职位以及烟草出售权向普通老百姓开放。各种各样在巴黎能办的事情，人们也都托付给他，从请有奶水的奶妈到买能防水的雨伞。……他是荣誉的来源，是众人的保护伞，他使人们打心眼里爱戴他。……如果他有钱，他对地方事务的捐献会有助于他；如果他很穷，人们也会觉得不能把他一脚踢开，让他自己去寻找新的活计。相应地,假使他能与地方上那些牵线搭桥的人搞好关系,并且不卷入一桩会惊动选民的丑闻,他就有可能,至少在乡村地区有可能,站稳自己的位置,然后在时机成熟时跻身上院,风平浪静地度过更长的任期。(Ⅰ, pp. 250-251.)

这是怎样的一幅图景!多么似曾相识!其中的要害,美国的国会议员一眼就能看出。雨伞和奶妈或许有点偏离美国国会议员的路数,但是这种一般性经历对他们来说明显是贴切的。因为美国国会议员的生涯正如布赖斯勋爵指出的,

> 也是一种其起点在很多方面既不轻松也不惬意的生涯。服务是勉强的,捐献是必需的;这些都是一个心高气傲的人不愿意干的。一个渴望坐到国会里的人,单凭选民的支持是不够的,他还必须获得党派的提名,而这通常又只仰赖于"老板"的赏识。在这条道路上,政党机器设卡放哨,它重视忠诚胜过重视能力,而且它通常在每个地区选择那些通过地方政党机构要么获得了地方影响,要么占据了一席之地的人。(Ⅱ, p. 65.)

不必奇怪,国会"作为国家生活的核心机构,并没有受到它本该享有的关注与信任"。

> 国会很少"直面"重大问题,甚至连一些较小的立

法问题也不关注。它敷衍搪塞，找不到问题的根源；能打动它的，似乎只是对眼前之利的关注，它只想着捕捉住眼前吹过的每一丝大众意愿的气息，而不是满足更大的国家需要这一原定目标。在处理国家财政问题时，它心胸狭窄而摇摆不定，在安抚某个阶层或某个地方势力时，它一会儿出手大方，一会儿又过于吝啬。……每年，人们都看见，从所谓"肉桶"（the Pork Barrel）中，大笔的钱被拨到特定的街区或城市，其目的就是为了所谓"地方公共事业"——它可能是用于建一座码头，但那个码头注定会被淤泥填满；它可能是用于拓展一条航线，而那里的水深其实刚够划船。这些事情能让当地人赚到钱，并且"实现梦想"；这样，议员就能赢得辖区选民的好感，而其手段，就是为他们谋取自己能搞到的一切。没有人会去阻止他，那不关自己的事；而别的想用同样的方式赢得好处的人，也会怨恨这种无礼的行为。……国会使人印象深刻的，不再是智慧的力量，而是道义上的威严。那些胸怀国家福祉的人——或许这种人在美国要比在其他自由国家多——不再指望国会能做引路人。众议院几乎从未以自己的辩论启迪明智，而参议院也江河日下。在阴暗的会议室里生成的那些文件，有教养的阶层没有多大兴趣，而普通大众更是少有问津。（II, p. 63.）

在布赖斯的这本书中，有不少大段论述，每一段都有独立的主题；然而它们就像任何一部文选里的文章那样，都是以不同的方式，服务于同一主旨。比如，这些段落令人信服地展现了作者众所周知而无与伦比的洞察力——他从各种外在的政府形式中，看出了那些决定其"实际运作"的活生生的力量。如果我说，书中毫无遮掩地暴露出来的这些实际运作形式，说明民主几乎发展到了最坏的程度；有人或许会不同意。但是，民选立法机构毕竟是布赖斯勋爵所定义的那种民主的最主要特征；如果布赖斯发现，民选立法机构在任何地方都声名扫地，在任何地方都干蠢事、说废话，在任何地方都散发出污浊的气息；那么，为什么这些污点在某种程度上必然是民主的典型特征呢？

我并不是说，布赖斯勋爵发现了民主并没有什么值得称道之处。相反，他发现，民主有很多地方可圈可点；但是，他并没有头脑发热。人们从他对现代政府的杰出刻画中所获得的突出印象，就是某些坚实的、根本性的东西——无疑，这些东西并不崇高、并不美好；就是某些在本质上单调而污浊的东西——就像男人和女人都是单调污浊之辈一样。布赖斯勋爵为我们所做的是一种根本性工作，这项工作如此有效，以至于后人似乎再也没有必要去做了。他旨在告诉人们，大众政府并不比其他政府形式更合乎"理想"，它只不过是一桩人类事务，以一种不同的方式应对着普通人性的美与丑而已。在民主政体下，人性并未改变，改变的只是人的自私性情所赖以泛滥的"渠道"。现代的廷臣不再站在大殿里紧抓国王的袖口不放，他随时准备向那些能为自己分一杯羹的人卑躬屈膝；他向伟大的"民众"之神叩首，为他们奉上雨伞或奶妈。"民众"就是他的衣食父母！

布赖斯足够智慧，他不至于看不出，人类的这一制度发明本是源于消除明显不公、确保明显益处这一愿望，也终将因这一愿望而消失。

> 法国人、英国人以及美国人都发现，人都会对政治感兴趣；至少他们都假定人都会对政治感兴趣，并认为这是自然不过的事情。但是，这种兴趣真的能维持到最后吗？——研究历史的学者们会这样问。……希腊民主毁于强力……人们对它的消失不抱什么惋惜。对罗马的共和自由的最后一击并非来自人民，而是来自一小撮寡头。……没有人想过要在意大利、希腊或者爱琴海沿岸地区恢复自治政府；在这些地方，数以百计的共和国都昙花一现地湮灭了。(II, p. 599.)

> 我们还可以想象其他的一些情况，它们可能导致同样的结果。那些事情的确发生过，而发生过的事情也可能再发生。那些了解并称赞政治自由的人退却了，他们没什么遗憾，渐渐地淡忘了那些。……一国之内人人被政治和政治家烦扰到这个地步，还会乐意不厌其烦地去投票吗？(II, p. 601.)

> 过去，通向民主的道路只有一条，或者说，希望消除明显不公只有一条道路可循；但是，民主所开启，或者可能开启的道路却有很多条，这里只能略举一二。(II, p. 602.)

布赖斯勋爵以其深刻的洞察力讨论了各种可能性。(1)"如果战争继续……强烈的征服欲望或者自卫需要会导致权力集中到行政部门手中,这对人民来说是危险的";(2)"危险还可能来自于内部斗争,特别当斗争达到一定的程度,使一个党派为了能够压制其他党派而剥夺人民的大多数权利的时候";(3)"国家中教养不高的人会变得对政治漠不关心,而教养较高的人会把才智抛洒到其他事物,比如诗歌或艺术上,……渐渐地,对国家事务的管理沦入无知的官僚阶层之手,那些人没有能力为商人们带来他们所需要的管理和立法,没有能力通过提供舒适而快乐的生活而使大多数人心情舒畅。"(II, pp. 602-603.) 其结果只会是,"几乎没有哪个国家,自由看上去在未来一两个世纪里都是安全的"(II, p. 603.)。但是"在全人类的道德与思想进步面前,大众政府显然会随环境而变化,并由此繁荣或衰败"。

今天,这些可能性受到更广泛的质疑,其程度甚于

> 几百年前的任何时候。今天,一将功成万骨枯,胜利者所遭受的灾难绝对少于被征服者所遭受的灾难;这在人类历史上是史无前例的。……对事实的解释绝不比事实本身更令人愉快。文明的外衣只能掩饰人的外表,很少能够柔化人的激情。人类的智慧并没有随着人类事务的大量增加和日益复杂而相应地增长,或表现出增长的迹象。知识被积累起来,科学研究的方法和工具被不断改进,人类把控制自然力量的能力牢牢掌握在手中,世界变成更适宜生活的处所,为人们带来更加丰富多样的享乐;但是,个

人的精神力量依然没变,依然不比几千年前更强大,或者领域更宽广。随着人口增长和科技进步,大量问题层出不穷,但有能力处理这些问题的非凡人物并没有随之更多地涌现出来,相反,可能在最需要这种人的时刻,反而找不到他们。(II, pp. 606-607.)

这样的前景多么不让人乐观!然而,我说过,布赖斯勋爵并不绝望——或者说并不完全绝望。他乐观向上的品质在收尾之处可见一斑。

一些人如愿以偿了,但是他们在消除邪恶事物时所遗留的问题,要多于创造美好事物时遗留的问题。以前人们认为,参与政府事务的人越多,社会就会有更多的智慧、更强的自制力、更广泛的友爱与和平精神;但是现在这一信念被无情地打碎了。然而,多个人统治总比"独夫"统治更安全……多数人统治要比个别阶级的统治更温和。不论对于民主可能发起多么沉重的控诉,赞成民主的人会回答:"你能提供什么更好的方案?"(II, p. 608.)

经验是没有错的,因为这个世界毕竟是一个比其他形式政府之下的世界更美好的世界,并且人们相信这个世界将更加美好——这种信念没有消失。……希望常常破灭,但新的希望又会出现;希望好比铁锚,那承载着民主及其前途的航船将通过它安然度过这迫在眉睫的风暴。……传说东方有一位喜怒无常的国王，要求他的占星官根据星象说出自己何时死亡。这位占星官摆好星官图，回答道，我推算不出你的死期，但我敢确定的是，我死之后你必跟着死去。因此可以说，希望不绝，民主不灭。(II, p. 609.)

赞成民主的人无疑都会同意这最后的情怀；但是很多人或许认为，布赖斯勋爵过于倾向于把民主等同于它今天所展现出来的这种特殊形式。很多人会说，民主的真正涵义远不止于"全体人民通过投票表达自己的主权意志这样一种统治形式"。他们会说，民主，或者至少那些一旦希望破灭就会消失的事物，都更多的是一种观念，而非一种政府形式。按照这种观念或者理想，人人应该拥有平等的自由与机会，在社会安排方面可以发出平等的声音；唯如此，这一理想才有可能在条件允许的情况下获得实现。因此，这些人会得出结论，"全体人民通过投票表达自己的主权意志这样一种统治形式"并不是民主，而只是一种保障民主的方式；正如其在布赖斯勋爵所描述的那六个国家中的大多数国家里所实际运行的那样，对于它本来想要实现的目标，它更多的是一种挫败而非保障的好方法。

这有点像是文字之争；但是人们经常感到，布赖斯勋爵并没有充分地回答，在拥有合法的通过投票表达自己主权意志的权利的地方，在现代民主的环境下，全体人民是否表达，或者是否能够表达自己的意志？这是一个致命的问题。仅从形式上去断言民主而非阶级统治的存在，就好比仅因为英国有国王就说它不是民主政体。毕竟，语言是有力量的，在广大人民的口中，其力量要比观念大得多。今天的世界不乏大无畏的、口头上的"民主"卫道士，但他们主要担忧的,恰恰是全体人民可能终有一天真的表达自己的意志——要么通过投票,要么通过其他方式。如果我们的这一民主理想——很可能这是这个世界留给我们的唯一理想了——仰仗于半数欧洲人都越来越耻笑的那种政府形式,那么,我们的希望实际上就注定很渺茫了。

一个批判者如果要找布赖斯勋爵最易受攻击的环节,无疑会抓住他关于民主与经济平等没有关系这一论点不放。

> 这一点(经济平等是否可能)并不是我们在这里所关心的问题。民主只是一种政府形式,而不是关于政府应该专注的目的的思考;而经济平等可能存在于任何政府形式之下,并且在某些其他的政府形式下作用可能发挥得更加平稳。因此,民主与经济平等没有关系。人们在行使自己的主权时,可能想建立财产的共同体,就像他们想要建立一种特殊的宗教形式,或者使用特殊的语言一样;但是不管在哪一种形式下,他们的统治都恰恰就是平等。政治平等可以与财产的平等共存,也可以与之分离。

表面看来,这无疑是正确的。人们都愿意承认,"如果在新年的第一天把所有的财产平分出去,那么到下一年,我们会看到,有人会穷,有人会富"。如果布赖斯勋爵只是说政治平等可以与物质占有的绝对平等相分离,我想没有人会反对。在竞争机制下,有人变穷有人变富是难免的;人们完全可以想象,在一个贫富悬殊既不太强烈也不太固化的社会之中,政治平等是可以维系的。但是,一个人致富是其杰出才能加辛勤劳动的结果，还是某种特权的结果？富人会不会利用自己的财富，将自己的经济力量施加到其他人身上？富人会不会利用这种经济力量，对全体民众"通过投票表达自己的主权意志"这一政治程序施加不恰当的影响？这其中存在重要的差别。政治平等无疑既可以与经济平等共存，也可以与之分离；但是如果布赖斯勋爵希望告诉我们，对政治民主的思考，可能带有任何目的，可能得出更不令人满意的答案，可能脱离对社会的经济组织的质疑，那么，我得承认，他的论点听起来带有某种拉伯雷式的戏谑。相反，我必须说，我们的大多数政治问题，无论是国内的还是国外的，都恰恰是由于，作为 19—20 世纪工业革命的进步结果，现代社会的政治组织已经与经济组织失调了。

实际上，布赖斯勋爵已经令人信服地描绘了，在当前条件下，对政治民主的质疑与对经济平等的质疑恰恰采取了什么样的关联方式。针对一些劳工组织，比如法国总工会、美国劳工联合会以及英国的"三角同盟"[1]，他说，

> 这些组织，堪称国家民主之内的民主……可能具有双重的力量：他们作为公民的选举的力量，以及他们通过停止工作使商业和工业陷入瘫痪的力量。一旦人人行使自己这种发挥或不发挥劳动力的权利，形势就变得艰难了；因为如果恰好政府就是雇主的话，就找不到能够在政府与罢

---

[1] "三角同盟"，Triple Alliance，指英国在 20 世纪初出现的由矿工、铁路工人和码头工人组成的劳工同盟。

> 工者之间做出公断的其他的独立权威了，而如果雇主是一些个人，工人停止工作就会严重影响国家的福利，这件事就变成了一个行政部门必须处理的政治问题。但是怎么办？这是一种消极叛乱，它针对的是自身之外的整个社会，而社会是不能靠体力与之抗衡的。这就是民主的瓦解；因为对于那些事关整个社会的重要问题，这些个别组织或其联盟成了讨论者和决定者，而其他的人由于不参与决定，就面临某种危险，那就是决定实际上变成了命令。
>
> （II, p. 578.）

这段话对形势的描述恰如其分。你可以说那是"民主的瓦解"；但是若果真如此，那种瓦解乃是源于经济的不平等；这样一来，我们如何说民主与经济不平等无关呢？我宁愿说，上文恰如其分地描述的那种形势是一种症状，或者说一种预兆：政治机器的本意在于保障民主，在于使全体人民"通过投票表达自己的主权意志"，但结果却证明它不足以实现这一目标。既然劳动者有权投票，那么他们为什么不利用自己手中的一票去表达自己的意志、保障自己的利益呢？这的确不只是出于某种反常天性，它更主要的是由于劳工们深刻怀疑这些立法机构的能力——布赖斯勋爵发现，在任何地方，这些机构的威望（还不只是在劳工中的威望）在降低，它们在处理一些迫在眉睫的重大问题时无法做到公正，甚至连起码的知识都不具备。当然，这种不信任具有极大的正当性；这是因为，以往在形势与观念的变化面前，不同个人组成的不同国家应对起来全都大同小异，现在，工业革命打破了这些国家，为我们带来了新的按阶级、劳工合作及职业团体划分的国家，这些组织彼此有所不同，甚至通常严重对立，它们之间的分界线与领土几乎没有，甚至根本没有关系，而领土是政治表达的基础。名义上，政府由那些在一定领土内表达人民意志的人精选而成；但结果人们发现，如果不考虑按特定经济类别组成的人民的意志，当前的那些最为紧迫的问题——它们在根本上都是经济问题——就无法得到解决。这无疑就是"法国议员"或其他国家的议员们陷入衰败状态的真正根源。他们通常合法地代表的，是一群没有明确的共同利益需要表达的人；他们不得不接触的，是一群只会或者更愿意以自己的法律之外的经济力量作为命令手段，去表达自己的意志的人（这群人绝不只是劳工）。

但是，布赖斯勋爵的这本书已被广泛接受；我们评价这样一部著作，在结尾时一定不能留下反对的注脚。说到底，我的反对是轻微的，几乎不触及著作的精髓。布赖斯勋爵的主要目的，不在于为民主下定义，或者改革民主体制，更不在于为民主辩护。他的主要目的是如实地展现现代西方民主政府。在这本书中，他为我们带来了如此翔实的信息，对人类动机提出了如此精妙的洞察，对人性的缺陷如此深感同情，对人类的美德怀有如此乐观的信任，他求真的渴望如此执着，他求善的信念如此坚定；可以说，这两卷本著作将成为记载20世纪早期人类文明的伟大和必不可少的著作之一。布赖斯勋爵在不经意间完成了它，我们渐渐习惯于觉得它的诞生乃是理所当然的。

1921 年

注 释

【1】*Modern Democracies*. By Viscount James Bryce. The Macmillan Company, 1921.—Two vols.: xv, 508; vi, 676 pp.

1776年精神

去年10月，莱昂（Lyon）先生让我去布鲁金斯学院（Brookings School）给大家讲一讲"1776年精神"。我思忖，他没搞清楚"1776年精神"这一词语到底有什么含义；并且我敢肯定，我自己也没搞清楚。在我正打算婉拒这一邀请之际，我翻箱倒柜地找到了一份旧的、未完成的文献，那份文献似乎有先见之明，多多少少地阐明了这一模糊的主题。文献的落款日期是1792年，但我不能判定它出自谁人之手。有几页明显是缺失了，它的讲述突然中断，似乎故事尚未结束。我把这份文献转录如下，呈现给读者，这才叫物尽其用。手稿的抬头写有"耶利米·温库普"[1]字样。

---

[1] "耶利米·温库普"（Jeremiah Wynkoop）。贝克尔虚构这一人物，并假托其友人之名撰写此文。译者推测，贝克尔此处可能影射美国第一届大陆会议代表詹姆斯·温思罗普（James Winthrop, 1752—1821）。温思罗普化名"阿格里帕"，著有系列政论文章《阿格里帕来信》（*Letters of Agrippa*, November 1787-January 1788）。

耶利米·温库普

在独立战争期间，我不时听到一些狂热的爱国者说，温库普先生在这项事业中表现得不够热情。这种指责后来在一些人中越传越广，那些人都不太喜欢温库普先生的联邦主义原则。当然，温库普先生并不是唯一如此被人注意的人物。这种指责针对很多人，人们毫无疑虑地说那些人是托利党，说他们念念不忘殖民地叛离英国之前的旧时光。人们说起他们时，总爱用一个词——"1776年精神"，这个词今天已变得非常流行；人们说他们从来没有真正地受到"1776年精神"的鼓舞。就我而言，我觉得，在回忆那些艰难的战争岁月时，我们发明了所谓的"1776年精神"这个词，并为其赋予当年不曾有的光环。实事求是地讲，我知道，耶利米·温库普是个诚实的人，是真正的爱国者。我是他最亲近的朋友，熟悉到了解他曾面临的每一个困难，以及他的行为背后的每一种性情。今天，斯人已逝，我认为有必要对他的言论和行为做一个清楚明白的讲述，时间上自殖民地1763年与母国发生争执，下至其1776年最终叛离。我这样做，不仅是出于念及旧情，为温库普先生正名，还希望对那一段艰难岁月的历史有所贡献。不论从他所生活的社会等级，还是从他的观点看，耶利米·温库普都很好地代表了那个人数众多、举足轻重的阶级；那个阶级与其他阶级一样——甚至我觉得超过其他阶级，为维护这些州的自由，为反抗英国暴政，做出了重大的贡献。

耶利米生于一个真正的荷兰裔北美人家庭，父母是富裕的中产阶级。耶利米在当时新成立的国王学院接受教育。实际上，我和他都在学院建成的那一年进入这所学校，并于 1758 年作为优等生毕业。后来，耶利米花了两年时间在威廉·摩尔事务所学习法律，并成为执业律师，不过后来因从商而中断。在父亲突然去世后，他接手了那项利润丰厚的生意，并主要凭借在西印度群岛的投机，很快在商业上大获成功，到 1765 年，他已经成为纽约知名的大商人。在纽约，他在靠近棚户区的地方拥有事务所，并从父亲那里继承了一幢坐落在博林格林市区的房屋。但是，耶利米酷爱读书研究，他选择远离密集城市的地方居住，一度在格林威治村附近的乡下住了好多年。他在那里拥有一份相当不错的不动产，他的妻子是一位名叫尼古拉斯·冯·肖伊奇肯丁克的乡间大地主的女儿，当年带来了这份不菲的嫁妆。

我刚才说，温库普先生酷爱读书；这里有必要对此略作展开，因为这有助于解释他的一些观点和行为。在所有的书籍中，他最爱读古代和现代历史书籍。这种兴趣源于他大学的学习经历，后来从未丢失。在大学里，我们都会读一些常见的希腊、罗马作家的著作，对古代历史都有了大致的了解。对于大学里的年轻人来说，崇拜古典诗人和作家是情理之中的事，但是，只有耶利米对古代文明最为痴迷，我还记得，他如饥似渴地阅读能找到的这方面的每一本书，如果学校里没有，他还会去借、去买。普鲁塔克的《名人传》他几乎能背诵，他常常津津乐道地讲述那些英雄年代里质朴的道德观和高尚的共和观念。对于耶利米来说，书中描绘的是一幅黄金时代的景象，是一个失乐园，自恺撒渡过卢比孔河[1]之后，这个乐园就

---

[1] 公元前 49 年，恺撒率军渡过卢比孔河（Rubicon），攻打庞培，标志着古罗马历史进入新的阶段。这后来成为西方文化中的一个常用典故。

不复存在了。他对晚期罗马时代向来不太感兴趣。"五百年间,"他说,"文明世界在暴君的重拳下叹息,只是到'五贤帝'[1]统治时,才有所好转。"他对"黑暗时代"[2]兴趣更小,那个时代,知识之光与自由精神隐没在了封建混乱状态和宗教迷信之中。但是,耶利米对近现代历史怀有与对古代历史同样大的兴趣,因为现代社会的全部意义,正是通过对古代知识的发现、自然学说的进步以及争取政治自由的斗争,从中世纪的漫漫长夜里缓慢而痛苦地展现出来的。

我记得,所有这些问题,我们都进行过认真的讨论,因此我非常熟悉耶利米的历史观。一开始,我觉得他的观点非常新奇和有趣,但是后来我发现——至少朦朦胧胧地觉得,那些观点正是大多数有教养的美洲人的观点。实事求是地讲,对于温库普先生而言,历史的全部意义似乎就蕴藏在真理与谬误、自由与压迫的长期冲突之中。基于这一点,他认为,现代社会的核心事件就是17世纪英国人民与斯图亚特王朝国王们的斗争。对于那个英雄辈出的时代的历史,他是相当熟悉的。在一定程度上,我也熟悉那段历史。我们两人心目中的英雄就是皮姆(Pym)、艾略特(Eliot)和约翰·汉普顿(John Hampden),他们因拒绝缴纳"20先令税"而坐牢。我们称赞克伦威尔是一条硬汉,他永远地驱散了"君权神授说"的幽灵,而他的错误后来在信奉自由的辉格党人那里得到了改正——辉格党人迎接荷兰的威廉为王,以取代斯图亚特王朝的统治。我们都知道那些主张自由的伟大文献:《大宪章》《权利请愿书》和《权利法案》。

---

[1] 这五个皇帝是:涅尔瓦(96—98年在位)、图拉真(98—117年在位)、哈德良(117—138年在位)、安东尼·庇护(138—161年在位)以及马可·奥勒留(161—180年在位)。
[2] 指欧洲中世纪。

我们知道我们有个弥尔顿，他捍卫民选官员的权威，为反对扼杀言论自由筑就了坚固的壁垒。我们还知道有个格劳修斯，他在"正义的理性"中找到了国内社会及国际社会的基础。最主要地，我们知道洛克，特别是他那篇讨论国家政府的《第二论》，在这篇文章里，洛克为 1688 年革命辩护，雄辩地称它是人们为维护自然权利，反对篡位之君破坏原初协议而采取的一项合乎理性的行动。

耶利米称赞英国是政治自由的家园，同样，他完全赞赏北美人。他总是说，北美在现代社会反对教会与国家的压迫的斗争中，起到了最突出的作用。我们的祖先历经生活与命运的磨难，勇敢地面对新世界里潜伏的各种恐怖，追求信仰与政治自由；我们的祖先在失败的关头，以最后的决心，将不羁的蛮荒之地改造成适宜人类居住的土地。一回忆起这些，他常常无比兴奋。他常常指出，我们的祖先在几乎没有希望的地方绝处逢生，今天，13 个殖民地已经成为幸福自由的国家——13 群人愉快地生活在和平与满足之中，他们既无须供奉游手好闲的贵族，也不用忧惧堕落的刁民；他们的出版不受审查，很多宗教信仰不再成为迫害的力量，并且人们已经习惯于宽容精神。就我而言，我有时抱怨，我们毕竟只处于"地方"，远离各种事务的中心。我常常表达这样一种期望：命运应该把我们放到伦敦，让我们更靠近皮卡迪利大街以及"牛排俱乐部"[1]。但耶利米没有这种抱怨。在地理意义上，我们或许的确是"地方"，但是在精神上，我们处于"世界的中心，我们朝着英雄与先烈们指引的

---

[1] "牛排俱乐部"，Beefsteak Club，英国的一些男子晚餐俱乐部的泛称，历史上以爱国主义及辉格党自由主义为宗旨。

方向前进；为了维护人类的尊严与幸福，反抗敌人的围攻，英雄和先烈们一直在战斗"。

（原稿此处有几页佚失。）

（北美）正变得富饶和人口众多，我们对于英国来说已经必不可少，就像英国对于我们必不可少一样。这个庞大的国家将变成帝国的权力与财富的中心；这一天必将到来。今天，我们不再受法国的威吓。和平是持久的，英美这两支英国人的后裔将来会与过去一样，向全世界证明自己已经享有只有自由人民才享有的那些福祉。"[1]

这就是耶利米·温库普的总体的历史观，以及他对于英国和北美在人类进步的历史上所起的作用的理解。对他而言，这是一种学说，更是一种信仰，是他真正怀有的唯一信仰。但我这里并不是说，他属于无神论者。他相信上帝作为宇宙"第一因"和"初创者"的存在。实际上，他之所以能在历史研究中找到如此多的快乐，原因正在于此。历史是上帝对人生的意义以及对人类世俗归宿的展现，这使得人类的进步及真理与自由的最终胜利深入人心。我想，这就是他为什么对英国与北美都怀有深厚的忠诚的秘密；在他看来，这两个国家是充满希望的土地，是选民的故园，他们的使命就在于引导人类达到最后的目标。

他在1763年无论如何也不会想到，这样两支因血缘与情感的纽带、因对彼此的期望，以及因共同的……传统而被联系到一起的

---

[1] 仅有后引号，原文如此。

人，会出现如此严重的分歧……

（原稿此处再次中断。）

两年来，谈起国王的大臣乔治·格伦维尔[1]的那些前所未闻的令人遗憾的政策，人们的担忧与日俱增；1765年，温库普先生也开始这样担忧起来。在那些措施中，最主要的无疑是上一年的《糖税法》和当年的《印花税法》。为了解这些政策的性质和结果，温库普先生做了大量的阅读和思考，其程度丝毫不亚于任何一个好事者。《糖税法》的颁布显然是为了安抚英国在西印度的甘蔗种植者，它必然会——事实上本来也就是为了——在该岛与纽约和新英格兰之间的贸易设置障碍。对于这桩贸易，温库普先生个人非常关注。他曾认真地告诉我，他上一年的利润与往年差不多，事实上也的确如此。但是，当时的各种小册子都在连篇累牍地宣扬，蔗糖关税注定会总体上对美洲贸易产生灾难性影响，比如，破坏新英格兰的朗姆酒产业，并因此打击到渔业和非洲贸易；会减少纽约和宾夕法尼亚的木材和粮食出口；而最主要地，新关税由于必须以银币缴纳，必然会榨干殖民地仅有的硬通货，并因此使得美洲商人更难为进口的英国产品决定自己在伦敦的应付款额。

无疑，至少在美洲，《糖税法》在决策上是不明智的，它最终挫败的，正是其一开始想要达到的目的。然而在英国，它是议会的一

---

[1] 乔治·格伦维尔（George Grenville，1712—1770），英国政治家，在任首相（1763—1765）时竣使通过《印花税法案》（1765），激起了北美殖民地的反抗斗争。

项立法，是为贸易管理而强征关税；我们不能否认，议会在实施其贸易管理权时一直受到反对。但是我记得，温库普先生曾向我指出这项法案的一个新特点，那就是这个法案在前言部分公开宣称，"提高国王陛下在美洲的领地的赋税，其目的就是为了支付因保卫、保护、保障它与其他地方一样成为国王的领地而产生的费用"。出于某种原因，温库普先生不喜欢"领地"这个词，更喜欢用"殖民地"这个词。但是他更不喜欢的是"保障"这个词。因为两年来，大臣们一直说要为国王陛下的领地设置限制，以进一步保障它们的安全。温库普先生极其讨厌这种观点。我记得他曾说，"生而自由的英国人"这个提法总能给他带来极大的惬意，他还说，他总认为，北美人拥有生于王国之内的所有英国人所拥有的全部权利。但是我太了解他了，我知道，他心中藏有一个坚定的信念：北美人不仅与英国人同样自由，甚至达到某种更加自由的程度，也就是说，北美人较少地屈从于寡头和国王，较少地受制于习俗和过去的旧势力。我时常听到他拿纽约的"大会议"与英国的议会做比较，指出前者由自由选民组成，后者的成员通常由不负责任的世袭贵族和"捐议席者"（boroughmonger）组成——相比之下，后者显然处于劣势。那些自由是北美人用高昂代价换取来的，也是理应获得的；现在英国议会想要限制它们，这对于耶利米来说，事实上就像对于我们所有的人来说一样，是怪异而令人沮丧的念头。

因此，我们难免会提出这样的问题："在限制北美人的自由方面，英国议会有什么样的合宪的立法权利？"我们从不怀疑我们拥有自由，没有哪位北美人，特别是没有哪位像温库普这样见多识广的人，需要有人来告诉自己，英国有那么一部宪法，它能保障英国人的权利。然而,我似乎记得——我必须承认我们都不太清楚,在早些时候,有那么一股思潮,曾在黑暗中找寻英国宪法的正确条文。我们所知的英国宪政精神可以在《大宪章》和《权利法案》中找到。权利正是其宪政精神的精髓;对于温库普而言,至少,如果在宪法中找不到对北美人应当享有的权利的充分保护,那简直难以置信。我记得,他曾为我朗读斯蒂芬·霍普金斯(Stephen Hopkins)及哈钦森总督的小册子中的一些段落,他认为那些小册子充分地表达了北美人的观点。霍普金斯先生问道:"是什么样的动机,促使议会置原则于不顾,削减大多数尽职而忠诚的臣民的权利?——臣民们本应享有充分的自由,他们一直享有且从不滥用自己的自由。"我认为,这段话很好地表达了温库普在《糖税法》颁布那一年里的心态。他的心态是震惊,持这种心态的人总是在问:为什么?什么原因?

《印花税法》更适合这样的提问,通过它可以澄清我们在北美关税问题上的各种观念。当然,温库普先生从不怀疑这一众人皆知的法案的违宪性。那时候,我经常去温库普先生在乡间的房子,我记得有一天,1765年11月的某一天,我和他、他的岳父老尼古拉斯·冯·肖伊奇肯丁克坐在一起讨论国家形势。甚至连一向容易满足的老尼古拉斯都因《印花税法》而愤愤不平。

"这项法案是违宪的,先生",温库普先生宣称,语气中带有某种不容置疑的坚定,而且这或许是他第三次这么说了。"我就是这样想的,这一点毫无疑问。它不仅有违先例,而且破坏了英国人的自由,这种自由的基本原则就是,未经本人认可,不得向英国人征税。对于《印花税法》,我们当然从来就没有认可过。"

"我不会反对这项法案,"老尼古拉斯声明,"我们可以抗议这一法案,但仅此而已。我觉得抗议一下就够了。"

"那些正当的抗议几乎不起作用,先生。我们在法案通过前就抗议了,但是没有用。格伦维尔先生是不会听我们的抗议的,而现在他知道,这个法案实际上已经无效了。我不觉得有什么遗憾。"

"无效!"老尼古拉斯粗暴地大叫,"说得轻巧,一桩下贱的事情就这么一句话带过了。你说格伦维尔先生知道他的法案'无效'了。但是,在致使法案无效的过程中,百老汇大街的半数窗玻璃都被打碎了,库尔顿(Colden)总督的马车被烧毁了。就我而言,我不知道库尔顿先生的马车与那些英国印花税有什么关系——马车又不是用来运送印花的。"

"非常正确,先生,我承认。但是非常遗憾,这一切还是发生了,骚乱出现了。如果大臣们搞压迫,人民就搞暴乱。同样的事情,上个世纪英国本土也发生过。应该警告格伦维尔,不要重演斯特拉福德[1]的角色。上帝知道,我不赞同骚乱。我也有窗户。但是为了警告大臣们立法者违法很可能引发民众的暴力,一点点骚乱是必要的。"

温库普先生这样说,更多地或许是在说服自己,而不是说服老尼古拉斯。至少,老尼古拉斯没有被说服。

"呸!"他急躁地叫道,"这个词好新鲜:'民众'。我要说,你们这些年轻人随意采用那些宝贵的民主词汇。你这么轻巧地说'人

---

[1] 斯特拉福德(Thomas Wentworth Strafford,1593—1641),英国政治家,查理一世的首相。在英国革命中被定为叛国罪并被处死。

民'，'人民'是谁？如果我没猜错的话，它是'民众'的代名词。不要自欺欺人，说什么正是对《印花税法》的仇恨，导致那些人砸坏利文斯通[1]先生家的窗户，焚烧库尔顿先生的马车。他们恨利文斯通先生和库尔顿先生，是因为后者是有产者，是有身份的人。他们针对的，不是窗户，而是阶级特权，是你我所在的阶级的特权，这个阶级始终是——我相信将一直是——我们这里的统治阶级。现在的事实是，一群技工暴徒、无用的饭桶，在约翰·兰博（John Lamb）、艾萨克·希尔斯（Issac Sears）这帮乳臭未干、不知趣的糊涂蛋的带领下，打算把这座城市控制在他们自行组建的委员会之下。他们自称为'自由之子'，实际上是'无政府之子'。但是我警告你，自由是一把双刃剑。如果你不能保证，在保护自己的权利不受朝臣们的压迫的同时，不会激起'人民'的愤怒；那么你很快就会发现有必要采取措施，保卫自己的权利，严防暴徒侵蚀博林格林。"

老尼古拉斯停下来点着烟斗，猛吸了几口，补充道：

"你不要与约翰·兰博'先生'搞在一起，好吗？你不要做'自由之子'中的一员，他们只会拉山头、砸窗户。我希望你不会。"

温库普先生大笑，挖苦地说：

"当然不会，先生。我不认识兰博这个家伙。虽然我听说，我也相信，他是个诚实、值得交往的人，但事实上我从未见过他。你提到的危险我当然也想到过，但是我认为你可能把它夸大了。让英

---

[1] 利文斯通（Livingston），北美殖民地时期纽约殖民地的一个显赫家族。另见本书《约翰·杰伊与彼得·范肖克》。

国废除《印花税法》吧,只有英国这么做了,民众才会安静下来。"

我们又坐了一个小时。我只是偶尔参与讨论,我更乐于聆听这两个朋友之间的这种友善的争辩。在这个晚上,他们俩都重复地说着自己的观点,一次又一次,所有的争辩都没有敌意,但同样也都没有结果。除了观点分歧,他们没有敌意;最后,我们举起一杯苦涩的棕榈酒,互致友好,然后各自安歇。

在后来的几个月,温库普先生继续坚持保护北美人的权利。他与所有货商一样,同意不使用印花;实际上想用也用不了,因为已经找不到印花了。但是没有了印花,他就做不了生意。让货场关门吧,他说。让他的船闲置在港口,一年,两年,让它们烂在那里,也比为一项违宪的政策效力好。所以,我经常看到他坐在餐桌旁,一边喝着白葡萄酒,一边断然地这么说……

(原稿此处再次佚失。)

……秘密的忧虑,在那个漫长而寒冷的冬天,街上不断发生骚乱,人们大喊大叫,大多数都是老百姓,他们要求货场开门,他们谴责商人们胆小怕事,没有印花就不做生意。"自由之子"说,罢市对于家境殷实的人没什么坏处,但人民却遭了殃,除非恢复正常营业,否则他们会饿死。"自由之子"对于商人的憎恨日益强烈,甚至超过对英国大臣的憎恨。他们甚至暗示,富人们怯懦地背叛反抗事业,并从中受益。这个时候,老尼古拉斯似乎很满意,他总是不失时机地问耶利米·温库普,他有没有加入"自由之子",为什么还不起锚出航,撕去印花,或者不撕去印花。

因此，当英国议会最终废除这一令人痛恨的政策时，温库普先生如释重负，这证明了自己的行动的正当性，也恢复了他对英国的正义本质的信心。我记得，到这时，他在与老尼古拉斯的辩论中更占上风（两人总是争论不休），他时不时地向老尼古拉斯指出，稍微站在北美这一边对于保护北美的自由是完全必需的。随后的两年里，他继续做他的生意，非常高兴和满足。我敢说，他与很多人一样，很快忘记了《印花税法》斗争中那些令人不快的事，任自己的心情保持在心满意足之中。他经常谈论"无代表权不纳税"原则，这一原则今天已被广为接受。他还经常得意地指出，通过采取坚定而合理的立场，他和他的那些有产者朋友们促使英国承认了这一原则。结果，随着时间的流逝，这些思想在耶利米看来获得了某种不证自明的特征。对于这些，我从来不特别相信，有时我提醒他注意《宣示法案》（Declaratory Act，1767），它证明英国仍然声称拥有在任何问题上约束殖民地的权利。不用说，老尼古拉斯也会和我一样，提醒他注意《宣示法案》。但是温库普先生对《宣示法案》不在乎。他说，那项法案只不过是一面艳丽的旗帜，在它的掩盖下，英国可以从一个站不住脚的立场体面地撤离。英国已经废除《印花税法》，这证明英国已经承认错误；他不担心英国还会旧案重提。

暂时看来，英国政府不会重复犯同样的错误。1767 年，继皮特先生神秘隐退和莫名沉默之后，查尔斯·汤森 （Charles Townshend） 自告奋勇——没有人知道他哪来的权利，向下院保证在不冒犯北美人所称拥有的权利的前提下，向北美人征税。他说，北美人已经区分了"内部税"和"外部税"，他们否认前者，但是承认后者。对于这种区分，汤森先生虽认为是"一派胡言"，但是愿意对北美人将错就错；为此，他对玻璃、铅、纸张和茶叶的进口征收外部税。这些税款将为国库增加大约 4 万英镑的收入，汤森认为，北美人一定会依据自己的那些原则，承认它们是合宪的。

如果说，当时没有人对汤森那些心血来潮的行为感到奇怪，今天的读者一定觉得不可思议。但是实际上，当时我们并不知道这个人卑劣的本性，只是到了后来才有所了解。不管怎样，我还记得，温库普先生吃惊地翻阅着下院的会议通讯。在 1768 年的某一天，当我们得知，汤森先生挑唆下院通过了《茶税法》，耶利米为整个事件的糊涂而震惊——"再也找不到比这更可笑的了，"我记得他这样说，"汤森先生一定是喝多了，他就爱开玩笑。"我仿佛还记得，在《印花税法》造成的那个多事之秋，已经有人写文章暗示"内部税"和"外部税"的区分；而温库普先生承认，这类区分可能已经存在了。但是他又说，就他而言，他不太关注这种精细的区分，而更赞同皮特先生所说的，真正的问题是，议会是否能够通过某种征税的方式，"不经过我们的许可就从我们的口袋里掏钱"。然而，在当时，站到这样的高度看问题是有困难的，如往常一样，还是那位老尼古拉斯——他总能很快地察觉到困难所在，指出了这一问题。

"我觉得，"老尼古拉斯说，"每一项规划贸易的法案都从我们的口袋里掏钱，但是，我不认为你由此就应该成为热心的'自由之子'，并否认议会有权规划贸易。"

那时，我们都在读迪金森先生的《一位宾夕法尼亚农民的来信》；温库普先生博览群书，一定读到过那种反对观点。

"最根本的问题,"他说,"在于议会的法案首先是为了规划贸易,还是为了提高岁入。如果是后者,它就是在征税。根据起草者的意图,我们可以毫无疑问地判断,《茶税法》是在征税,因为起草者明确宣布,其目的就是要提高岁入。"

"这个区分不错!但是,对于法案的起草者来说,征收进口税的真正意图难免就是为了提高岁入,但他们都会宣扬自己的意图在于规划贸易。这又怎么样呢?"

"北美人是不会这么轻易上当的,先生。法案的本质会清晰地展现其真实意图。"

"哈!你会根据起草者的意图去判定法案的本质,又根据法案的本质去判定起草者的意图。真是绝妙!这就是你的宾夕法尼亚农民式的逻辑。我看,新英格兰人要高明得多。他们说,我们的权利的基础寓于自然法之中,而只有上帝知道自然法是什么。上帝,以及亚当斯先生——我敢说,他们是一回事。"

"先生,我觉得,新英格兰人可能都有点毛躁,"温库普先生承认,"他们对于自己心目中的亚当斯先生,看法很复杂,太细微,我不敢苟同。我不确定我能理解它。"

"那么,没关系。你会全理解的。首先,你说英国没有权利设置内部税。然后你又说她没有权利设置任何税。接下来,你就会说,议会没有权利就殖民地事务立法。而且,如果你不能从先例中证明这一点,你又会从自然法中去证明。"

温库普先生对这种打断付之一笑。

"我不担心事情会到那一步,"他说,"《茶税法》真的不是英国的法案;它是汤森出的馊主意。我们这边如果发起坚决而合理的抵抗，就会使它废止。但是，有人认为，英国人目光短浅，会把事情做绝——嗯，我不知道会不会。到底是承认议会有权替我们制定一切法律，还是否认她有权替我们立法；如果真的要选择，那将是艰难的选择。但是，我们是否一定要被迫选择后者？我们还有其他的答案吗？"

"你尽管问好了！当你们敬爱的亚当斯搞出一个从大不列颠独立出去的宣言时，看你如何作答？"

"独立！"温库普先生断言道。"上帝啊，先生，就是这个主意！"

实际上，当时，脱离大不列颠的念头强烈地吸引着我们所有的人。

坚决而合理的抵抗，这是耶利米所坚持的，它以前曾带来《印花税法》的废止，现在又会带来汤森税的废止。诺斯勋爵在1770年3月5日提议废除汤森法案的所有关税，只保留茶叶税；温库普先生得知此事，满有把握地说——而且他的确也曾这样说过——事实证明自己的观点是正确的。而且，温库普先生虽然谦虚地没有到处吹嘘，但他打心底里觉得，自己对这一令人愉快的结果是有贡献的。在老尼古拉斯的勉强认可下，他曾发起组建"商人协会"——根据协定，只要汤森税还有效力，就绝不从大不列颠进口任何物品。纽约重要而有地位的商人都拥护这个协会。温库普先生以身作则，他为此付出了很大牺牲。他告诉我，他曾扩大仓储，并且所有仓储都已有协议预订，很快就出售一空——价格的确较高，但是仍不够补偿后来的亏损。四个月过去了，生意冷淡，史无前例地冷淡。水面上少见船只航行，债务无法回收，不管以什么价格都收不到钱，穷人们急切地盼望找到工作。

实际上，也不乏一些不择手段的家伙，他们表面上做得不错，一面假装捍卫自己的国家的权利，一面大捞好处。波士顿和费城有一些商人不太遵守协定，这在纽约是尽人皆知的；即使在纽约，一些没有什么社会地位的人通过走私方式，特别通过走私荷兰东印度公司的茶叶，使生意着实火了一把。很显然，诚实的商人对协议遵守得越久，就有越多的不择手段的走私者从中受益。尽管诺斯勋爵做出了让步，但只要那第三条关于茶叶税的规定还被保留，波士顿商人就乐于全力维护"商人协会"；闻听这一点，我们多少都有点奇怪。在纽约，一些不诚实的人从现存体制中受益，他们也鼓吹这一政策，他们充分利用麦克道格（MacDougall）先生这类煽动分子去广泛发动"技工协会"和民众反对商人，他们的观点是，我们的自由受到第三条关于茶叶税的条款的威胁，就像当初受到汤森的所有税款的威胁一样。

现在我不能确定他们是错的；但在当时，纽约所有的重要商人都强烈要求修正"商人协会"的协定。我记得，温库普先生在其中起到了领导作用。他对波士顿的商人深感愤恨，他把那些商人形容为积极地"考虑做什么，而不是积极地做已经考虑好的事情"。他的意见是，今后"商人协会"的"目的只在于让诚实的人联手；让那些劫匪、走私者和没有骨气的人去劫掠自己的国家吧"。此外，他与所有的商人一样，非常高兴地看到英国政府最近颁布法案，允许纽约发行纸币，这对商业繁荣是极其重要的。因此，鉴于英国已经先行一步废除了《汤森税法》的主要内容，在他看来，殖民地做出某些让步当是明智之举。我觉得，纽约那些有身份的商人们都赞同温库普先生的意见；不管怎样，在仔细了解了这个城市的情况后，他们决定放弃旧的"商人协会"，同意将来进口各种货物，"但茶叶及其他被附加或可能被附加进口税的商品除外"。有人担心，在这一行动中，纽约可能孤立无援，因此被人讥笑为咎由自取。但是，当温库普先生加入到行动中来后，事实证明恰恰相反。尽管在波士顿和费城有人抗议，但那些城市的商人们最后还是响应纽约的领导。街上的示威活动逐渐平息，进口恢复，生意好转，与英国的斗争似乎完全结束了。

1771年和1772年是平静的年头——后来的事实证明了这一兆头。在那些日子里，我们都怀有信心，相信与英国的斗争完全结束了。甚至不再有什么事情会让我们再次想起那场斗争，除了废除《印花税法》一周年的纪念活动，或者不时传入人们耳中的发生在马萨诸塞湾的一些政治争吵。然后，在表面的晴空之下，暴风雨来临了——茶叶船的靠岸、波士顿港的倾茶事件，以及随后的费城会议。这些事件接二连三地发生，且来势凶猛，就像在温库普头顶的一通重击，我记得他这样对我说……

（原稿此处又有破损，显然丢了好几页。）

……从费城回来，我在他岳父的房子里见到他，我们打算一起吃饭，就像从前一样。我们俩来得早，在等待老尼古拉斯到来的过程中，我们谈了很长时间。我发现，温库普先生情绪低落，这于他是反常的。按理，刚参加完费城会议，兴奋之余有点虚弱是自然的；但是在我的习惯观察中，他情绪低落似乎是源于一种不快的感觉,形势的发展已经把他逼到他从未想过的境地。我急不可耐地向他询问会议的细节,但是他似乎不愿意谈论,而把话题转到导致这场会议的那些事件上——那些我们曾经切磋过很多次的问题。似乎,温库普先生希望检视去年发生的那些事件,以及他自己在其中所起的作用,他似乎觉得,他本可以、本应该走不同的路线,他脑子里急切地思索着自己走那条路线可能还有哪些更好的理由。之所以我一开始就有这样的印象,主要是因为他说——漫无边际地说:

"坦白地告诉你——这话别人我不告诉他——如果我在12个月以前预见到现在这种情况,我可能不会参加费城会议。"

这话让我一惊。温库普先生赞赏英国,他相信她的正义本性,这方面想法他比我更强烈。就我而言,从《强制法案》通过的那一刻起,我就不怀疑,我们在劫难逃了,英国不会再收回成命了,我们必须要么与她决裂,要么服从她的命令。我做好了决定。当最后决裂的时刻来临,我要站在北美一边;我知道我得么做。而最主要地,我希望温库普先生,这位我最亲密的朋友,能够把他那强大的力量放到我的国家这边。但是我太了解他了,我敢确定,如果他自己相信会发生与英国决裂这样的事,那么他可能会放弃全部生意,洗手不干了。我所指望的,正是这个人的某种能力,我不是说要欺骗他,但是我想让他相信,他最渴望的事物,已经一去不复返了。因此,我尽自己所能说服他,或者说帮助他自己相信,他过去和现在的行为乃是明智而审慎之人的行为。

"没人能未卜先知",我脱口而出。

"的确如此,"他说,"即便我预见到了未来,我也不知道我该如何应对,至少,如何高尚地做出能令我自己满意的反应。人们不再怀疑，英国授权印度公司在向美洲出售茶叶的过程中，蓄意再次抬高与美洲做交易的筹码。北美没有选择，要么屈从，要么诉诸一定程度的暴力；这是一个挑战，也是一场潜在的斗争。茶叶一旦运上岸，终归要出售，即便根据第三条款，价格要低于荷兰东印度公司的茶叶。整个问题不能通过商业协议来解决，更不能通过争论解决。那么，我们就把那些茶叶送回伦敦去。马萨诸塞的人民已经在港口把茶叶倒进了水中。这是暴力，毫无疑问。我没有参加这一倾茶事件，但是有什么办法呢？本来事情已获解决，大臣们既然再挑事端，就让他们来回答这个问题好了。"

"照我的想法，我毫不怀疑，"我说，"英国欢迎波士顿港的这种暴力，以便找到采取强硬措施的理由。"

"似乎不可思议，"温库普先生又说，"但是我们还能怎么想？迄今为止，说起大臣们，应该说，他们犯了大错，他们不知道自己的行为所带来的后果。事情本不应该这样。他们十分清楚美洲的形势，无论如何，倒几箱茶叶要比废除马萨诸塞特许状和关闭波士顿港口轻微得多。将王室领地置于军事专制之下，然后蓄意让人民忍饥挨饿，被迫屈服；这一切，都暴露了那本不属于英国人的报复特性。我不认为《强制法案》表达了英国人民的意愿，我相信，我一直相信，如果再冷静地多想想这个国家，大臣们那些专制的行为就应该受到谴责。"

这不是我第一次听温库普先生表达这样的情绪了。

"我相信事实会证明这一点，"我说，"至少，我们做了自己该做的。没有人能说费城会议纵容鲁莽的行为。它只是通过了一份商业协议，这是我们以前经常采取的办法。我不知道它怎么做才不算过分。"

温库普先生似乎不太确定。

"是的,"他说,"我以为我们只能那样做了,上帝知道我们已经表现得适度克制了。我要说,我所具备的那点影响力都抛洒在了这一目的上。"

我完全知道他在想什么。在倾茶事件之后,有一种鲁莽的精神,人们讨论要诉诸武力,甚至有人暗示要独立。甚至在纽约也不乏这种人。他们组成"二十五人委员会",但是幸运的是,一些更温和的人加入进来,委员会扩大到五十一人。温库普先生、杰伊先生、艾尔索普先生[1]及其他主要商人都同意参加"五十一人委员会",以阻止叛乱煽动者在这里搞暴力行为。老尼古拉斯曾反对说:

"不要搞叛国活动",我记得听到他当时对温库普先生这样说。

"我正是这样想的",温库普先生微笑着回答。当老尼古拉斯开始使用不必要的强硬言辞时,他总是这样微笑。"我希望避免叛国活动,或者任何哪怕远远地与叛国沾边的行为。但见怪不怪的是,纽约会以某种方式支持波士顿,同样见怪不怪的是,纽约会派代表去费城。设想一下,如果我和所有温和的人都听你的建议,对事态袖手旁观,那会怎么样?那样一来,'技工之子'就会起领导作用,就会把麦克道格、希尔斯以及他们的心腹派到费城去,教导人们采取激烈的手段。激烈的手段哪!只有上帝知道他们为的是什么!"

---

[1] 艾尔索普,指约翰·艾尔索普(John Alsop, 1724—1794),美国独立战争时期纽约商人、政治活动家,曾参加大陆会议。

正是为了确保纽约远离各种暴力手段，温库普才同意加入"五十一人委员会"。正是由于这一原因，他才会去费城。我最清楚这一点，我还知道，这就是他现在的所思所想。

"我很高兴你去了费城"，我说。

"我还能怎么做呢？"他叫道，"我也一次又一次问自己，可是没有答案。你说那是温和之举，但是毕竟它是新英格兰人的行为；而在费城的那些温和派的眼中，它可能太激烈了。我反对那种做法。我投了反对票。虽然这样做了，但我还是签了字，或许我是被误导了。我不知道。"

我刚打算回答几句，老尼古拉斯走进了房间。我就知道有好戏看了，温库普先生一定会坚决捍卫自己的行为，回击不可避免的讽刺。

"你干的好事！"老尼古拉斯粗声地说，"不出我所料，新英格兰人要动手了。我警告过你不要搞叛国活动。"

"叛国这个词太重了，先生。"

"《联合协定》[1]意在如此。"

"我不这么认为，先生。《联合协定》是一种自愿的协定，人们自愿不做某些事情，自愿不在规定的日期之后出口或进口某些货物。就我所知，没有哪部法律强迫我进口或者出口。"

"没有哪部法律要求你进口或者出口，这完全没错。但是难道有哪部法律要求我不进口也不出口吗？没有哪部英国议会或者纽约

---

[1] 《联合协定》(the Association)，这里指第一届大陆会议上各殖民地代表签订的联合反抗英国的协定。

地区的法律能强制我这样做。但是，设想一下，如果我在规定的日期之后依旧行使我合法的进口权利，会怎么样？你们那个协定难道不会强迫，或者试图强迫我不要进口吗？你们那个委员会难道不会动手调查我的关税，查封我的货物，然后公开拍卖，以满足波士顿那些饥饿的技工们的需求吗？我告诉你，你们那个协定建立了一个不为法律所认可的政府，这个政府的目的就是要强制所有的公民。当我因为违反了协定，被涂上焦油粘上羽毛游街时，你还能说它是自愿的协定吗？"

"我认为适当的强制是必要的，"温库普先生回答，"今天，大陆已经前所未有地联合起来。当英国人意识到这一点时，当英国商人在这里发现了市场需求时，他们就一定会找大臣们说理去。"

"我听说，你在协定上签了字。"

"我签了[1]，先生。我一开始和杰伊一样反对它，但是后来它被通过时，我俩也就签了。当人们认为它表达了会议的政策并接受它时，再到处宣扬我们的内部分歧，似乎是无益的。会议已经做出决定。现在重要的事情不是会议应该采取什么样的政策；现在重要的事情是，我们全部联合起来，支持这条实际上已被接受的政策。如果各殖民地在英国面前展现出联合态势——它们一定会的，那么英国一定会屈服。"

"我的建议是，"老尼古拉斯走进餐厅，说，"放弃它。不要说我没有警告过你。"

---

1 在第一届大陆会议的代表名单中，没有一位名叫"耶利米·温库普"的人；译者推测贝克尔此处可能影射詹姆斯·温思罗普，参见文首脚注。

在我们喝餐后酒时，讨论进一步加深。我很少说话，只是时不时地抛出一两句，好让辩论活跃起来。因为我感到，老尼古拉斯的那些反对的话，反倒要比我所说的任何话都更能使温库普先生坚持他自己的正确思维框架。事实也的确如此。最后我心满意得地离开了他们家。因为，不管是在餐桌上，在喝餐后酒时，还是在老尼古拉斯激烈地辩论时，在所有这些时候，我都确信，这个晚上是在巩固温库普先生的这样一个信念：《联合协定》是一个英明之举，足以使英国屈服。

正如温库普先生预料的，少量的强制对于保证遵守协定是必要的；以"六十人委员会"[1]的名义——温库普先生是其中一员[2]——没收货物，是一种十分有效的震慑，对于那些顽固但无足轻重的商贩很起作用。一开始，在很多人看来，采取的那些措施会带来如意的效果，因为在2月份，诺斯勋爵提出了著名的《安抚决议案》(Resolution on Conciliation)。我认为，这一决议案几乎说明不了什么；到了4月，莱克星顿传来消息，对此我并不感到震惊。它意味着战争在所难免，我的第一个想法就是，搞清楚温库普先生会怎么看。非常奇怪，凭借自己独特的在世事面前保持良好心态的能力，温库普先生对这一棘手事件感到些许满意。"大不列颠战争"——不，他不会过早地使用这一名词的。他把莱克星顿的那个事件说成是"波士顿屠杀"事件的重演；如果说它更严重，那也只是因为北美现在已准备好用手中的武器保卫自己的自由。我很高兴听到他能这

---

[1] "60人委员会"，the Committee of Sixty，指第一届大陆会议后，为落实会议签订的《联合协定》而组织的一个执行委员会。另见本书《约翰·杰伊与彼得·范肖克》。
[2] 这里仍然可能是虚构，但后文《约翰·杰伊与彼得·范肖克》中二人都是"六十人委员会"的。

么说；因为这使我相信，我们应该继续使他和我们站在一起。纽约议院太软弱，不足以依靠，它半数以上的成员都是公开的托利党，因此，我们发现有必要组建一个"行省议会"，它的代表在"六十人委员会"监督之下选举产生，以便能对事态负责，并使纽约与整个大陆保持一致。最超前的那些人已经对温库普先生的效忠感到怀疑；但是一些温和的人发现，尽可能地赢得他的支持是明智的。杰伊先生和艾尔索普先生热切地希望温库普先生参加到"行省议会"中来，他们让我尽力争取他做候选人。

我尽力做了，我很得意我所说的话对他有所影响。我知道他很赞赏杰伊先生，我告诉他这件事是那位先生想要极力促成的。

"杰伊先生认为，"我对温库普先生说，"那些持有你这种深刻而适度的观点的人的参与，是十分必要的，因为'技工协会'日益活跃，但同时很多有地位的人都退缩了。我们面临着双重危险，我们必须使我们这个行省保持对这项事业的忠诚，我们必须阻止新英格兰人的那些不同思想在这里获得优势。如果你们这些社会名流在这个关键时刻拒绝对殖民地的事态发展起引导作用，我们就一定会屈从于这样或那样的邪恶。"

"我完全明白，"温库普先生回答，"但是，你知道，我很难做决定。"

"对于你的难处，没有人能比杰伊先生和他的那些朋友更理解了。但是，我已经指出，恰恰是由于这一原因，我们需要你的支持。你知道老尼古拉斯是托利党，人们都在议论，冯·肖伊奇肯丁克商会的态度即便不是敌对的，也是很冷淡的。这个家族商会是一支强大的力量，如果你热心我们的事业，会带动很多尚在犹豫之中的人也加入进来。杰伊先生正确地指出,你责任重大,因为你身边聚集着一大批人,何去何从,这是一个问题。"

"杰伊先生这样说,太抬举我了。"

温库普先生尊重杰伊先生的决断——他一直如此。最后他同意站出来,参加选举。在1775年整个夏天,他如约出席"行省议会"的各届会议,凡是那些竭力确保行省走明智的中间路线的人,他都一概支持;那条路线就是:执行《联合协定》,组建民兵以便防卫,谨慎地保持调解之门敞开。老尼古拉斯指责他太听杰伊的话了。温库普先生很自然地回答,这种说法太荒谬了。我敢确定,他之所以这样想,是因为他感到,迄今为止所发生的那些事件已经证明自己的思想和行为是正确的,并且现在诺斯勋爵的《安抚决议案》也证明了这一点。对此他寄托了全部的希望。他有一次告诉我,诺斯勋爵的决议案我们的确不能接受;但很遗憾,费城会议已经断然宣布它"不合时宜、居心叵测"。温库普先生说,现在讨价还价的可能已经没有了,政治家们在一开始就没有提供这一切。他认为,《安抚决议案》证明诺斯勋爵已经打算退让,并且无疑会尽可能做得体面一些。温库普先生认为,费城会议所通过的那项决定还是令人满意的,与此同时,《武装行动决议案》开宗明义地使英国相信北美要保卫自己的权利;而《致国王的请愿书》也开宗明义地证明了自己的效忠之心。因此,在整个夏天和秋天,温库普先生对两种持有极端看法的人——一种人过于软弱,另一种人过分激情——说着同样的话:请愿才是我们要做的事,请愿一定能带来人们所希望看到的结果。

人们常说,拖延希望让人心碎。但是我认为这话对温库普先生不起作用。相反我相信,四个月来,他通过展望未来,希望国王体面地做出让步，找到了内心的安宁。我本不指望国王会有什么让步；因此当 11 月份传来消息，国王不愿意屈尊接受请愿时，我并不特别震惊，只是觉得无话可说。但是我知道，这对温库普先生来说将是沉重的一击；当英国政府对北美贸易采取禁运政策，宣称北美处于叛乱状态时，不用说，温库普先生那个靠回忆过去和展望未来支撑起来的意见与行为的世界，完全崩溃了。有一个月，我根本见不到他。他很少出门，甚至很少参加"行省议会"。他一定是坐在家里，与世隔绝，极力调整自己的思想，以应对严峻的现实，并且尽可能把自己已崩溃的信念重新聚拢起来。

在 1776 年冬天，我又能见到他了。我们经常详细地讨论形势。在我看来，讨论的时机，我指的是讨论过去的事情的时机，已经不存在了。但是，温库普先生讨论过去所发生的事情的兴趣，似乎要大于讨论现在要发生的事情。一开始，我对此感到不解，后来我明白了，原来他十分清楚下一步该怎么做，或者他下一步应该怎么做，他只是努力使自己相信，一切从一开始就不可避免，现在自己所面临的形势不是自己造成的。他说，一次又一次地说，他一开始的目的，就是阻止现在到来的灾难发生。我不知道他多少次检讨自己过去的行为。他一直在问，北美人缺少温顺地服从议会统治的精神，除了现在的这条路，还能有什么路可走呢？他自己又有什么其他的路可走呢？如果北美选择的不是武力而是理性，难道不正应归功于像他温库普先生这样有财产、有地位的人所做的那些事吗？如果他温库普先生及所有同类人不插手到这件事中来，民众以及他们那些头脑发热的领袖们是否就不会使北美陷入暴力之中，并因此为英国的那些措施赋予它们现在所没有的正当性呢？

对于所有这些，我都十分同意温库普先生的看法。我向他保证，他的行为一直是明智而审慎的人的行为，如果事态的发展让审慎的人们感到失望，那么错误明显不在他们身上。责任在于英国政府，在于那些发了疯的、刚愎自用的大臣们，他们服从那顽固不化的国王，却在有意无意间背叛了国家。既然大臣们诉诸大刀，问题就只能用大刀解决；想到这一点，温库普先生略感欣慰。战斗或者屈服，他们说。不管什么结果，都不是北美的选择，也不是他温库普的选择。今天的北美会屈服吗？他温库普现在会屈服吗？不管他一年前、两年前会怎么做，但是现在，他会怯弱地屈服，像个吓破了胆的孩子低下自己的头颅吗？会放弃一生的信念，劝告那些在那个委员会和会议上与自己联手的朋友们放弃自己的诺言，哀求别人发发慈悲吗？会说自己说的那些话不是当真，说那只是玩了一个游戏吗？"我做过承诺，"温库普先生时常对我说，"我将倾力一搏。"这是真的，而且我认为这种考虑对他影响最大。他不能食言，不能失去自尊抛弃自己的朋友。

与大不列颠之战！温库普先生最终被迫说出了这个词。但是不独立！这是最难说出口的一个词。然而，这个词已经不胫而走，在房舍之内，在街头巷尾，人们口口相传。我对这个念头早就习以为常了，但是温库普憎恨这样想，他说自己从不想这样，现在仍然不想，"我对英国素怀忠心，但现在看来是一厢情愿"。我认为，正是这样的想法，使得温库普先生调整心态，接受分离决定。他所梦想的英国是虚幻的，他所认识的英国根本不存在。在那些日子里，我们一直在读潘恩先生那本言辞激烈的《常识》。我知道温库普先生在读它，我认为它有助于他了解英国的真面目。

"我不喜欢这个人做事的鲁莽风格,也不喜欢他书中的那些刺耳的话,"温库普先生有一次对我说,"这个人说,我们一直沉浸在幻觉之中,一直声称与英国联在一起是有好处的;然而,形势的发展似乎足以证明,他是言之有据的。这个人还说,我们的各种小册子和请愿书中那些鼓吹效忠和尊重的论调,只不过是在自作多情罢了;对此我虽然不能赞同,但要说与英国联在一起是有益的,我不知道这种说法是否也只不过是一种臆想罢了。这些都很难说清楚。现在,那些益处究竟在哪里?我们必须回答这个问题。"

因此,在那个漫长的1776年冬天,温库普一直在修补自己破碎的幻想,那曾经是他生活的支柱。他调整自己,正视不可避免的事情发生。这时,我很少见到冯·肖伊奇肯丁克先生,我敢说,形势的发展使他们两人都同样痛苦。至少,我所知道的他们的最后一次谈话是很让人难受的(那次耶利米发出邀请,我也在场)。我记得那是5月30日,我们在老尼古拉斯家的大厅里看见他,他站在那里,拄着拐杖,看得出非常动情。

"我叫你们来,"老尼古拉斯淡淡地向我们打了个招呼,然后说,"因为我必须知道你们打算怎么做。豪威将军就要占领纽约了,费城会议打算宣布脱离大不列颠。纽约的那个所谓'行省议会'犹豫不决,它最终可能支持这种做法。我是不是得搞明白,你们会不会烧毁桥梁,支持叛军?"

温库普先生回答,语气中充满严肃和庄重:

"我希望您相信,先生,我已经就我的能力所及对这件事做了充分考虑;在我看来,除了站在北美一边,我似乎别无选择。北美是我的国家,也是您的国家,先生。"

"北美是我的国家，"老尼古拉斯的声音变得尖锐。"你知道，我对英国佬从来没有什么感情。要我说，让他们全都下地狱！但是我老了，我管不了叛国活动。特别是，叛国是不会有什么好下场的。我们要么被粉碎，那样的话我们的情况将比原来的更糟；要么我们获得成功，那样的话我们就得受一群暴徒的统治。孰好孰坏，只有上帝才知道。我闹不明白，为什么你们允许那些狂热分子驾车四处奔走。如果必须开打，为什么还要通过宣布独立的方式关闭协商之门？"

"不宣布独立我们就无法打仗，先生。这就是事情的全部真相。我非常反对这一做法，甚至是最反对这一做法的。但是它的必要性也是明摆着的。首先，我们拒绝贸易，希望英国会像以前那样做出妥协。英国非但没有妥协，反而关闭我们的港口，准备战争。要打仗，我们必须有供给和军需。我们必须有钱。不恢复贸易，我们就搞不到这些东西。而要恢复贸易，我们就必须联合起来，我们必须获得法国的支持。但是只要我们还表示效忠英国，法国会支持我们吗？法国出钱出兵是要搞垮英国，绝不是要巩固它。分离行为就是与法国联手的代价。"

"我想知道，分离行为是不是不需要慎重考虑，只需能赢得法国的援助？一旦英国愿意妥协，你们岂不是要让法国落空？"

温库普先生没有马上回答。过了一会，他说：

"不，我不这么看，先生。分离行为也是出于对英国的考虑。我们要向世人证明，我们是说到做到的，我们要保卫我们的自由，必要时不惜最后的牺牲。然而我希望，我也相信，无论怎样，事情不会发展到那最后一步。"

老尼古拉斯僵硬地站在那儿，静默良久。突然，他扬起手，转过脸去，说："好吧，再见。我们分道扬镳。"

"不要这样说，先生。"

"我必须这样说。我必须从一而终——做一个效忠英国的臣民。你已经不再是英国臣民了。看到这一天我很难过。但是我必须服从命运，你也是。"

老尼古拉斯缓慢地拾级而上，拐杖敲打着每一级台阶。走到一半，他大叫，似乎充满了愤怒：

"我说，再见！"

"上帝与您同在，先生。"温库普先生只找到这样的话来回答。

后来，温库普先生告诉我，他在那座空了一半的房子里度过了一个不眠之夜。想到豪威将军就要到来，温库普先生开始把自己的家产搬出这座城市，搬到靠近白原镇的韦斯特切斯特县。7月2日，"行省议会"迁到这里开会。由于忙于个人的生意，他无暇参加前几天的会议。但是到7月9日下午，他到会了，尽管有点迟到。他悄悄地摸到我前面的一张空椅子上，这时有人递来一份文件：《美利坚合众国代表宣言，全体大会》。大会委员会任命了一位主席，以报告脱离英国的那些理由的有效性，主席正在念这份文件。我们听到了那铿锵有力、今天已众人皆知的词句——"这些真理是不证自明的""正当的权力是经被统治者认可的""人民有权改变或废除它"。

"谁是人民？"我听到温库普先生对邻座嘟囔着说。

他的邻座，要么是没听见，要么是没听懂，以手捂面低声说，"我敢说，这是你最难抉择的时候。冯·肖伊奇肯丁克不可能被动员到我们中来。"后面一句不是提问，倒是在断言。

"是的，"温库普先生说，"他应该是托利党人。但他不会反对我们。我认为，他的同情心其实是在我们一边的。他是十足的北美人，他不爱英国人。但是他老了——他想必是托利党人。"

"《宣言》会得到通过的，我想。"

"会的。"

"似乎写得不错。杰斐逊的文笔，我是知道的。"

正在这时，主席念完了《宣言》，开始念委员会报告。"残忍的现实使得这一举措在所难免，对此我们心怀悲伤。我们一致同意，我们将以我们的生命和财富，与其他殖民地一道，支持这一宣言。"

出席会议的绝大多数代表一致通过了委员会报告。

鉴于有一名代表要请假离开，在进入其他常规议程之前，这位代表请求发言。得到允许后，这位代表谈起正在采取的这个决定性的一步，谈起所有北美人所面临的危机，谈起要面对这场严重的危机，就有责任付出最大的勇气和百折不挠的精神，这些都是自由的人们为自由而战时所必须付出的。"讨论的时机已经过去，"他说，"行动的时机已经来临。一旦紧密团结起来，我们就不会失败；而如果我们胜利——我们一定会胜利，心怀感激的子孙们会记得这些时光，会为我们这些爱国者感到光荣，因为我们的行为乃是受到了自由精神的启迪。上帝让我们如此行动，自由精神将永远与'1776年精神'同名！"

照例，这番话引来了一阵掌声，温库普先生也鼓了掌，我想他是由衷的，就像……

（最遗憾的是，到此，手稿结束了。故事总归要结束的，但这段故事的结局是什么，可能永远没有人知道。）

1927 年

现代利维坦 [*]

大多数论述政府及其历史的著作都写得很有道理；但是我时常觉得，任何有知识、肯卖力的人，都能写出这样的书。这让我想到醋拌土豆丝，我小时候，在没有别的东西吃的时候，常常吃这种"零食"。它非常有营养，但是提不起我对饮食的兴趣。查尔斯·A. 比尔德写的那些书应当不属此类。作者所做的贡献要比书中那些冷冰冰的事实碎片有趣得多。书中的确包含了不少冷冰冰的事实——天晓得；但是那些事实堆积在那里，不是任意堆放的，而是为了说明作者想要表达的某些核心观念。我可能不喜欢那些观念，但是它们放在那里，让我去思考，并且永远值得我思考，不论我赞同与否。

毫无疑问，《美国的利维坦》在很多方面发人深省，它或许是比尔德先生著作里面最好的一本。它的主题是美国联邦政府，其主旨在于对美国政府的实际运作方式做全面的、现实的描述。在这种现实的描述之中，贯穿着一个核心观点，那就是在法律条文所架构

---

[*] 本文为卡尔·贝克尔对美国著名历史学家查尔斯·A. 比尔德与儿子威廉·比尔德合著的《美国的利维坦：机器时代的共和国》（Charles A. Beard & William Beard, *The American Leviathan: The Republic in the Machine Age*, Joanthan Cape Limited, 1932.）一书的书评。

的政府与活生生的人所运作的政府之间,存在着强烈的反差。该书系统地展现出,为了拉伸、拧弯、敲打那部诞生于18世纪的宪法,使其适应我们今天的工业和技术革命所造就的这个社会,人们使用了什么样的强力,采用了什么样的工具。

作者首先指出,现代技术在缓解政府困难方面起到了重要作用;但在接下来论述宪法问题的第二章里,作者从总体上提出了本书的核心命题。人们以为,宪法作为国父们创制的一部成文法,对联邦政府的权力设定了明确的限制,最高法院通过宣布某些法律"违宪"而将政府控制在这些限制之内。但是,宪法条文由于并非总是"不证自明的",就需要由最高法院来"解释"。最高法院在判定宪法的含义时,评判标准是什么呢?其中有个评判标准就是:"创制者的意图"。不幸的是,创制者不止一人,他们的意图并不总是记录在案,再者,某些创制者的意图与其他创制者的意图是不同的。根据这样的评判标准,宪法的含义就由最高法院根据对创制者们的意向的推测而决定。另外一个惯常使用的评判标准是"逻辑"——《宪法》条文如何如何,前后逻辑如何如何,等等。但是逻辑在很多时候可能造成靠不住的误导。一个典型的例子就是,逻辑曾导致四位法官得出一个结论,另外四位法官得出完全相反的结论,而第九位法官后来改变主意,接受了其中的某一个结论。在这种情况下,《宪法》的逻辑取决于一位法官的不稳定的思想。简言之,正如比尔德最后得出的结论,宪法"解释"是没有意义的;如果说有,那也只是在任何时候,它都只取决于九位法官之中的五位的决定,这五位法官充分考虑各方面的情况,然后得益于上帝的帮助,认为这样或者那样定位《宪法》的意义才是明智的或者有益的。

《宪法》是一部既定的成文法，这种说法是一种法律上的虚构。我们可以通过研究它的语言以及它过去的发展史去理解它，这种想法同样是一种虚构。《宪法》就是参与公共事务的政府以及人民所认可、所尊奉的那样，就是他们所认为的那样。不仅如此，它不只是一直以来的那样，也不是今天的这样。它不断地变成其他的样子；那些批评《宪法》的人，那些在它之下出现的举措，乃至那些大唱赞歌的人，都在它明天将变成什么样子上发挥着作用。

剩下的章节讨论联邦政府的各个部门或其具体行为，对本书主题做了具体展开。这里举几个例子就够了。人们以为，国会制定法律，总统执行它们；但事实是，总统通常决定立法部门的决策，国会通常使执法行为无效。人们以为，总统在得到参议院的同意后签订条约；但事实是，总统能够并且有时的确与外国政府签订"秘密的宪政协议"，而且那些协议实际上有约束力。人们以为，联邦政府不能做任何不受《宪法》授权的事情；但事实是——这里仅举一例——虽然《宪法》中没有任何条文授权联邦政府采取行动提升健康和道德，但是联邦政府每年在这些条目下的花费，都远大于第一届华盛顿政府时期的整个联邦预算。人们以为，总统由选举人团选举产生，其程序是审慎而正派的，就像董事会选举大学校长一样；但事实是，总统选举在很大程度上取决于一些自行组织的、全国名义的大会议，它们拉大旗作虎皮，吵吵嚷嚷，将一个"人间联赛"降格为村头草坪上教会节日的旧戏重演。当然，人们都知道，《宪法》的某些条款被忽视了，而另外一些条款被"从宽解释"（liberal interpretation）。这一点我是知道的；但是，在读到《美国的利维坦》之前，我从未明确地意识到，"从宽解释"还说得过于委婉，这件词语外衣被惬意地扔过去，掩盖的是这样一个赤裸裸的事实：由于各种社会力量的压力，联邦政府的确有意无意间设法做了一切看上去有必要做，或者十分值得做的事。

正是在展开这一主题的过程中，比尔德为我们带来了非常现实的关于联邦政府的运作的描述，这或许是该书的一大优点。然而，或许该书的更大优点在于，它使我们愿意更现实地从总体上思考政府。在长期建立起来的传统中，我们习惯于把政府设想为一个物体，而非我们自身，设想它能够带来，也应该带来公正。我们易于将政府设想为某种"高高在上"的东西，它高悬在我们头顶之上，对我们实施其自有的正当"权威"，并且凭借某种超然的、对我们的目标任意斧削的能力，强令我们必须"服从"它。这种家长制观念无疑在很大程度上是中世纪基督教哲学的残留，那种哲学将教会与国家说成是在各自领域实施着自己从上帝这位父亲那里得来的、对他无助而犯了错的孩子们所具有的替代性权威。人子从上帝和国王那里得来这种权威，将之转移到"国家"之上——他们发明了国家，并为其赋予主权的品质。

在我的记忆中，如何定义主权、定位主权，是各种政治哲学至今没有解决的问题。在美国，一群异端分子坚持说，"唯一的至高无上者"与"不可抗拒的本质"是可分的——这是一个逻辑谬论，只有通过神秘的"三位一体"教义才会推导出来。这件曾被里德·鲍威尔[1]称为"在主权尾巴上撒盐"的动人活计，今天已经为大多数政治哲学家所抛弃。但是政治家以及人民的政治思维，仍然被这种抽

---

1 里德·鲍威尔（Thomas Reed Powell, 1880—1955），美国宪法学家和政治学家。

象的"权威""服从""责任"观念所支配。今天如此多的人坚持认为,《沃尔斯坦德法案》[1]甚至在被踏入泥土,被人们心满意得地一脚踢开长达十年之后,正在被实施,也能够被实施,应该被实施。否则,"唯一的主权力量"就会被削弱。

在其他的思想与行为领域,人与人之间的关系得到更加细致的考察——考察其形成过程、作用以及调节方式。这里举一个最简单的例子。当一个导演花费大量钱财,千辛万苦,拍摄出一个画面,但是影迷们却不重视它;这时,这位导演并没有"义愤填膺",大骂影迷们"不忠实","缺少对艺术的尊重",等等。他说:"戏演砸了。真搞不懂人们究竟想要什么。"比尔德先生让我们以这种现实的方式去思考政府,将其视为人们为发挥有效的社会调节功能而创造的一种设施。他没有试图定位主权,而是描述了罗斯福是如何通过对议员们阳奉阴违而施展自己的权力的。

这样做已经很不错了。但我们还可以再往前走一步。认为政府乃是一架发挥社会调节功能的设备,这种调节乃是在人民"意志"的命令之下公正无私地进行"决策"的结果,这种观念之中同样存在着虚构。无疑,这种情况偶有发生;但是,通常情况下,政府,这里指的是政治家,都是在那些想要扩大自身利益的个人和团体施加的压力下行动。这种压力我们称之为"腐蚀"。 沃尔特·李普曼[2]在最近的一篇文章中说:"我们几乎全都以为,比如说,坦慕尼[3]

---

[1] 《沃尔斯坦德法案》(Volstead Act),即美国 20 世纪初的"国家禁酒法令"(National Prohibition Act)。安德鲁·沃尔斯坦德(Andrew Volstead)时为众议院司法委员会主席。
[2] 沃尔特·李普曼(Walter Lippmann,1889—1974),美国著名栏目作家、政论家,其"今日与明日"专栏影响很大。
[3] 坦慕尼(Tammany),20 世纪初美国纽约市民主党组织,曾卷入操控选举丑闻。

是一种病，已经影响到社会机体……我们以为没有人意识到它的存在。我们以为只要多拿出一点点勇气、一点点智慧什么的，我们就能切除病变组织，从此过上愉快的生活。"李普曼先生认为这种思想会导致错误的影响。他宁愿把坦慕尼这类组织看成是"自然政府"的一种，只不过我们在它上面添加了人为的体制。这话说得很对。这种组织可能是一种病；但是若真如此，它们就是一些顽症——它们似乎已经获得了后天的特征。

实际上，相比共和党或民主党的政党机器，坦慕尼并不更腐败。它们的运行方式和目的全都是一样的。它们在宪法之内找不到源头；但是它们乃是人性使然。在任何情况下，它们都是政府体制的一个常见的组成部分，就像众议院一样。利益集团如果想从政府中寻找或获得支持，那是"不对"的；但是，事实并非如此，它们在寻找，并且总是能找得到。在 18 世纪，出现过人民的政府，在国王的领导下，维护的是贵族和有钱人的利益。在 20 世纪，也有人民的政府，在政客的领导下，维护的是任何强大得足以为自己带来好处的集团的利益。正如布赖斯勋爵所言，人的自私性情不会改变，改变的只是这些自私性情赖以泛滥的渠道。

这种不切实际的想法的另一面是，所有忠诚的公民，既然全都同样地受益于政府，就必然愿意参加政治活动，并明智地从中获益。事实上，同样的公民从政府中获得的利益可能不同，结果获益多的会更积极地参加政治活动，更巧妙地获取利益。很多大商人高价聘请律师，使自己能从法律中受益；很多私酒厂商延请低价的促销代理商，以规避法律的制裁。这样的公民聪明地从政治中捞到好处，因为那些社会调节一直是他们所需要的，而要影响那些社会调节，只需接受政府的援助，或者避开政府的钳制之手。但是，有成千上万忠实而聪明的公民，政府对他们的真正意义，被限制在纳税以换取对生命与财产的合理保护上。他们所从事的是这样一些职业：既无须政府的特别援助，也不担心政府干预。我的职业就是如此。然而有人告诉我，我的职责就是每天读书看报，读所有适合出版的书报，以便在选举时够明智。

我的确读《纽约时报》，虽然不是每天，但经常读。我也的确参加选举，经常参加。但是，我够明智吗？这是一项艰巨的工作。在四十年间，我参加过八次合众国总统选举。每一次投票，只要我不想"把票丢弃"，我都只能在两个候选人中选一个。做选择并不难，但做出明智的选择是不可能的，因为两个候选人代表着同一种立场——进步与繁荣，高工资高福利，低税收，保护个人与生俱来的权利，同时保持人人机会均等。因此，我通常采取掷硬币的办法投票。一些人参加选举，并没有特别的利益诉求；我不幸成为这种人中的一员。四十年间，只有两次，我做出了看上去是明智的选择。第一次是在1896年，为了拯救国家（当时我很年轻），我投票支持"健全"通货。第二次是多年以后，我想那是1920年，德布斯竞选总统。在我看来，德布斯明显不同于任何其他人。因此，我投了他的票；但这并非因为他是社会主义者，而是因为他在坐牢。如果当时有其他候选人也在坐牢，那我就很难做出选择了；就像以前所有的候选人都是自由的时候一样。这次是个例外，很不幸，这样的可以让人明智地投票的机会实在是太少了。

当所有这些喧闹与无聊都成为过去，回首这四十年，我十分认真地问自己，哪个党派获胜对自己来说有什么差别。显然，对于很多人来说，共和党执政是至关重要的；对于另一些人来说，民主党执政至关重要。但是对我来说，对成千上万的其他人来说，这的确根本就没有差别。

我不是说政府不重要。在人类所有争夺权力的组织中，政府无疑是最重要的一个。但是，选举并不是在要不要政府之间做出选择，而是选择政府应该受民主党的政党机器还是受共和党的政党机器的指挥。我们的财产，我们的生命，我们神圣的荣誉，在一个政党统治下与在另一个政党统治下是一样安全的。总统不管是民主党的还是共和党的，都可能做错误的预测，承诺自己办不到的事情。国会一直在立法，有些立法显然是必需的，但有些只是为了通过降低进口量很小的货物的关税，去解决所谓的"农业问题"，而还有一些旨在通过加大劳工所购买的物品的成本，来拉高美国劳工的生活标准。威尔逊先生没能使我们免于战争；休斯[1]先生也不打算这样做。或许，民主党人不会辜负那些信托人，也不会阻碍他们在巴拿马运河的生财之道。或许，共和党人不愿意建立联邦储备制度。但是有一点是确定的：巨大而始料未及的技术进步如此强烈地塑造着人们的外在生活条件，为人们节省了如此多的时间，提供了如此多的闲暇，如此巨大地提高了财富的产出以及求职无望的人群的数量，使我们的机会如此多元化，我们的利益如此多样化，使我们的热情如此被冷却——所有这些变化，即便民主党总是获胜，共和党总是失败，也都丝毫不曾被加快，被减慢，或被改变方向。

---

[1] 休斯，指查尔斯·伊万斯·休斯（Charles Evans Hughes Sr., 1862—1948），美国政治家，曾任最高法院大法官，作为共和党候选人与威尔逊竞选总统。

事实上，政府并非唯一一个我们习惯上认为无所不能的事物。我们对政府寄予的希望越少，我们的失望就会越小。总统并不需要做出那些荒唐的承诺，过激的悲观主义者也不必如此哀叹不已，得意的自由主义者也不必动不动就说他们从未被完全说服。出于世上最良好的意愿，政府应该尽可能少地改变复杂的社会机器的特征和运行机制。它在这方面不能做得太多，因为它自身并非处于机器之外，修补或重造这架机器，就像一个机械师修补或重造一辆汽车那样。它本身是这架机器的一部分，它要不断地与之磨合，调节它的，恰恰就是它自己宣称要掌握、要引导的那些力量。真正的"利维坦"不是政府，而是社会——这个令人既惊奇又重视、既关注又觉得可怕的现象，我们称之为"美国文明"。对于它，我们能做什么？很少！因为我们也只是它的一部分。不管我们是否情愿，它一直挟带着我们向前。我们必须接受它，就像玛格丽特·富勒[1]接受这个宇宙一样。我们接受它，不论是带一点脆弱的乐观，还是带一点徒劳的悲观；不论是冷漠，还是顺从，或是反抗——不论怎样，它挟带着我们，奔向我们所不知的去处。我们最多只能够做好自己的事，发挥自己的作用，管好自己的花园。总有些人，他们的花园就临近国会山。不错，那块地不怎么样，但粪便也不少。即使是那里，也总能长出点什么。

---

[1] 玛格丽特·富勒（Margaret Fuller, 1810—1850），美国记者、批评家和女权活动家，曾参加美国超验主义运动。

自由主义
——一个过路站

一天，我同一位康奈尔学院学生谈起大萧条时期找工作的困难，他来自布鲁克林，我问他，如何看待自由——多少带点儿讽刺意味。他回答："我从未路过它，我不开车。"他的回答比我的提问绝对更具有讽刺性。不管怎样，这个回答提醒我，自由或许只不过是人类历史主干道上的一个小站——在这里，人们匆匆走过。

我这里所说的自由，是指一个半世纪以来通常与民主政府相连的那种自由。"很显然，"托克维尔在 1835 年写道，"一场伟大的民主革命正在我们中间发生。"到 1932 年，我们就可以看出，这场民主革命是 19 世纪最突出的政治事件。在整个这段时间里，政治家们关注的公共问题，主要就是它们。什么是最好的政府形式？什么是政府的恰当职能？什么是个人应该恰当地保有的权利？政府权力与个人权利如何才能在宪政形式下得到明确的保证？可以说，在 1789 年到 1871 年之间，政治家与政治评论家们的主要精力，都花费在了创制宪法，以及为个人权利建造铜墙铁壁般的保护上。个人获得解放，摆脱阶级、社团或者政府的压制，这就是托克维尔所指出的民主革命。做一名保守主义者，不论其保守的是什么，都意味着反对这场革命；而做一位自由主义者，也不论其还保留什么，都意味着赞同这场革命。

自由主义就是使这种个人解放理性化的一种学说。就其最纯粹的形式而言，我们今天见到的自由主义源于18世纪。在那个乐观主义时代，中产阶级意识到自身的优势，一心想从那个使自己饱受王室专制和阶级特权压迫的世界中脱颖而出，他们自然而然地相信自由。而当大革命还只是发生在人们的思想之中时，在中产阶级看来，似乎一旦自由的含义被充分地定义，也就是说，自由就是"每个人都有权利做不伤害他人的任何事情"，自由就已经被实现了。那时，步履蹒跚的时代负载着沉重的经验包袱。那场大革命的到来，为19世纪留下了狂热的盲信与仇恨、片面的成就、被延迟的希望，以及恐惧与幻灭。大革命时常被矫正，但从不受特别的抵制。自由主义的信条被维持下来，但经过一次次失败的冲击，它的声音渐弱，最后在约翰·斯图尔特·密尔的《论自由》中被浓缩为经典。

在重新论述自由主义信条的过程中，维多利亚时代那些注重实际、向前看的功利主义者从现实角度接受它，以迎合那些在工业革命的浪潮中爬上权力宝座的商人和银行家们的需求。这时的自由依然被定义为"有权利做不伤害他人的任何事情"。但是，在那些他们可能做的、不伤害他人的事情中，有一种就是从事合法的商业，并通过在市场中贱买贵卖来获得个人收益；这种事情并非不重要，因为它能使任何有关的人受益。自由竞争——这与政治和思想自由一样，也是大革命所宣扬的一种自然权利，至少，是边沁所明确宣扬的对社会有益的人的特权之一。多年以后，塞西尔·罗兹[1]声称：

---

[1] 塞西尔·罗兹（Cecil Rhodes，1853—1902），英国资本家、慈善家和殖民者，在非洲拥有庞大资产。

"慈善当然很好，但是慈善再加上百分之五就更好。"19 世纪自由主义牢不可破的力量主要就在于此；它承认"慈善加百分之五"的高度价值，即，它将自由与竞争联姻在神圣的婚约之下，它将自由引入商业而使它成为有益的事物，它尊崇竞争，为其涂上人类自由的酥油。

在这套原则的促动下，中下层阶级闯出一条出路，从大多未设防的入口，跻身于此前一直处于贵族统治之下的所谓"政治国家"。如果说，这扇大门是由门内的那些人向民众打开的，而不是由门外的那些人强行打开的；那么，这并不是说上层阶级需要民主，而是说上层阶级的政治家们能从选举中捞到更多好处。然而，民主革命使对方在理论上所做出的一切让步，或者在实践上所做出的一切妥协，都是在自由的名义下取得的。在那个"铜与铁的时代"，自由主义的威望达到了前所未有的高度；在那时，那些理想的赝品（法兰西第三共和国、德意志帝国、奥匈"协定"，以及像扔面包片一样被扔给不动产继承人的家庭选举权）被得意地当作"民主的胜利"的典范加以炫耀。

自由主义的这种得意，充其量不过是一个短暂的"小阳春"。胜利的时刻恰恰意味着失败的来临，因为正是带着这些人人皆知的、通常指向个人的"自由"，19 世纪自由主义的伟大角色到了尽头。当所有的政治家都热爱普通民众——至少冲着他们的选票；当正如乔治·索雷尔[1]所言，甚至连牧师都"声称自己是最好的民主主义者……只要他稍微发挥一下自己的布道能力，就会启发人们留意

---

1 乔治·索雷尔（Georges Sorel, 1847—1922），法国哲学家，革命理论家。

1792 年 8 月 10 日的周年纪念日",这时,敌人在哪里?敌人很快就来了,而且一旦出现就是最令人惊惶的;敌人出现在两条阵线,部分戴着保守主义的头盔,部分披着自由主义的甲胄,还都举着同一面大旗——奇怪的是,自由主义曾经高举着这面大旗走向胜利,也曾将这面大旗践踏进泥土里。

民主的先知们设想,当政治"自由"出现时,经济"平等"就会欣然地接踵而来。"自由放任"、自由竞争——人们为展现这些空空如也的概念的社会功用,运用了这般灵巧的辩证法!民主先知们没能预料到,工业革命一旦被添加到自由竞争的机制之上,就会为机器和生产工具的拥有者们带来权力和特权;他们想象不到,这些权力和特权甚至连那些尸腐骨朽的国王与贵族们也垂涎不已。19 世纪末以前,毋庸置疑,自由主义民主象征着其传道者们的希望。自由,那个想要启蒙和解放全世界的自由,却催生了一伙凶神恶煞的暴君,这真是一种讽刺;并且人们今天发现,在与平等携手前行的过程中,它更主要、更隐秘地还是与妖艳发福的特权之妇结伴而行。

第一批感受到压迫的是工厂工人。因此,或迟或早地,在每一个国家,工人们组织起以保护自身阶级利益为使命的政党。这些新党派的行动方案完全相同:为大众谋取更大的社会收入份额。他们信奉的社会哲学也完全相同:它带有马克思主义的社会主义烙印,宣称社会革命正在到来,竞争制度终将结束。社会化而非"自由竞争",规划经济而非竞争经济、为全体福利而限制个人而非为私人福利的个人自由,这些才是社会主义的新福音,它的出现,是对自由主义旧福音的斗争。

面对日益上升的社会主义力量，有产阶级抱成一团。在前不久的政治革命中遭受剥夺的土地贵族与那些用工业革命所创造的资产阶级财富发家的新贵阶层结合起来，以保护自由主义民主政体。现在，他们全都是好的保守主义者，因为他们希望保守现存政体；他们也都是好的自由主义者，因为他们希望保存的政体正是自由主义者长期以来吹捧并为之战斗的政体。由于问题现在变成了这个样子，由于自己人当中有些成了左翼的保守-自由主义者，有些人成了右翼的革命的社会主义者，以前的那些自由党就搞不清楚，到底是该听从自己的人道主义冲动，还是服从自己的个人主义原则，因此，当一度忠诚的追随者们纷纷跑进这个或那个阵营时，他们只能站在那里，不知该何去何从了。这种举棋不定的现象在战前的大陆国家里很常见。在英国，到后来，格拉斯顿的那个了不起的自由党沦落为第三党。正如 J. M. 凯恩斯敏锐地指出的，多年以来，它的主要作用一直是"通过为保守党贡献领袖和为劳工党贡献思想而服务'国家'"。我们不必奇怪，到今天，它已很少再能对双方有所贡献，因为近二十年间，有如此多的人已经投靠到那两个阵营中去了。

在自由党这样失去的所有领袖人物中，最著名的无疑是拉姆齐·麦克唐纳（Ramsay MacDonald）。他的生涯绝好地告诉人们，什么才叫困境。今天，所有老派的自由主义者都在为摆脱这种困境而斗争，并且可以说取得了成功。他在品位和气度上是属于贵族式的，因此他追随的是绅士加学者的生活方式。由于继承了苏格兰人的谨慎作风，并完全浸染于英国传统之中，他深深懂得妥协的可贵之处，对暴力十分抵触，因为暴力的结果总是不令他满意。然而，作为心怀仁慈的杰出人物，他始终如一地宣扬有利于穷人的社会改革。而且作为既有理性又有理性的雄心的杰出人物，他自称为社会主义者，但最终却作为工党领袖登上权力的宝座。在他令人激动的整个生涯中，他设法坚守自由主义的立场，留意脚下的两条路线——他常常不知道该听从自己良知的劝告，始终与大众走在一起，还是听从魔鬼的召唤，不为任何阶级所动。其结果是，他三次任首相，现在，他不再属于某个政党，他保持卓越的独立，小心谨慎地一面举着社会主义大旗，一面勇敢地领导着一个保守主义的平民院。所有这些，构成自由主义在我们这个时代的一部简略的编年史。

在一战前，玩这种游戏并不会招致厄运。自由主义者已经如此熟练地将其行动方案社会化，社会主义者也如此权宜地改变了其学说的革命本性，其结果，在他们之间（比如，在劳合·乔治的自由主义与拉姆齐·麦克唐纳的社会主义之间），已没有"一丝一毫之差"[1]。但是，反自由主义学说的那些模糊含义今天正在快速变成现实问题，并且已经向自由主义者和社会主义者显现出同样带有顽童稚气的争吵。法西斯主义的反自由主义革命已在意大利发生。我们不得不痛定思痛，重新看看西方文明的竞技场上那些定义清晰的根本命题，以及那些真实上演的根本冲突。

随着不同制度的意义变得越来越清晰，所有的自由主义者都曾在自己身上发现的那种困境也会变得越来越尖锐，甚至，当我们想要就此做点儿什么时，这种困境会变得更加令人心寒。我们的困境

---

[1] "一丝一毫之差"，原文为 the twentieth part of one poor scruple，英文典故。scruple 原为古罗马一个非常小的重量单位。莎士比亚《威尼斯商人》中鲍西亚让夏洛克割肉一幕中亦有此句，朱生豪先生译为"一丝一毫"。

源于这样的事实：我们长期以来对自由和民主同样倾心，现在却更加不断地被催促着在二者之中做出选择［催促我们的那些神祇正是那些表情木讷地坐在生活的赌桌上的"庄家"(croupiers)］，而且事实上，我们不可能以清醒的意识或者愉快的心情，在缺少其中一种的情况下去选择另一种。因此，我们犹豫不决，一会儿出于同情心选择这张牌，一会儿又出于传统理想选择另一张牌。由于我们的仁慈，我们满怀同情地看着穷人身上那堆"披条挂丝、千疮百孔的褴褛"，为他们呼吁那神圣的平等原则，并且或许还会在私下里，至少在两千英里的安全距离之外，赞赏俄国人为实现这一原则而做出的崇高努力。虽然我们对芸芸众生广怀仁爱之心；但是另一方面，当一些人尊重我们的自由，承认我们可以自由地置身于我们所关爱的众生之外时，我们对这些人又另眼相看。而且，由于长期以来一直不习惯于有人实施独断的权威，当墨索里尼让教授们沉默时，我们恨他，并写信给《国家》杂志，以自由的名义抗议其粗暴的专制。而且我们发现，在我们自己这个可以自由地谴责那些暴政的国家里，我们不可能不去谴责那些恰恰出现于我们所呼吁的自由之下的压迫。选择？饶了我吧，说得轻巧！不谴责当前为获得平等而采取的那些过激手段，我们就无法选择自由；不背叛自由，我也无法选择那样得来的平等。

即便我们能够选择，也愿意选择，事情也不是由我们的选择所决定的，而是由那些平常人和平常的机构所决定的。我们所珍视的思想自由很少属于一般人，因为他们很少使用它，他们所能够运用的自由今天对于他们来说越来越没有价值。今天，在我们这个自由的民主社会里，一般的人都享有很多"自由"（如果这个词没错的话),这里我谈谈他们最为关注的那种自由。对于面前的任何工作,他们都可以自由地选择;如果面前没有工作,他们也可以自由地寻找一份能维持生活的事做;至少,如果实在找不到工作,他还可以自由地站到一个队列里,向慈善机构或者那个使他成为一个自由的人的政府乞求一片面包。除了这类自由,一般人更想得到的,就是安全。当动荡形势造成足够强大的压力,他们就会支持那些能给自己带来,也愿意给自己带来安全的人。一般人都想做自己高兴做的事情,但是要让他们为自己高兴做的事负责,他们就不愿意了。他们本能地对怪异行为心存疑虑,绝不会厌倦过舒适的生活。平庸的平等能给他们带来他们实际想要的一切自由,因为他们与大多数人在很多方面其实没什么不同,也不希望有什么不同。给他们安全,让他们在这种安全之中自由地像大多数人那样去做、去想——给他们面包和汽车,他们就永远不会知道,或者很快忘记,自由已经离他们而去了。

这些机制似乎是站在老百姓这边的。这对我们来说或许很不幸,我们在发明了这些机制后,必须正确地运用它们。我们是它们的主宰,这毫无疑问,我们的确主宰着它们;但是,我们主宰它们的一个首要前提是,我们应当根据形势所需调整我们的行为。为了更好地运用这些机制,我们从一开始就要面对它们,因为我们用心对待它们,它们却不把我们当回事。正是这些机制,使得生活复杂化,同时又为生活加上更快的节拍。对于生活在一个急速前进、结合紧密的社会里的个人,这些机制所要求的不是行为怪异的人,无论其多么文明、多么迷人;它们要求的就是舒适。对于闲散的好奇心,冥思与反省的精神流浪,这些机制实际上也是能够接受的,但又会打上很大的折扣。这些机制鼓励"立即实现"的美德——敏捷、整齐、精确、不断适应现代生活日益加快的旋律和节奏。

在这个世界的舞台上,一些词语进进出出,你方唱罢我登场;"自由"就是这类富有魔力的辞藻之一。人们疑惑,自由这个角色带着现代面具,是否快退场了。我们过去一百年间所理解的那种自由主义,是否只不过是理性化的结果,是民主的一个思想副产品?民主本身是否只不过是一个过时的辞藻,一种松散和过渡的政府方式,其可操作性只限于那种因工业革命而发了意外之财的相对简单的农业社会?若果真如此,平等难道就不能像我们天真地设想的那样,成为自由的血亲和必不可少的同谋?就平等主义而言,它会不会也是一种新的理性化,一种工业社会的知识副产品?——工业社会是复杂的,是经济上互相依存的,其目标不可避免地、不以个人意志为转移地指向稳定与平等。在这个混乱和信心丧失的时代,这些问题是任何反思的大脑都挥之不去的。

1932 年

论言论自由

> 人的价值在于倾听。
>
> ——怀特海（1861—1947）

一

最近,《国家》(*Nation*) 杂志重申了其对于言论自由的信仰。在我看来,这份杰出的杂志自创刊以来,所做的申明很少有错。但在当前,值得注意的是,这次关于这一古老原则的开诚布公的申明,却引发了前所未有的大量抗议——所有的抗议者都属于那些大体上接受言论自由原则的人。他们抗议的不是这一原则,而是对这一原则的无限运用。他们似乎在说,言论自由在通常情况下是一道有益健康的佳肴,但是,在不同寻常的紧张局势下,人们就不会觉得这一原则有多好了,这时,对这一原则的运用就应当是有节制的。自由主义学说向来都可以被重新考察,今天尤其如此。一次又一次,每一位自由主义者应当自问的,不是自己要把言论自由这一原则贯彻到什么程度,而是这一原则对自己适用到什么程度。

对于我们来说，言论自由究竟意味着什么呢？这应该是个必要的提问，因为人们通常对其莫衷一是。一次一名妇女问我，人们还在吵吵闹闹地争论什么？他们不是一直都有想说什么就说什么的自由吗？当然，你应该想到结果就是这样。我不知道该如何回答。去年夏天，一位哥伦比亚大学的学生向我解释说，所有的政府都是以暴力为基础的，因此都是独裁政府；相比苏联，美国也并不更加言论自由，唯一的差别在于人们被允许谈论的事物不同。我指出，即便言论自由是好的，如果用不恰当的方式争取更多的言论自由，无异于接受某种否认言论自由对人的价值的学说。《国家》杂志的编辑们并没有说，各种保护言论自由的法律总是卓有成效的。他们说，我们的宪法中所定义的言论自由，乃是自由政府的根基，因此，任何人都应当永远不被剥夺这一自由——"哪怕是纳粹分子"。

以宪法的形式保障言论自由，这一点早在1780年的弗吉尼亚宪法中就得到了很好的表述："任何人都可以说、写、出版自己关于任何问题的看法，同时对滥用这一自由（依法律的界定）的后果负责。"根据这一表述，言论自由乃是18世纪自由民主学说的主要原则。在提出这一表述的人看来，其适用性基于一些可用"三段论"形式来表达的命题。"大前提"：接近真理的唯一方法在于，运用人的理性去解决宇宙中以及人类生活中出现的各种问题。"小前提"：人是理性的动物，一旦真理被发现，人容易掌握并乐于接受它。"结论"：人们一旦被允许享有言论和出版自由，恰当的知识就能得到吸收，不同的利益和观点就能通过畅所欲言的讨论得到调和，法律只要被人们一致接受就能得到实施。

民主政府的倡导者们承认这一"三段论"的表面价值，但他们

深知人民一旦掌握这一政治特权后会如何行事。布赖斯勋爵曾为我们描绘了理想的、纯属想象中的状态。在理想的民主政府下，

> 普通公民密切而持久地关注公共事务，他们认识到这是自己的利益所在，也是自己的责任所在。他会尽力全面理解政策的主旨，为其做出……公正的思考，这种思考首先考虑的不是他自己的利益，而是大家的利益。……他从不放弃投票；只要自己一派的候选人足够称职和诚实，他就会投他的票。……由这样的公民做选民，立法机构将由正直而有才能的人组成，他们一心想的就是报效国家。选民中的贿赂、公职人员中的腐败，这些现象将会消失。领袖人物不必心无旁骛，议会成员不必永远英明，行政官员不必总很能干，但是所有这些人无论如何都必须诚实而热忱，只有这样，信任与良知之风才能树立。能引起冲突的大部分祸根都不存在了，因为没有什么特权……会激起人们的嫉妒。人们追求公职，只是因为它能带来造福社会的机遇。……即便法律没有制止——或许它也制止不了——财富的累积，这类现象也不会多见、不会过度，因为公众的警觉将关闭非法的通往财富的途径。除了那些堕落之辈，大多数人都能遵守法律、拥护法律，感到那就是自己的法律。暴力是没有理由的，因为任何不公都能在宪法里找到解决办法。平等促成了人们的团结观念，教化了人们的举止，增加了人与人之间兄弟般的情谊。（*Modern Democracies*, I, p. 48）

人们从18世纪的"三段论"中推导出这一理想的人类行为方式；但很明显，那个"三段论"是有问题的。就我们所知的自由民主而言，这里的"小前提"明显是错误的，结论是不可靠的。这样只剩下了"大前提"，它又怎么样呢？

二

"大前提"保留了"人的理性"，这一点我们可以接受——事实上我们也必须接受，因为除此之外我们没有什么可坚持的了。即便理性并不总是"合理的"，我们也应该充分利用我们能想到的一切思想。帕斯卡尔说过："我们的全部尊严在于思想。那么努力地好好思想吧，这才是道德的精髓。"首先，由于思考，人才有别于动物；其次，由于进一步的思考，人才获得他所拥有的一切，由于思考，人才能判断事物的价值。人们要取得更大的成就，以及判断这成就的价值，仍只有通过进一步的思考。由于人总是在思考，总是在做自己所思考的事情，那么我们可以毋庸置疑地说，人应当能够自由地思考，自由地表达自己的思想。

然而，这一申明并非毋庸置疑的——这一点很明显，因为，如果它是毋庸置疑的，《国家》杂志就不必费力发表那些文章去论证它了。这里有个陷阱。或许，我们太易于用"人"和"言论"这样的术语去思考言论自由。那是18世纪自由主义思想家思考它们的方式。面对一个处处以"个人"为藩篱组建起来的社会制度，他们为个人找到了明显的最大限度的自由出路——政治自由、经济自由、言论和出版自由。但他们对这些自由的具体含义知之甚少,只把它们想象为抽象的理想,以便"自由神殿"里所有宏大但空空如也的房间都能通过点亮某些名言而被装饰得灯火辉煌——比如,伏尔泰的名言:"我绝不同意你说的话,但我誓死捍卫你说话的权利。"[1] 今天的自由主义者仍然在过度地运用18世纪的方式去思考自由。我们做个思维试验就可以证明这一点,给我们一个词:"言论自由",我们自然想起的就是伏尔泰的这句名言,这句名言又会衍生出这样一幅画面:两个和蔼可亲的年迈长者,在理性地讨论上帝的存在问题。

伏尔泰的这句名言的确表达了理想的知识领域里的一个深刻真理。如果社会真的是一个辩论俱乐部,有着良好意图和理性的人们以言论为唯一行为方式,提出关于现实的各种抽象但绝不危险的命题;那么,这句名言也同样适用于实践活动领域。人的行为具有多样性,这为这个关于辩论俱乐部的理想的实现提供了可能。数学物理学家讨论原子的属性问题,享有(至少在这个国家里)最大程度的言论自由,而无须(像现在这样)请求《国家》杂志的救助。经济学家、历史学家,有时甚至生物学家却更容易受到阻碍,因为他们的活动更直接地关乎实践。自18世纪以来,我们至少已经明白,社会有时并非仅仅是理性的人们寻求真理的一个辩论俱乐部。我们知道,人们实际上是在想方设法利用自由。因此,我们必须对言论自由这一原则做出评估——不是根据那些人所说的"人"和"言论",而是根据一般的"人"和"言论",根据一些人所想到和说出的最好的词语,那些人包括:我们所选出的那些"受人尊敬的议员

---

[1] 这句名言一直被认为出自伏尔泰,近些年学术界对此有不同意见。

们"、我们所知道的那些司法部长们、让我们深受其苦的英萨尔家族[1]，以及那些嗓音甜美的播音员们——他们为了谋利，在利用"说谎的自由"。

一旦根据其具体主张进行分析，言论自由原则就分解出各种口头和书面的言论，其中有些是需要受到压制的。没有人不这么认为。甚至《国家》杂志的编辑们也不赞同会导致诽谤和污蔑的言论自由。他们赞同会导致黑人私刑的言论自由吗？他们赞同贩卖有毒化妆品，以及向容易受骗的老实人兜售无价值的股票的言论自由吗？他们当然会说，社会上存在着"滥用"现象，这需要用法律界定，就像弗吉尼亚的宪法所承认的那样；但是，除非法律十分严谨，否则这种界定将成为比它所压制的言论更严重的滥用。的确如此。法律总难免有沦为"狗屁"的危险。但是，言论自由原则一旦被滥用，就会遇到另外一个更宽泛的原则："自由就是每个人都有权利做不伤害他人的任何事情"，我们就会立即面临所有的政府都会面临的一个根本的现实问题：什么样的个人行为，包括言论，在这里，在现在，伤害着他人？

在回答这一问题时，没有哪条预先推导出来的原则能够适合任何具体情形。答案必须等候经验。经验已经告诉我们，或者说一定会告诉我们，18 世纪治疗社会病的办法今天已经不再适用。经济自由本应该带来社会地位的平等，但在机器的作用下，却导致社会地位的巨大不平等。有穷人也有富人，这一点并不新鲜，甚至并不

---

[1] 指塞缪尔·英萨尔家族。塞缪尔·英萨尔（Samuel Insull, 1859—1938）是美国实业巨头，曾任通用电气董事长，后因经济犯罪流亡国外。

令人悲哀。令人悲哀的是，大部分社会财富为不能支配它的多数人所拥有，被不拥有它的少数人支配。明白了这一点，自由主义者发现，治疗社会病的办法明显不在于扩大个人的经济自由，而在于限制个人的经济自由。我们不明白的是，或者说还不够明白的是，个人的经济自由与其政治自由是紧密相连的，而这两者又都与其言论及出版自由相连。事实将证明，限制一种自由而不限制其他的自由，是极其困难的。

言论一旦危及我们的自由，就是一种社会之恶，其主要作用就沦为竞争性"商业"经济的工具。它一直是这样的工具，这是毫无疑问的；但是，这个工具从未如此重要过，因为现代的思想交流方式要比我们此前所知的任何方式都更加精细和有效，而要证明用这种方式交流的思想的相关性和正确性，又变得更加困难。其结果是，每天从报纸和收音机里散发出来的铺天盖地的言论，要么有悖于事实，要么带有误导性的含义；这些言论被制造出来，目的只不过是为满足少数人的长期经济利益而在大多数时间里愚弄大多数的人。这种顽固的造假潮流被冠以各种名称，它们听起来虽然不那么甜美，至少也不显得肮脏——"广告""宣传""推销社会"。"推销社会"是对那些对于所谓"成功的""商业"行为至关重要的事物的恰当描述——如此至关重要，以至于它们本身就是一种商业；其最起码的恶果就是，它正在催生一种强加于人的"一切皆好"的心态。这样宣扬言论自由，要比纳粹分子最自由地散播其与我们相反的那些政治学说，带来更为严重的危险；而为这种做法辩护的唯一理由就是，限制它会损害言论自由原则。

三

　　危险主要是口头的，因为在现实问题面前，我们往往忽略我们所谴责的言论，只关注引发那些言论的实践活动。当然，要根治这种弊病，不能靠建立某个书刊审查委员会，以图将谎言从人们的口头交谈和印刷品中剔除出去。要根治这种弊病，也不能等待那被埋入尘土的真相自己破土而出，重新收拾起自己破败的盔甲。在目前这种竞争性的商业经济中，那些控制并广泛利用各种言论渠道的人追求的并不是真理，而是利润；言论自由难免被用于危害社会的目的，除非它不再带有营利的用途。那么，最重要的就是，要么消除营利动机，要么把营利动机引入有益于社会的轨道。法西斯分子自信地断言，这两个目标都不可能通过自由主义民主政治机器来实现。在这一点上，他们或许是对的。不同意这一观点的自由主义者至少必须考虑到一个恼人的事实：自由主义民主政治机器作用的发挥，主要是通过将从自由讨论中涌现出来的大众意志以立法的形式固定下来。这样，似乎形成了一个封闭的圆圈：为了根治言论自由的不良后果，我们必须依靠公共意见，而公共意见又在很大程度上是由不良言论形成的。

　　《国家》杂志的编辑们承认，当前的形势充满各种"令人不安的可能性"，但是他们坚持传统的自由主义应对方法——从醉狂的言论自由转向清醒的言论自由，以促进"健康的左倾潮流"。正如《国家》杂志指出的，"令人不安的可能性"就在于，"持续的经济下滑"和"绝望的人民对过激行为的需求"会使得"蓄意的（纳粹）宣传"（言论自由）带来"法西斯主义的胜利……并带来其所有的恐怖"。

在我看来，另一个令人不安的可能性在于，所谓"健康的"左倾潮流会变得"不健康"，其结果就是带来所有的恐怖。无论哪种情况，按照《国家》杂志的结论，在各种随之而来的恐怖中，有一种无疑就是，当绝望中的人民想采取过激行为时，对言论自由的过度压制就成为一种政治手段。因此，服务于政治目的的言论自由就存在一个逻辑悖论，那就是，如果言论自由这一民主手段不能减轻社会弊病，那么，正是这一言论自由，才会被那些公开承认自己的目的就是要废除民主手段、包括其中的言论自由的人所利用。当言论自由原则被玩弄于其鼓吹者手掌之上，并最终走向自我灭亡时，你还能指望我忠于和坚守这一原则吗？这个问题多么令人深思。

只要我们还深陷于这一逻辑话语之中，这个问题就很难回答。纳粹分子向自由主义政府索求言论自由的权利，为的是使公民们相信，言论自由乃是当前的一种弊端；这时，他们在逻辑上都是站不住脚的。至少在准备发起社会变革时，他们的手段就都是以暴力而非劝导为基础。那么，既然这就是他们的手段，我们也就没什么好谈的，让我们也诉诸暴力，看看谁更强。他们自己的原则告诉我们，对于他们来说，抵抗压迫是合乎逻辑的，而仇恨压迫只是轻率鲁莽的。然而，事物的发展并非总合乎逻辑；在纳粹分子宣传的那种"三段论"式解决问题的方案中，我看不出什么现实好处。因此，从他们自己的逻辑上，我否认他们的言论自由，然而在现实中我又十分愿意承认他们的言论自由。

我承认他们的言论自由，原因在于，首先，如果纳粹分子正如他们似乎声称的那样，是真正的先知，人们不会真正愿意对他们投掷石块，他们是沃登神[1]或者辩证法的代言人，被适时授权和预先指定通过无情压迫反对者去树立真理和正义；那么，这纯属偶然。暴力手段不论会不会获胜，都将是徒劳的；撇开这一点不谈，只要暴力是被用来伸张正义，我也很不愿意反对它而去主张劝导的手段。但是，或许，承认纳粹分子的言论自由，更主要的原因在于，既不能通过争论去压制言论自由，也不能通过压制争论而维持言论自由。言论自由原则要么能自圆其说，要么不攻自破。从自由主义的观点看，真正的危险不在于纳粹分子会通过自由言论破坏自由民主，而在于自由民主由于未能根治社会弊端，孕育了纳粹分子从而走向自我毁灭。如果自由民主能够有效地减轻社会弊病，言论自由也就会有效地证明自己的价值；如果自由民主不能有效地减轻社会弊病，言论自由也一定会迷失在这种失败之中。

不论在抽象的理想世界里，言论自由有什么样的好处，作为一种政治行动规则，它与任何其他规则并无二致——只有在适当条件下才能很好地发挥作用。如果在一个社会里，物质生活条件相对优越，不会出现严重的利益冲突，如果在这个社会里，存在着某些共同的道德和社会观念传统，其中之一就是，正当的政府的基础在于被统治者自由表达和自由给予的认同；那么，言论自由原则就会很好地发挥作用。透过人类文明的长视角，我们看到存在过这样的事实，但这种好的情况只曾短暂地出现在少数地方。经验没有为我们提供多少基础，去断定19世纪的自由民主是思想领域里的永久胜利。倒不如说，19世纪的自由民主只是一个阶段，一种令人厌恶和

---

[1] 沃登神（the God Woden），日耳曼民族的神，象征"人类之父"。

过于夸张的政府形式，它们只有在一些相对简单的、凭借采用新的动力工具和发明新机械而一下子获得了非同寻常的财富的农业社会里，才行得通。

当前的形势与我的这一看法基本吻合。某些欧洲国家已经放弃了——据说是很乐意地——自由民主，转向这样或那样的独裁政府。即便在我们这片"自由的土地"上，在持续的经济低迷的压力之下，也出现了左倾或右倾的重要潮流。这些潮流当然需要被矫正，方法就是宣布某种"隔离审查"，即，宣布它们是"不健康的"，同时让纳粹分子和某些主义者闭嘴，以阻止这种口头传染病的传播。要矫正这种潮流，只能靠改变它们赖以兴起的经济混乱和低迷状态。或许，用自由民主的方法可以做到这一点；也或许做不到。如果做不到，也不需要什么先知去告诉我们，或迟或早，"绝望中的人民"会呼唤"过激行动"。这种呼唤会印证纳粹分子的声音。这无疑将导致又一次类似于1861年发生的那种"不可调和的冲突"。到那时，过时的自由主义者们不再需要像1861年那样去问，既然言论自由原则已经放弃了他们，他们是否也应该放弃言论自由原则。事态发展的逻辑将向他们展现——或许已经向他们展现，只不过他们没有察觉：当靠武力而不是靠法律说话时，摆在自由主义者面前的，充其量不过是在不同的邪恶力量之间的选择，或是加入这个，或是加入那个同样令人不快的武力阵营。

诚然，任何自由主义者只要愿意，都有另外一条路可走。有人无奈地叫喊："你们这两家倒霉的人家！"[1]这个人置身于事态发展

---

[1] 莎士比亚《罗密欧与朱丽叶》第三幕第一场茂丘西奥语，常代指两败俱伤的争执双方。

之外，作为不抵抗的和平主义者，他可能依然运用自己的个人判断权利，谨慎地为自己筑起堡垒，去面对如那个女人所说的"后果"。简单地说，作为愚蠢举动的最后的防范者，他可能变成基督徒，践行"受难善于肇祸"这一箴言。在这一崇高的精神回退中，他可能有时间冥思帕斯卡尔这一具有深刻常识性的痛苦真知："追随公正为正当，追随强者为应当。"

中 篇
历史与历史学家

历史学家的标签^{*}

通过所谓"中生代美国历史学家",我们能够了解一些人,他们的作品发表时间上启"1826年,那一年,斯帕克斯[1]开始投身史学";下至某一个不十分确定的时刻(应该在内战之后),从那时起,"科学精神取代了爱国史观数十年来的支配地位"。巴塞特教授并没有谈及所有在这一阶段发表作品的历史学家,而只选择一些杰出人物做详细介绍,把他们作为整个这一批历史学家的代表。因此,除了在开头预备性地介绍殖民地及革命时期的史学著作外——有人遗憾地指出,这里没有提到科顿·马瑟[2];整部书由四篇传记体论文组成,前三篇文章都篇幅较长,分别介绍斯帕克斯、班克洛夫特、彼得·福斯,[3] 第四篇较短,写了"两位文学家型历史学家":普里斯各特、莫特利。

---

* 本文为卡尔·贝克尔对巴塞特《中生代美国历史学家》(John Spencer Bassett, *The Middle Group of American Historians*, MacMillan Co., 1917)的书评。
1 这里指詹里德·斯帕克斯(Jared Sparks, 1789—1866),美国著名历史学家,著有多种历史人物传记。本文部分历史学家人名的中译参考杨生茂:《论乔治·班克拉夫特史学——兼释"鉴别吸收"和"学以致用"》,载《历史研究》1999年第2期。
2 科顿·马瑟(Cotton Mather, 1663—1728),美国殖民地时代清教徒牧师。
3 班克洛夫特(George Bancroft, 1800—1891)、彼得·福斯(Peter Force, 1790—1868),及下文的普里斯各特(William Hickling Prescott, 1796—1859)、莫特利(John Lothrop Motley, 1814—1877),均为美国19世纪杰出的历史学家。

这部著作的一个显著特点就是，它关注的是历史学家，而非历史学。作者对历史学家其人其事的兴趣，要远远大于对他们的著作的兴趣。在长达 73 页介绍班克洛夫特的文章里，鲜有对其历史研究的分析或批评。普里斯各特及莫特利的一生都较为平淡无奇，除了历史著述外，没有为历史留下什么；在这部著作里，他们只占很小篇幅。此外，写彼得·福斯的那一章，只比该书最长的一章少三页。但我要说，总体上，写彼得·福斯的这一章是全书写得最好的一章，其次就是写斯帕克斯的那一章了；原因就在于，这两个人首先都注重文献收集。巴塞特教授对于文学型或者爱国主义的史学评价都不高；在他看来，彼得·福斯、斯帕克斯的著作要比班克洛夫特、莫特利等人的著作具有更高的价值，并且事实上，前者就像《荷兰共和国的兴起》[1]一样，无可争辩地属于"对知识的卓越贡献"。因此，巴塞特教授的突出之处就在于，比如说，他将斯帕克斯所做的工作归结为占有那些华盛顿来信；或者说，为我们理清了某些杂乱的历史难题，从而催生了《美国档案》（*American Archives*）的出版。巴塞特教授此书本身是一部细致的研究著作，而非史学批评或者思想史方面的著作。人们会发现，至少职业历史学家会发现——我还觉得，相当多的读者大众也会发现——就此书实际情况而言，它的确是一部非常有益且极富趣味的书。

如果巴塞特教授的主要兴趣在于史学批评及思想史，那么他对杰出历史学家的选择就不会是这样的。很难找到一种分类标准，能够将普里斯各特及彼得·福斯这样迥异的人纳入同一个类别之下。

---

[1] John Lothrop Motley, *The Rise of the Dutch Republic*, New York, Harper & Brothers, Publishers, 1855.

普里斯各特可以说是文学家,但很难说是爱国史家,因为他并不关注自己国家的历史。彼得·福斯当然不是文学家,也很难说是历史学家,因此他很难被归入文学家或历史学家之列。当然,班克洛夫特是一位符合这双重标准的代表性人物,他既是文学家又是爱国者。实际上,巴塞特教授并不强调这种分类标准,他的"中生代"主要是一种编年史的标准。但是,这至少意味着,用"中生代"来标示这两类人物或其中的任何一类,都或多或少地更为方便,而且,在这个意义上,"中生代"结束于"科学精神取代了爱国史观数十年来的支配地位"之时。

或许,这后一种分类标准使巴塞特教授能够不再关注史学批评,因为很明显,在科学精神面前,早期作家不值得什么评价。科学方法以及随之而来的置身局外的立场最终被人们发现和运用,由此,批评就主要变成质疑旧式历史学家——无论是文学家型的还是爱国者型的——在多大程度上、在哪些方面无法以现代理想的标准来衡量。手中有了这些简单的基本原则之后,比如说,班克洛夫特可能就会被这样贬低。虽然他是一个勤于钻研史料的学者,并且通常对历史的走向有敏锐的把握,但是,他常常为了追求文学效果而牺牲正确的叙述,而且,在阐述自己好战的爱国主义及对民主的热衷时,他以一种一眼就能看出的偏见去解读史实。此言既出,还有什么别的话好说?事实上,今天人们阅读班克洛夫特,其实只在乎他的文体;除此之外,没有别的。

即便在历史著述中,好的文体依然为那些注重科学方法的现代历史学家们所推崇。讲求文字优美当然是对的。虽然在某些方面回归文学可能是一种"退化"——巴塞特教授如是说,但是,只要我们"能够把文学家们的最好品质带到我们自己这些学者型、良知型的著作者身上",这种回归就当然是一件好事。但无论怎样,一般的、抽象的优雅,具体地说,文体问题,给巴塞特教授的印象就是在藏拙。"那些人凭想象信手拈来,"他说,"他们时而搬出一些模糊的、只有有文学头脑的人才会觉得很重要的细节,时而采用一些表述,但为其赋予自己想要的含义。"在理论上,巴塞特教授绝非是在调和科学与文学这两种"类型"(genres)之间不可调和的悖论;在实践上,他的科学意识使得他很难把文学型的历史学家纳入现代主流派别之列。于是出现了这样的情况:在介绍弗朗西斯·帕克曼[1]的那些杰出著作时,难免把他也纳入"中生代历史学家"之列:"当他用班克洛夫特及文学型历史学家所特有的那种令人赞赏的文体写作时,他的勤奋、他对文献的重视,特别是他的超然态度,似乎使他堪与今人并列。"即便帕克曼的著述有问题,也没有人能怀疑他的科学立场。

所有这些传统标签其实与一个人的著作的思想与品质没有什么关系,在我看来,是不能服务于史学批评这一目的。把无论古代还是现代的历史学家说成是科学的、文学的或者爱国主义的,对我来说几乎什么也没说;特别是,把"科学的"这一术语作为某群历史学家的充分特征,只不过是在取消差别,取消真正的批评所必需的鉴别力。巴塞特提到了内战前的很多观点正确、不带偏见但

---

[1] 弗朗西斯·帕克曼(Francis Parkman,1823—1893),美国历史学家,著有《俄勒冈小道》(*The Oregon Trail: Sketches of Prairie and Rocky Mountain Life*,有中译本)及七卷本《英法在北美》(*France and England in North America*)。

反应迟钝的历史学家。H. A. L. 费希尔[1]要比班克洛夫特写得好，乔治·奥托与乔治·麦考莱·屈维廉[2]也是如此。我觉得这三人都是注重科学的；只不过我不敢断定这一点，因为我不是十分清楚"科学"这个词的含义是什么。另一方面，如果我知道别人是怎么理解这个术语的，我就敢说，德国不乏科学型的历史学家——但他们全都是爱国主义者，其中有些或许还是文学型的。

这些传统标签不适合史学批评的目的，这一点在对班克洛夫特的评价中表现得最为明显——在这类标签下，班克洛夫特失去的要比他得到的多得多。人们应该怎样评价班克洛夫特，这对今天的历史学家来说已是再清楚不过的问题了；那就是：他的历史著作很有趣，但不宜效仿；他是一位有文采，但也有偏见的历史学家。这种情况说明，人们需要鉴别力，尽管不需要那么敏锐。如果"文体"只不过是某种隐喻性的修饰，那么很显然，班克洛夫特的主要长处不在于他的文体，而在于他的学术性；也就是说，他的细致考察以及不同寻常的准确性，使得他那注释详尽的著作对于研究者们，特别是美国革命的研究者们来说，仍然是有益的。另一方面，他的主要缺陷并不在于偏见。吉本也有偏见，亨利·亚当斯[3]也有偏见；只不过亚当斯的偏见部分在于爱国主义，而吉本的却不是如此。所有的历史学家，哪怕是最讲科学的历史学家，也都有偏见，至少决定论就是其中的表现之一。班克洛夫特的主要缺点在于缺少思想，对

1　H. A. L. 费希尔（H. A. L. Fisher, 1865—1940），英国历史学家。
2　乔治·奥托（Sir George Otto Trevelyan, 2nd Baronet, 1838—1928），英国政治家、作家；乔治·麦考莱·屈维廉（George Macaulay Trevelyan, 1876—1962），英国历史学家，乔治·奥托的第三个儿子。
3　参见后文《亨利·亚当斯的教育》文末注释 [3]。

于所有的事件都缺少新颖的大体上的见解,即便有见解,在处理时也缺乏敏锐的鉴别力。正因为这个原因,他的爱国主义才如此突出,如此令人不安;也正是因为这个原因,他的文体——他拘泥于讲究文体这一成规——才成为坏的东西。

我十分怀疑今天的人们阅读班克洛夫特真的是因为他的文体。那样做只是浪费精力。阅读任何一位作家,只是"因为他的文体",那实际上是对精力的极大浪费。一个人过了青春期之后,就不应该再沉迷于"文体"了,除非那些所谓的文学家,他们必须保持某种绵延不绝的想象力。我说它是浪费精力,还是因为,任何值得关注的文体都不应该脱离相关的主题,因为从文笔优美角度看,文体只不过是主题的最佳体现形式。恰恰是"文体"这个词,对作品造成了难以估量的伤害;因为从一般用途上看,它导致隐晦,而这与文章的创作是不适宜的。文体?就好比考究的衣着、时髦的女人。每个人都知道衣着入时的女人意味着什么——她有着动人的衣饰,她举止优雅、气度不凡。那么,一个著述者如不是装腔作势,如不是从某种意义上看写作很考究,怎么可以说他注重"文体"呢?那些没有鉴别力的人说什么"文风",就好像文风是一种外在的东西,一件可以任意穿上或脱下的华贵的、金光闪闪的大衣,即便那些最猥琐、最笨拙的思想之躯,只要穿上它,就会被装扮得有模有样;听到这样的谈论,任何著作者,只要了解自己所从事的职业,就会本能地心寒。著作者所要考虑的事情只有一个,那就是找到能够最充分、最准确地表达自己所想要表达的思想和感情的词句。至于形式(遣词造句),如果取决于关于什么是好作品的那种传统观念,而不是取决于所要表达的思想及情感的属性,那么它就是不好的形式、不好的文体，简言之，它注重"文体"。

这就是为什么说班克洛夫特的文体不好的原因。首先，它不符合他希望讨论的主题。它是一种模仿，因此是一种不自然的文风，一种由当时的行文习惯强加给这类历史学家的写作形式。在班克洛夫特的时代，缪斯女神还很活跃。她从史诗时代走来，在写作殿堂里仍占据一席之地（虽然不如从前那么突出），被那些信奉者赋予了惯性的、例行公事式的崇拜。既然史诗的主题一直是历史上的重大事件和英雄事迹，那么对于那些满脑子都是维吉尔及荷马的诗歌的人来说，历史题材无论其英雄化成分多么少得可怜，也都适合用史诗的方式叙述。因此，理所当然地，班克洛夫特想到了这位女神——"哦，缪斯，你使我笔走如飞，我用配得上你的手法，把这些英雄事迹书写到最后一字。"在阅读班克洛夫特的历史著作时，人们会觉得，他从来没有忘记自己头脑中的事实，也没有忘记缪斯女神就在身边。他同时既知道自己的主题，也知道自己作为著作者的责任——要使自己的主题适合与之相称的文学风格。其结果，就是前后不一致；轻则造成永远难以解决的不协调，重则向人们的耳中塞满聒噪的豪言壮语，使人分散精力，无法领略所言事物的关键。读者们会忘记美国历史上所发生的事，而对班克洛夫特的历史著作中所发生的事却兴趣盎然。事情再明朗不过了。班克洛夫特在创作他的长篇大论时，似乎总在有意识地——尽管并不总是成功——努力为形形色色、大大小小的事件添加辉煌的韵律，并认为那是适合伟大事件的演进的。

让我们打开书看看那些著名的历史事件，通篇几乎都如此。读不到五页，你就会感到，迎面而来的尽是那种为维持庄严风格而采取的英雄化手法。不幸的是，由于这种庄严风格，像班克洛夫特这样正直而博学的历史学家却不断地陷于如何传递真实信息这一困扰之中。班克洛夫特想必一定知道（吉本也一定知道），传递真实信息的最好方法就是秉笔直书。比如，当年西哥特王阿拉里克（Aleric）提出要当罗马军队的指挥官，遭到了罗马当局的拒绝；对于这一史实，最好的写法就是："当年西哥特王阿拉里克提出要当罗马军队的指挥官，遭到了罗马政府的拒绝。"但这种秉笔直书的写法，对于吉本来说几乎不可能。吉本想到了缪斯，缪斯已经宣告那类事情不适合保持历史的尊严。因此，身边有了缪斯，吉本写起来蹑手蹑脚："阿拉里克……恳求担任罗马军队的指挥官；帝国法庭惹恼了他，他宣称他们的拒绝是愚蠢的，他们失去的将是一位重要人物。"班克洛夫特并不比吉本好多少（或者说，与他一样糟），但是班克洛夫特知道缪斯希望自己做什么。在亨利四世执政期间，法国的宗教内战已经结束；在讲到这一简单的事实时，他把它提升到史诗的层次，他说："终于，在温和、宽容的亨利四世治下，法兰西之星从血色的云端显现……从遮蔽了其光华的内战中升起。"诚然，每一个时代都有其惯例；我们不应该指责班克洛夫特学着吉本说什么皇帝从未加冕，只是"紫袍加身"罢了。此外，有人或许心存不解：为什么一个有着充分独立性、本可以成为杰克逊民主党一分子的哈佛学人，却没有意识到，那种适合讲述特洛伊战争或"路西华堕落"(the Fall of Lucifer) 等故事的"文风"，其实并不是叙述合众国历史的最好方法。

要求班克洛夫特对事实只做简单的陈述，并以此来检验他的文风（或者吉本的文风），是不公平的，实际上还有点强人所难。让我们来看看，既然他认为辉煌的风格乃是源于缪斯，那么，在描述一个不太具体、比较灵活和难以捉摸的对象，比如詹姆斯一世时，他会怎么做。班克洛夫特对国王一般都带有反感，就这位国王而言，他特别讨厌他解散了弗吉尼亚公司，因此，班克洛夫特特别希望读者心目中留下一个关于这位国王令人厌恶的品格的生动而准确的印象。在描写这位詹姆斯一世时，他尽其所能地把这种文风发挥到极致。结果就是：

> 一些人既无真正的判断，亦无勇气；虚伪是他们的恶习。国王詹姆斯是一个低能儿，他尽做错事，有时还强词夺理；似乎只有学会欺骗和狡辩，才配坐上王位。他终究是笨拙的说谎者，而不是狡猾的伪善家。在议会面前，他声称上帝可以证明自己的真诚，但不真诚已使他身败名裂。他就是这么怯弱；甚至一面下令以谋杀罪逮捕卡尔[1]，一面又表现出对他很宠幸的样子。他还有惧内的毛病。别人一吓唬，他就被制服。白金汉公爵稍微一点粗俗的傲慢，就使他俯首听命。在苏格兰，他宣称自己赞同清教原则和教义，但这是出于对公开反抗的恐惧。这个胆小怕事之人，因怯懦而唯唯诺诺，为确保不受处罚而遮掩自己的荒唐行径。（*History of the United States*, 15th Edition,

---

[1] 指詹姆斯一世的宠臣萨默塞特爵士罗伯斯特·卡尔（Robert Carr, 1587—1645），他常以装扮女相博得国王的欢心。后文的白金汉公爵指詹姆斯一世的另一位宠臣乔治·维利尔斯（George Villiers, 1592—1628）。英国历史上有多位贵族受封白金汉公爵这一头衔，乔治·维利尔斯是其中之一。

Boston, 1856. I, 293.）

我猜想，缪斯在口述这段文字时，可能是睁一只眼闭一只眼。她虽然提倡史诗风格，但也不太可能十分赞同历史必须以散文的形式书写。当然，她也一定知道，班克洛夫特或许从来没有想到，这里所引的这段"散文"，差点就成了打油诗。因此我相信，缪斯可能更喜欢下面的这种写法：

> 一些人既无真正的判断，亦无勇气；
> 虚伪是他们的恶习。
> 国王詹姆斯是一个低能儿，他尽做错事，
> 有时还强词夺理；
> 似乎只有学会欺骗和狡辩，
> 才配坐上王位。
> 他终究是笨拙的说谎者，而不是
> 狡猾的伪善家。
> 在议会面前，他声称
> 上帝可以证明自己的真诚，
> 但不真诚已使他身败名裂。
> 他就是这么怯弱；
> 甚至一面下令
> 以谋杀罪逮捕卡尔，
> 一面又扮作对他很宠幸。
> 他有惧内的毛病。

> 别人一吓唬他就被制服。
> 白金汉公爵稍微一点粗俗的傲慢，
> 就使他俯首听命。
> 在苏格兰，他宣称自己赞同
> 清教原则和教义，
> 但这是出于
> 对公开反抗的恐惧。
> 这个胆小怕事之人
> 因怯懦而唯唯诺诺，
> 为确保不受处罚
> 遮掩自己的荒唐行径。

显然，这不是什么好诗，前面的那段也不是什么好的散文。

但愿没有人会认为我是在"挖苦"班克洛夫特。相反，我是在为他辩护。我希望消除人们经常遇到的这种观念：他是好的"作家"，但不是可靠的历史学家。事实恰恰相反。前面我已经说过，这里我还要说，班克洛夫特的主要长处在于他的学术性。他从赫伦[1]那里懂得，历史学家的第一责任就是确保真实性，为忠实地履行这一责任，他从不惜花费时间和金钱。多年以前，我从保存在莱诺克斯（Lenox）图书馆里的多卷本班克洛夫特笔记中发现了这方面大量的证据。在那些笔记中，有数不尽的原始资料的摘录（有些是未印刷的），那些资料在当时美国的其他地方，甚至我敢说在今天

---

[1] 赫伦（Arnold Hermann Ludwig Heeren, 1760—1842），德国历史学家。

美国的其他地方，都是再找不到的。我还记得看到过这样的情况：在一些新近的著作中，关于班克洛夫特历史学的注释被省略了，一般作者在引用他的文献时，很多都没有标明出处。我可以推测，在班克洛夫特的历史学著作中，史实性错误比一般同样篇幅的著作都要少。或许，不幸的是，他没有生活或写作在较晚的时代。内战之后，人们要求历史学家"秉笔直书，说自己想说的话"；如果班克洛夫特在这个时代写作，他将会毫无疑问被称赞为一流的"科学型的"历史学家。当然，这样一来，他的著作就不会多达 10 卷，或者再版约 15 次之多。如果在班克洛夫特的时代，人们喜欢阅读历史，人们不要求历史学家以那样一种糟糕的方式写作，我们就不必为班克洛夫特生活在那样一个时代而感到遗憾了。

1917 年

亨利·亚当斯的教育[*]

1771年,托马斯·哈钦森[1]写信告诉他的一位朋友:"我们这里近5年来一直不太安宁……若不是亚当斯家[2]的那两三个人,我们的情况会好得多。"从那时一直到今天,很多人都赞同这位刻薄的总督所说的这句话。但是迄今为止,我们身边总有一两位这样的亚当

---

[*] 本文为卡尔·贝克尔对亨利·亚当斯所著《亨利·亚当斯的教育》(Henry Adams, *The Education of Henry Adams: An Autobiography*, Boston and New York, Houghton Mifflin Company, 1918)的书评。
[1] 托马斯·哈钦森(Thomas Hutchinson, 1711—1780),马萨诸塞湾殖民地总督。由于他拒绝让装载茶叶的船只离开波士顿海港而导致了1773年的波士顿倾茶事件。
[2] 为便于读者阅读,译者对亚当斯家族做如下简要说明:

	子	孙	曾孙
塞缪尔·亚当斯			
约翰·亚当斯	约翰·昆西·亚当斯	查尔斯·弗朗西斯·亚当斯	小约翰·昆西·亚当斯
			小查尔斯·弗朗西斯·亚当斯
			亨利·布鲁克斯·亚当斯

塞缪尔·亚当斯(Samuel Adams,1722—1803)是波士顿倾茶事件和美国独立战争的直接领导者。其同祖父的兄弟约翰·亚当斯(John Adams, 1735—1826)是《独立宣言》的起草人之一,曾任美国第一任副总统、第二任总统。约翰·昆西·亚当斯(John Quincy Adams, 1767—1848)曾任美国驻英公使、众议院议员、国务卿、美国第六任总统。亨利·亚当斯全名为亨利·布鲁克斯·亚当斯(Henry Brooks Adams, 1838—1918),历史学家,著有9卷本历史著作《美国史》以及《亨利·亚当斯的教育》(中译文由严平翻译,中国社会科学出版社,2003年出版)。本文所称查尔斯·弗朗西斯·亚当斯,除注明外,均指小查尔斯·弗朗西斯·亚当斯(Charles Francis Adams, Jr., 1835—1915),他是商人和教育家,著有《自传》(1916)。

斯；他们虽然有时会激怒我们，但总体上对我们是有益的。这个家族的四代人热爱美国，报效美国，同时也批评美国。毋庸多言，两相对比，他们的付出多于所得。因此，他们是付出者，我们是受益者。

我们从他们身上得到的东西很多，其中包括一些日记和自传，它们因开诚布公的自我表白而名留后世。亨利·亚当斯当然会坚决否认，在《亨利·亚当斯的教育》（后文简称《教育》）里，那些没有针对性的自我表白是有意而为，或者已达到了预期目的。目前还没有证据证明他曾记过日记，（不管出于哪种考虑，我们都没有提供证据的责任！）我们也不要去假定他可能出版过日记。一个像他这样视自己只不过是偶尔闯进这个尘世之中的无足轻重的过客的人，可能真的会花费笔墨，记录自己灵魂中最隐秘的活动，作为揭示这个世界的讽刺意味的小练笔；但出版日记的念头，很难在他心头那闪烁着讽刺和幽默光芒的火焰之中存活。他也有可能反其道而行之，但是任何反常行为都不会发展到如此漫无目的地开玩笑的程度。

的确，亨利·亚当斯不会将自己对这个冷漠世界的好奇观察公之于众；但是他可能写一本书，以提出一种关于历史发展动力的学说，他认为除此之外再也没有其他什么学说更具非个人性和公开性了。亨利·亚当斯一直倾心于历史哲学；这是这位清教徒终其一生大多数时光的兴趣所在。虽然他最后得出的只是一些关于某种浅显易懂的哲学的模糊观念，这一点或许连他自己都供认不讳；但是，经过一生的努力钻研和细致思考之后，他震惊地发现，

机械区里的发电机与外部的工作区之间的断裂，对

于一个历史学家的目标来说,达到了难以估量的程度。在蒸汽与电流之间,历史学家找不到比十字军与天主教徒之间更紧密的关联。力即便不是可逆的,也是可以相互转换的;但是,历史学家在电学中与在信仰中一样,所能见到的只是绝对的"命令"。

秘密一定就在这两种力量之间。几个世纪以来,信仰冷漠地支配着一切,结果被电力取代;电力冷漠地统治一切,这种统治有可能还是悄无声息的。因此,这一秘密非常难以发现,但是,

连小学生都明白,人所发挥的力,应该通过其从某个固定点的运动来衡量。这里,可以借用心理学提出的"单元"概念——单元就是历史上的某个点,在这个点上,人将关于自我的最高观念当作统一宇宙中的一个单元。经过8—10年的研究,亚当斯开始认为,他可以用天主教亚眠大教堂[1]以及托马斯·阿奎那的著作中提出的1150—1250年这个百年的时间段作为一个单元,去衡量延续到他那个时代的运动,而且,除了事物之间的联系,他无须假定任何事物的正确性和不正确性。……为自己定下这一任务后,他开始写书,并在心里为它取好了名字:《圣米歇尔山与

---

[1] 亚眠大教堂是法国最大的教堂,建于1220年,坐落于法国索姆省亚眠市。后文的圣米歇尔山是法国诺曼底附近距海岸约1公里的岩石小岛,山顶建有著名的圣米歇尔修道院,为教徒的朝圣地和旅游胜地;沙特尔是法国厄尔—卢瓦尔省省会城市,市区山丘上建有著名的沙特尔圣母大教堂。亨利·亚当斯当时在法国游历。

沙特尔：关于 13 世纪同一性的研究》(*Mont-Saint-Michel and Chartres: A Study of Thirteenth-Century Unity*)。此书出版于 1905 年，是一部研究欧洲中世纪文化的专论。据《亨利·亚当斯的教育》1918 年版的"出版者前言"，亚当斯曾考虑也为这部著作加上一个副题："关于 20 世纪多元性的研究"(*A Study of Twentieth-Century Multiplicity*)。从这个时间点上，他打算再为自己确定一个位置，他这样来标示它："亨利·亚当斯的教育：关于 20 世纪多元性的研究"。他希望借助于这两点之间的关系，无限地往前和往后审视自己所勾画的历史线索，并愿意根据任何人提出的更好见解去修正它。随即，他乘船回国。

至此，你应当明白，《亨利·亚当斯的教育》其实与亨利·亚当斯这个人没有关系。自卢梭以降，

　　"自我"一直倾向于隐没自我；在塑造模特的过程中，"自我"变成一个模特。人们为教育的内室拉上窗帘，让这个模特在里面展示衣服合身与否。研究的对象变成衣服，而不是人体。……因此，模特与其他三维或四维的几何人体的价值没有了差别，只被用于研究事物之间的关系。要达到这一目的，不能没有模特；它是测量运动、比例以及人类环境的唯一标准；它必须摆出真实的样子；人们必须信以为真；人们必须把它当作生命来对待。也许它有生命吧，谁知道呢？

然而，它有没有生命并不重要。人们不会把它当成人来对待；并且完全通过第三者将它解释为不再是作者的"自我"，而是某个被投影和被推动的几何点！在这个点上，无数的受力线相交。

毕竟，这个模特终究还是有生命的——大量的生命；其结果，如果再前进一步，你对模特的关注就将超过对衣服的关注，你最后会发现自己完全沉浸于又一个"自我"，相比你在任何现代人的自传中可能读到的那个"自我"，这个"自我"更灵巧、更复杂，经常更惹人恼怒，但总体上又更迷人，特别是更有说服力。我们真的很想知道，衣服是如何从模特身上脱落的；我们想知道，我们花那么大的力气拉上窗帘，可衣服又为何没有上身。原因很简单。我们的研究之所以不断受到限制，是因为我们根本找不到衣服。因此，模特总是衣不蔽体，最终还得为自己的存在而道歉。"对于身心疲惫的研究者来说，一想到自己必须放弃（放弃寻找哲学之衣），就会有一种身心疲惫之感。只要一息尚存，他都会一如既往地拒绝在见到他的造物主时承认，造物主除了教会他直角三角形的弦的平方可以被便捷地等同于其他的事物之外，没有教会别的。"根据他自己的那些前提，如果推断这位模特会见到他的造物主（如果他真的有一位造物主的话），或者推断他的造物主会注意他关于造物的见解，那都是没有根据的。根据他自己的那些前提，这里太过于突出"自我"了。《教育》被认为是一部研究历史哲学的著作，但实际上是又一部《生命之歌》[1]，堪称在语言上最以自我为中心、最善于自我表白的著作之一。

---

[1] 《生命之歌》(*Apologia Pro Vita Sua*)，英国天主教红衣大主教约翰·亨利·纽曼（John Henry Newman, C.O., 1801—1890）为抗议对手对自己和教会的攻击，捍卫自己的宗教观而写的一部书，初版于1864年，至今畅销不衰。

表白实际上并不属于那类带有坦诚而无心的自发性的直接行为。既然表白是不能带有意图的,那么处理起来就煞费周折。正是这样的表白,欲盖弥彰,并且被加载了各种暧昧的词句和自相矛盾的段落,它们半遮半掩地躲在过于敏感的头脑通常会呈现的保护色之后,那些敏感之辈惯用似是而非的话语,以玩弄反常的、揶揄的神秘手法为乐。人们绝不知道《教育》的真实意图;但是从其表面的价值看,这本书似乎在讲述一个人的故事,那个人置身事外地看待生命,就好像是在看一场演出,在这场演出中,他自己以旁观者的角色作为一个小人物出现。演出是荒诞的,因而是可笑的,但是它并不能打动亨利·亚当斯这位观众。他的意图就是坐在密闭的包厢里,以袖掩面去嘲笑戏剧和演员们——他笑的其实是他自己。这就是这本书的含义;但是我认为还不止于此。在《圣米歇尔山与沙特尔》一书中[1],亚当斯在谈到那些崇尚罗马风格的年轻人时说,"他们喜欢哥特式。……无疑他们是对的,因为他们年轻。但是,那些厌倦了漫长生命,想要休息的男人和女人们,那些付出了激情和雄心的男人和女人们,那些生命已似破败拱门的男人和女人们,在感受这种静谧和压抑时,已经无动于衷了"。实际上,在其悲剧性的、令人感伤的轻柔讽刺之下,《教育》所记录的乃是美好的激情和值得称颂的雄心的失败,这个人在年迈之际回首往事,在那破败拱门中看到的,正是这样一段生命的故事。

亨利·亚当斯的先人应该是严肃对待生活的人,对此没有人会感到奇怪。但是,一个头脑清醒的人在置身事外地审视他这样一位先人的一生时,是不会把它称作失败的。出生在一个本身就带有自由主义的教育传统的家庭,亨利·亚当斯年轻时就能享受很少孩子能享受的优待。至少，作为一个小孩子，并非每个人能够像他那样，每个星期天坐在"当总统的爷爷的后面，越过爷爷的头顶，看着那幅纪念曾祖父的牌匾。曾祖父为了国家的独立，'献出了自己的生命、自己的财富，赢得了神圣的荣誉'"。如果这种优待让这个小孩误以为当总统乃是自己家族的一份遗产，那的确不是什么好事；但是，能每天在餐桌上听父亲谈那些事情，"每一遍都好像是新的一样"，就当然是一件很难得的事情了。无疑，这可以从一个方面解释他为什么在哈佛学院[1]受益不大（或者说，他似乎只是到了晚年才这么想？）；但是，无论怎样，他很体面地毕业了，并且毕业之后，享受到很好的资助，到德国、意大利度过两年的游学时光。后来六年，他跟随父亲的外交使团做父亲的私人秘书，这个外交使团肩负着美国历史上最艰巨的使命，但获得了成功；这期间，他用心观察那段历史的形成，对于英国政治和社会有了深刻的见解，这在一般的年轻人连万分之一都做不到。回到美国后，他在《北美人》(*North American*) 杂志做了一段时间编辑，后来在哈佛学院做了七年的教授。他生命的最后三十年在华盛顿和巴黎这两座城市度过。卸掉了公职和其他担子之后，他开始周游世界，拜访他那个时代自己最感兴趣的人，闲暇时研究艺术和文学、哲学和科学，并写作了12—13卷历史著作，这种写作在他一生的严肃追求中纯属偶然，但美国的学者普遍认为它们堪称该领域最优秀的著作。

不管用什么标准来衡量，这样的一生都不是失败的。即便没有

---

[1] 1780年之后，哈佛学院（Harvard College）扩建为哈佛大学（Harvard University），但作者这里仍用其旧称。

写出那些著作，大多数人对这样的一生也该满足了；或者说，即便没有度过这样的一生，能写出那些著作也该满足了。一般说来，人们将亨利·亚当斯纳入历史学家之列；但他自己很少认为自己是历史学家，他试图发现一种历史哲学，但是没有成功。他很少提及《美国史》这本书，这一点在《教育》中表现得特别明显。他从事这项事业，乃是由于没有其他更好的事情可做，他始终认为这项工作并不重要——它只是他人生的一个阶段，与其他被写入传记的阶段一样。我们这些自称为历史学家的人，其实大多数要勉强得多；可以有把握地说，如果我们能够把自己名下这类著作等身的成就说成是自己毕生努力的结果，那么我们一定就心满意足了。一般的历史学教授表面上不说，但心里都非常希望能当上历史学会主席。[1] 为准备任职演讲，在悠闲的时光里悠闲地思考着历史的意义；但是，人世间的谜团无碍于他的睡眠。在谈起自己时，他不会像亨利·亚当斯那样说，"一直萦绕于怀的，是某种能够满足永恒宇宙各种条件的历史法则"。他会作为受人尊敬和礼遇的学界领袖度过余生，全然不知自己的一生已经是个巨大的失败。

因此，《教育》为批判者留下的主要问题就是：在他人看来，亨利·亚当斯的一生如此令人称羡，成就如此卓著，但他自己在总结时为什么会认为是一场失败呢？为什么他会认为那是一个破败的拱门？要想知道答案，我们可能应该探究一下，他在说"教育"这个词时心里想的是什么。他并非是在正规教育这一狭隘的含义上使用这一词；这一点应该是很明确的。在谈起自己所受的正规教育时，

---

[1] 卡尔·贝克尔后来于1931年开始任美国历史学会主席。

他说他恨它,说它从来没有对自己有过什么益处。[2]但是,正如他自己所说的,任何事物都有教育价值,问题是人们能不能发现那种价值是什么;读者们通常不注意这一点,他们说,对于亨利·亚当斯,教育就是生活,生活就是教育。在某种意义上说,这话没错。细心的读者应该发现,当亚当斯使用"教育"这一词时,脑子里想到的是两个界限分明、迥然不同但又有着根本关联的内涵:他有时把教育想作那种训练和知识,它们能让一个人有意识地使自己以及自己的作品与时代的主要"潮流"保持一致;有时他又是在一种更广泛的意义上思考教育,认为它在本质上应该等同于对社会发展提出科学解释,这样,受教育就是去掌握一门能够解开生命奥秘的学问。

亚当斯在说下面这段话时,脑子里首先想到的,就是上面这两种含义:

> 或许,亨利·亚当斯不值得教育。大多数思想敏锐的人都倾向于认定,如果某人有足够好的头脑,能够随心所欲地应对自己周围的任何力量,并且有一半应对都是完全正确的,那这样的人一定是百里挑一的。对于有着这样头脑的人,教育的目标就是教会他如何既有活力又节省活力地应对外部力量。无疑,世界总体上总是远远落后于活跃的思想,这样才有一个能减弱惯性的软垫子,就像亨利·亚当斯身上所发生的那样。但是,教育应该帮人消除障碍,消除摩擦力,激活能量,应该训练人的大脑,教会人们有选择地而非随心所欲地应对作用于这个世界的各条受力线。

亚当斯感到，自己从来没有获得过这样的教育。他认为自己一生都在漂泊，为躲避那些自己既不能预见也不能控制的环境而从一条轨道换到另一条轨道，结果，到达了某个车站，这个车站无论多么迷人，都绝不是他有意要到达的地方。他去德国学习民法，但这样做并没有什么好的理由；他听过一次演讲（一次就够了！），他在德国和意大利虚掷了两年的时光，而这只是因为他不知道自己如果回国有什么事可做。在伦敦时，他做父亲的秘书，因为他父亲要他这么做，同时自己也没有什么更好的事可做。六年后他回国，这时他下定决心加入新闻业，认为这是通向政治改革家生涯的最佳道路。他前途光明，因为像很多人一样，他追随格兰特[1]；但是，格兰特内阁的那个宣告"在五分钟内将他所设想的未来变成了一个如此荒谬可笑、连他自己都感到羞耻的世界。……他再次得出了一个完全错误的生活观——这又是一个令人难以置信的错误起点"。后来，他在还没有取得任何资格的情况下成了一名历史学教授，因为他的家人和朋友都劝他接受这项凭空得来的职位。再后来，他开始写历史著作，因为那是历史学教授应当干的事。不管他在一生中做了什么，或者取得了什么成就，那都是偶然的而非带有理性目的的结果。

亚当斯希望教育使他能"有选择地"应对作用于这个世界的"各条受力线"，但是他没能得到这种教育；不仅如此，他从来不敢断定什么样的教育会给自己带来这种能力。他用心观察自己的朋友

---

1 尤里西斯·辛普森·格兰特（Ulysses Simpson Grant, 1822—1885），美国内战时期北方高级将领，后出任总统（1869—1877）。

以及同时代的名人们的人生,但是找不到他们失败或者成功的原因。为什么有些人,比如W.C.惠特尼[1],赢得了当时能赢得的所有大奖,而其他人,比如他的朋友金[2],却失败了,最后留下一个难解之谜。

社会没有发现哪类教育是最合适的。有钱人认为社会地位与古典教育具有一样高的价值,而女人们倾向于两者之间的平衡。从任何角度来说,亚当斯明白,他本人应该是心满意足的,他似乎受过那种教育;克拉伦斯·金所受的教育虽然从理论上讲是极其适合的,但他是一个失败角色;惠特尼虽然没受过比亚当斯更好的教育,却取得了显著的成功。

他一直没能做一件自己真正打算去做的事情,但这只是失败的一个方面。失败的主要方面在于,由于自己做的事情都是环境偶然强加给自己的,因此那些事情无论怎样也不属于作用于时代的"各条受力线",其意义也就是可有可无的。亨利·亚当斯不满意的主要理由在于,他从来没能有力地影响过时代。他知道,自己的能力在大多数人之上,自己就是那"百里挑一"的人,值得好好去教育。他知道,他写的历史著作不比任何人的差,但是他又十分真诚地说,自己是"在黑暗中工作",始终不知道自己的历史研究是值得做的。原因之一就在于,通常那样写出来的历史著述——他自己也是那样写作的——既不能给人们提供引导,也解释不了任何事物。

历史学家对事件——他们称之为故事,或者历史——进行编

---

1 W.C.惠特尼(William Collins Whitney, 1841—1904),美国政治家、金融家。
2 克拉伦斯·金(Clarence King, 1842—1901),美国地质学家、艺术评论家。

排,暗自假定某种因果关系。这些假定躲在尘封的图书馆里,虽令人震惊但不为人知,充满孩子气。这样一来,如果某位苛刻的批评家打算把它们公之于众,历史学家们会异口同声地回答:他们从来没有想过自己必须知道自己所谈论的事情。有人认为,亚当斯徒劳无功地寻找自己的意义所在。他出版了十多卷美国历史著作,用最严肃的手法去铺陈事实,尽可能少地发表评论,似乎那就是事实,似乎事实之间有着那样严格的前后关联;但他这样做,目的仅仅是取悦自己,全不顾能否为某个人们所熟知的历史时刻找到一种必然的人类活动的前后关联。但结果并不让他满意,就像当初在哈佛学院一样。

在晚年,亨利·亚当斯回归科学,以寻找自己在历史学中寻找不到的解释;这时,他似乎认为,假如开尔文[1]的法则是绝对正确的,那么美国历史教授"在上新学年的第一堂课时,应该向他的学生宣布,他们这一年的任务就是要证明在美国历史上,'存在着一种普遍的浪费精力的倾向',以及思想堕落的倾向,这些倾向的结果就是,使美国'不适合今天这种宪政之下的人居住'"。[3]应该承认,并非所有的历史学教授都是这样开始他们的课程的。但是,如果这是一种正确的教学,那么亚当斯认为自己的历史研究都是一些没有多大意义的工作,就是十分正确的。

但是,假定这种教学是正确的,亚当斯之所以对自己作为历史学家的那些著作不太在意,还有另外一个原因。他说,为写作关于杰斐逊和麦迪逊的历史书,他付出了10—12年的努力,但是就自

---

1 开尔文(William Thomson, 1st Baron Kelvin,1824—1907),英国物理学家,数学家。

己所了解的内容而言，自己所掌握的相关知识不超过三位认真的读者。无疑，从数字上讲，他是不对的；但是，根据亚当斯的观点，考虑一下整个世界上的人口，以及那些与他的著作一样对文明进程产生重大影响的著作，他的这一说法是正确的。关键问题是，他的那些历史著作是有益的还是有害的；或者说，如果《美国史》从未出版，美国是否还会是现在这个样子。关键问题是，如果世界上没有亨利·亚当斯，美国依然还是现在这个样子。亨利·亚当斯感到不满意的是，美国不该是这个样子。亨利·亚当斯，其父亲、祖父、曾祖父曾参与塑造了这个国家的未来命运，单凭这些优势，以及他自信拥有的一流的精神品质，在一个人们对自己的需要、对自己现有的资源和经济有着恰当看法的井然有序的世界里，应该说，他能够对人类的整体成就做出充分的贡献。凭借这些优势和能力，他应该脱颖而出，在政治、金融、艺术、思想等各方面的事业中产生非凡的影响。一个人仅仅写出几本书——那些书要么被尘封在书架上，要么即便再版一千次，也不能在命运的躯壳上留下一点痕迹；这就是失败，不论那帮教授们会怎么说。这样的人"将毕生心血耗在探究'萨克与苏克'[1]一词的真实含义这一崇高事业上"，但终将被后人遗忘，徒留这样一段墓志铭："这里躺着一位侏儒、作家、博士、野蛮人——亨利·亚当斯，他是亚当斯家族之子，但首先明显是一位滑稽之士。"

---

[1] "萨克与苏克"（Sac and Soc），一般认为是中世纪的一个法律术语，指庄园司法权，这里代指纠缠不清的学术名词。卡尔·贝克尔这里还可能讽指同时代的英国历史学家、高级教士威廉·斯塔布斯（William Stubbs, 1825—1901），后者以对中世纪英格兰的宪法史研究闻名，但却认为这个词只是一个"声韵"。

约翰·昆西·亚当斯的另一位孙子在生命的最后时刻也有这种挫败感。在其《自传》中，他也强调自己没能获得自己所需要的教育。但是，这位查尔斯·弗朗西斯·亚当斯将失败原因归结到自己的父亲身上，而亨利·亚当斯把责任归咎于外部世界。查尔斯·弗朗西斯十分清楚自己应该受到什么样的教育，他应该做的事情都是他父亲不让做的，而他不应该做的事情都是他父亲要他做的。他应该学会玩耍，他应该进公立学校，他应该——这个"应该"的单子列起来太长了。亨利·亚当斯不责怪任何人，甚至不责怪自己。他不知道自己应该受什么样的教育，也没有人告诉自己。他到死也不知道。整个世界都是一个谜。如果没有人知道"作用于这个世界的各条受力线"是什么，人们如何被教育得能够"有选择地而非随心所欲地应对"那些力量呢？但是，判定作用于这个世界的各条受力线，是所有历史学的问题，因此，分析到最后，在亨利·亚当斯的思想中，这一教育问题就等同于一种清晰的历史哲学问题，一种关于世界的科学解释。

这一问题很早就开始占据他的思想，并且在其晚年时耗尽了他的所有精力。他学习科学——他的数学知识使他能够在这一领域进行深入钻研；他醉心于关于发电机和圣母的研究，但所有这些都只不过是涉猎各种奇妙深奥事物的业余爱好。我们也不能认为，在生活一帆风顺之后，他投入学院式哲学，把沉闷地在这上面浪费时光当作一种悠闲的绝活；或者认为他为了满足自己的学术趣味，构建了一种精巧的体系，希望能将历史的各种细枝末节令人满意地装入其中。实际上，他反复无常，对待任何公正或者不公正，他都使自己自由自在地沐浴在智慧、讽刺以及逗人的幽默的阳光之下。但是所有这些大多带有一种保护色：他自嘲没有人知道他内心的伤痛；他对别人抱有同情，对自己却无动于衷。实际上，他从事的是一桩孤注一掷的事业，他要解开自己的失败之谜，要找寻那使自己所有的合理目标不得实现、所有的成就化为徒劳的神秘力量的根源。他从来没有成功；到最后，他认为《教育》这本书本身也只是一个片段、一个未完成的、明显不完整的作品，最好不要出版，被人们遗忘。而这也是其整个失败的一部分。他不仅没能对自己时代的生活产生影响，甚至没能解开失败之谜，这让失败更加无可挽回。

如果这样的解释从某种角度看是正确的话（或许有人不这么认为），那么亨利·亚当斯的一生就是悲剧性的。但是不管怎么说，这一点深藏于《教育》之中，就像深藏于生活中一样。多数作者很难看出这场看似成功的失败悲剧，或者抛开那件从未被发现的哲学外衣。实际上，这位模特展现了一个如此鲜活的自我，对此我们应该心满意足。亨利·亚当斯值得引起无数哲学家的重视。或许，如果他再坦率一点，真实地讲出自己是一个什么样的人——一个历经沧桑的人，一个有着世所罕见的造诣的人，一个有着非凡的强大精神力量的人；如果照此说来，他更直接地告诉我们——就像人们所见所知的那样——他经历和观察着什么样的事件，他所思所想的都是些什么，我们就会更喜欢他的这本书。这些他当然做到了，只不过是以他自己的高深莫测的方式，并且是通过解释自己在哪里、如何地寻找教育，但是终没找到；所幸的是，在那趟悠闲的旅行中，他引领我们进入各种岔道，通过轻松施展自己直指人心的智慧，向我们展示了一个多么奇怪的国度，以及很多从不为我们所知，或者说与我们所熟知的不同的人民。当发生这一切时，当这个模特忘记自己以及自己的教育外衣，单纯地描述各类思想、社会风俗及相应的人民时，结果是完全令人满意的。书中有些段落是非常珍贵的，而这样的段落比比皆是，令人难以忘记。人们不会轻易忘记，哈佛大学 58 班的那帮"一开始有点消极，但最后变得很积极，成为胜利者"的年轻人；人们不会忘记那幅优雅的"总统夫人"画像，通览全书，这是本书最好的一部分了；人们不会忘记老约翰·昆西·亚当斯的画像，画面上，他在一个炎热的夏季早晨，缓缓地走下楼梯，表情严肃，一言不发，让捣蛋的小亨利去上学，不管他是否愿意；人们不会忘记小亨利本人的那些遐想（或者那都是亨利老年时的遐想？），他那时认为，"总统虽然是一种专制的工具，但仍在用自己的某种思想做着流芳千古的事情。他不发脾气，不发怒，没有个人感情，显示不出力量，最主要的，他不开口说话"。

那些读过查尔斯·弗朗西斯·亚当斯的《自传》的人会饶有兴趣地指出，亨利对父亲的评价要比自己的哥哥对父亲的评价高得多，这可能是由于他更了解自己的父亲。他说，老查尔斯·弗朗西斯

> 是唯一拥有完全平衡心态的人，这种心态只在他的身上出现过。一百年来，每一位报纸作家都以这样那样的表面理由嘲笑、谴责老亚当斯家族对事物缺少判断力。他们批评老查尔斯·弗朗西斯的判断力。……老查尔斯·弗朗西斯·亚当斯的精神气质是绝无仅有的：他不自作主张，没有自我意识——这是一种置身事外但又不感到孤独的禀赋；他有着平衡的心态和性情，既不惹人注目，也不避人

耳目；他不追问谁高谁低，没有嫉妒心，没有个人动机，不管那是出于什么诱因，迫于何种压力。这一罕见的处世方式和性情，随着年龄的增长日渐成熟；当他学着这样去评判一个人的精神天赋，发现它们无论在深度还是广度上都没有任何独特之处时，这种处世方式和性情给他的儿子亨利留下的印象尤为深刻。老查尔斯·弗朗西斯·亚当斯的记忆力很难说有什么过人之处，他的胆识不如祖父，思想活力不如父亲，他缺少想象力，口才不好，甚至数学也很差；但是，他在思想上具有独特的完整性，他具有难得的自制力以及本能的对形式的把握能力。在这些方面，他的思想堪称模范。……他特立独行。他没有主人——连父亲也不能驾驭他；他也没有弟子——连他的儿子也不是。

这样的评价是公正的，分析也是深刻的。实际上，在分析方面，亨利·亚当斯有着过人的天赋；他关于参议员选区的总体划分思想，以及关于诸如西沃德、桑诺、洛奇等参议员[1]的具体评价，让我们尤为受益。他还善于出其不意地揭示"集团心理"的秘密；在所有的集团中，他最感兴趣的是英国人。要研究英国人，他有足够的机遇。虽然囿于惯例，他从未声称自己能够洞察这群人，但是他的观察总是很有趣，并且经常能发人深省。即便在某些方面，他的

---

[1] 威廉·亨利·西沃德（William Henry Seward，1801—1872），林肯和约翰逊政府的国务卿，反对奴隶制，鼓吹建立"美国太平洋商业帝国"；查尔斯·桑诺（Charles Sumner，1811—1874），来自马萨诸塞州的国会参议员，曾在参议院做著名的"反堪萨斯之罪"演说，谴责皮尔斯政府与制度性蓄奴；亨利·卡波特·洛奇（Henry Cabot Lodge，1850—1924），美国政治家、历史学家。

机遇有限，他也能充分利用那些机遇。他有一次说，自己"从未正眼看过大法官，只有一次，他父亲带他去林德赫斯特拜访老勋爵，在那里，他又见到了老坎贝尔勋爵，这两人都在骂老布鲁厄姆勋爵"[1]；这句话鲜活地再现了整个一代法官的形象。没有什么再比英国的"圈子"更让他感兴趣了。那个"圈子"是什么，他无从知晓——"人们彷徨于其间，就像干酪里的蛆虫一样；它绝不只是双座马车厢，供人们晚宴时上上下下"。莫特利曾评价说，伦敦的晚宴及英国的村舍体现了"完美的人类社会"；对此他十分疑惑。但是，通过仔细研究并痛苦地体验那些似乎宜人的成就之后，他得出结论：

> 完美的人类社会要求，当一个人走进客厅时，哪怕他是个十足的不速之客，也要在壁炉前的小毯子上安坐，背对着火炉，脸上露出安静的仁爱表情，不东张西望，完全就像置身于一个慈善音乐会，对演员报以善意的掌声，对表演的失误视而不见。对于年轻人来说，这种理想的画面很难出现；及至30岁，人们稍有好转，但又拿出傲慢无礼的捐赠人姿态；但到了60岁前后，人们变得成熟，表现得谦恭、友善，甚至对年轻人也很尊重，这些品质不论在男人和女人中间，都具有特别的魅力。

---

[1] 林德赫斯特（Lyndhurst）位于英国汉普郡，本文所称拜访的勋爵指管辖此地的约翰·森哥顿·柯伯里男爵（John Singleton Copley, 1st Baron Lyndhurst, 1772—1863）；老坎贝尔勋爵指管辖苏格兰圣安德鲁斯的约翰·坎贝尔男爵（John Campbell, 1st Baron Campbell of St Andrews, 1779—1861）；老布鲁厄姆勋爵指管辖坎伯里亚郡布鲁厄姆和沃克斯的亨利·彼得·布鲁厄姆男爵（Henry Peter Brougham, 1st Baron Brougham and Vaux, 1778—1868）。三人都曾任英国大法官（Lord Chancellor）之职。

虽然我也有着成熟的思考，但我还是忍不住引用下面这段关于"秋海棠"的文字。美国一位参议员称亚当斯为"秋海棠"，因为它最能刻画亚当斯的温和讽刺性格，以及他关于参议员的那些看法；这种刻画并非是不恰当的。从英国回国后，亚当斯又一次发现，自己发表在《北美人》杂志的那篇评述上一届国会的文章，在民主党阵营里被广泛阅读，成为竞选文件。不出所料，来自威斯康星州的参议员蒂莫西·豪（Timothy Howe）一面批驳亚当斯的观点，一面

> 给了他很高的赞誉，将他比作秋海棠，这在参议员的措辞中是罕见而独特的。秋海棠本是一种植物，这时成为参议员的一种修辞，这种修辞带有极强的奉承意味。秋海棠远非优雅迷人，它是一种扎手而抢眼的植物。它惹人注目；但似乎没什么实际的益处；它总是刻意站在最突出的位置。在华盛顿，亚当斯很像一朵秋海棠，因为做一名成功的政治家是他的理想所在，而当他那篇关于"黄金密谋"的文章在《威斯敏斯特评论》十月号发表并被广泛翻印后，他的这一理想更加坚定了。从此以后，他自己成为一名被盗印者，他希望被人盗印，因为他反正不在乎稿酬；而盗印带来的荣誉恰似秋海棠的本色——炫目而无益。他做梦也不曾想到，自己无异于在施展一种"绝活"：两篇长篇累牍、冷嘲热讽、按季出稿的30—40页的文章，会如此快速地接连问世，被翻印给读者，到达成千上万的人手中。除了称赞他为"秋海棠"之外，对于一个人，无论男人还是女人，还能找到别的什么赞誉之词？

可以引用的段落还有很多；但是人们想必会满意地说，这本书通篇都很吸引人，而其中一些与亨利·亚当斯的教育问题并无关系的部分，或许最有吸引力。但凡涉及这一深奥而广泛的问题的地方，通常存在着真相的问题。他关于自己无知且无能的那些告白，有时似乎是言不由衷的。我们首先要搞清楚的，不是这个世界当时如何打击了亚当斯，而是这个世界给他留下的印象，就像一个老人在回望"破败的拱门"时，那幅景象一定让他震撼。此外，在本书的最后几章，他讨论了历史动力问题，但这一问题即便在他自己看来也如此晦涩难解，以至于我们常常不知道他到底想说什么。就拿芝加哥博览会来说，这个博览会与他晚年发生的很多事件一样，关系到他关于发电机和圣母的研究，他说："他本人十分清楚自己的意图吗？当然不知道！如果他知道，以至于能够陈述自己的问题，他的教育就是完美的了。"这话是对事实的陈述，还是对不正常现象的反思？我们无从得知。无论怎样，大多数读者只要读到第343页，就会反对这样的断言。毕竟，我也要感谢这一没有意义的历史哲学（或许正因为它没有意义，我更应该感谢它）；因为如果没有它，我们就看不到《圣米歇尔山与沙特尔》或者《亨利·亚当斯的教育》——"这两本书，没哪位绅士的书房"会收藏，但是，那些对人类心灵的本质心怀好奇的研究者们将会一直阅读它们。

亨利·亚当斯死后葬在华盛顿的罗克里克公墓。一位无心的来访者或许会带点崇敬之情，注视那片环形的灌木丛和小树林。如果他拾级而上，进入这个被遮蔽的景点，他会看见正对面有一个磨光的大理石座位；坐下来后，他就面对一尊青铜坐像，主人公松松地披着件斗篷，遮住了身体和头部，把一张迷人的脸庞映衬得格外突出。这是个男人还是女人？参观者总会这样疑惑。坐像双目半闭，似乎在遐想，而不是睡眠。从塑像的外形上，看不出是生是死，是欢乐还是哀愁，是希望还是绝望。它活着，但生命已经结束；它阅历丰富，但现已全然忘记；它好问穷思，但已经不再发问。这位不经意的来访者或许会走近塑像，寻找一个字符、一个名字、一个日期——总想有所发现。但这些都没有。你想不到在那用松木板铺成的平整地面下，会是一座坟墓。满心狐疑的来访者可能会向外走，围着那环形的树丛边走边看，然后端详塑像正对面的那块大理石碑；可是他仍然什么也没发现，他回到那座位上，长时间注视这张陌生的面孔，他会不会浮想联翩？——这平整的地面、这树丛，还有这座塑像——它是否有什么话要说，却又沉默不语？不，它没有——也或许有。这就是亨利·亚当斯，他度过了漫长的一生，好问穷思，不满足于任何不诚实或者敷衍的答案。

1919 年

注 释

【1】*Mont-Saint-Michel and Chartres*, p. 7.
【2】他说，当时，在哈佛没有一位教授提到过卡尔·马克思的《资本论》；他这样说似乎很合乎事实，因为亚当斯毕业于 1858 年，而《资本论》直到 1867 年才出版。
【3】*A Letter to American Teachers of History*, p. 85.

再论亨利·亚当斯[*]

人们说,梯也尔在其20卷巨著中闭口不谈拿破仑;同样可以说,亨利·亚当斯写作30卷皇皇巨著,却为后世留下了一个心理疑团。这个疑团就是,既然创作了这些颇受赞誉的著作,他又何以认为,或者说宣称自己认为,自己的一生是失败的。对此,在《亨利·亚当斯的教育》出版之时,就出现过多种解释——这部非凡之作能使读者确信的只是这样一点:根据他自己的叙述,亨利·亚当斯从未受过教育。对于这一明显的谬谈,我很难接受;我一直期望有人能完整写出他那动人而又不平凡的一生———本传记,以解读这本自传,或者简单地说,能够揭开亨利·亚当斯的这一谜团。而詹姆斯·特拉斯洛·亚当斯关于他一生的介绍曾让我觉得自己的愿望已经实现了。

现在看来,这位亚当斯先生做的恰恰不是我所希望的事情,一个充分的理由就是,他的这篇文章"本意为(亨利·亚当斯的)一个作品集而写",今天之所以单独出版,只是因为出作品集的想法在当时不得不被放弃。从这一点讲,他这篇文章在简短性方面倒是

---

[*] 本文是作者对詹姆斯·特拉斯洛·亚当斯所著《亨利·亚当斯》的评论。詹姆斯·特拉斯洛·亚当斯(James Truslow Adams,1878—1949),美国作家、历史学家,著有《亨利·亚当斯》(*Henry Adams*,1933),他还是"美国梦"(American Dream)一词的首创者。在本文中,将其统一译为"亚当斯先生",以便与亨利·亚当斯相区别。

令人赞赏的,堪称如何为作品集写导言树立了一个典范。它不长,只是按照时间顺序,悉数介绍了人们已知的关于亨利·亚当斯一生活动的所有重要事实,偶尔有一些解释性的评论,也仅是为了人们使用那一作品集的方便。在这种即兴评论中,亨利·亚当斯这个人的形象跃然纸上。也就是说,这一形象不是通过书中某个章节而被描绘或者被树立起来的;相反,作者在不同地方评价亨利·亚当斯的作品,刻画人物的典型特征,一针见血地指出了亨利·亚当斯那些暧昧行为的可能动机,那些反复无常行为的难言之隐,以及他明显过于夸大的自我贬抑,从中我们可以找出一些主要线索,从而获得亨利·亚当斯的形象。我发现,在两个地方,我对亚当斯先生不敢苟同。我认为,他过高地评价了亨利·亚当斯那篇论历史学是一门科学的论文。我认为,他对《圣米歇尔山与沙特尔》的赞赏是出于错误的理由。该文自有其独特和吸引人之处,但我不认为它投下了"最清晰、最集中的光芒,照亮了中世纪,这是用任何语言写成的任何一本书都无法做到的"。倒不如说,它是在最模糊的镜片后面,对亨利·亚当斯的思想投下了最浑浊的光芒。

这个单行本的出发点是好的,但在写作上没有达到其主题所要求的深度;哪怕亚当斯先生只打算写一本一般意义上的传记,他无疑都要使其达到这样的深度。比如,换作别人,可能会对亨利·亚当斯的《美国史》做更多的细节分析,对那些最有趣味的作品,如《致历史教师的一封信》和《历史断代法》,做出更透彻的批评;有的人可能还会首先通过更坚定的,而非更支离破碎、更随意的工作,对亨利·亚当斯的一生及其人格做整体的心理学解释。亚当斯先生或许是在回避"心理学解释"这个词。那就换个词好了,随你怎么叫它都行；这本书本来就是如此，只不过他不愿意承认罢了。他说，"我不会对亨利·亚当斯的遗传做任何生物学上的推论，也不会对其童年时代做弗洛伊德式的推测"。他又说，"人们根据一些支离破碎的文献勾勒他人的灵魂，并声称自己已经触及了那人的灵魂深处，这真是太自大了"。的确，没有哪位传记作家会声称做到了这一点，也没有哪位有思想的批评家会期望自己能做到这一点。但是，毕竟，一位传记作家，如果有志于"勾勒他人的灵魂"，就应该多少深入文献的表面意义之下，不论那些文献是否支离破碎——实际上它们通常都是支离破碎的。在这一点上，亚当斯先生本人做到了，他不失为一位专家，也不失为获得了成功。我猜想，他只是想提高一点自己的嗓门，警告批评家们不要妄称自己属于"真相揭发者"之列。我不要求他能揭发亨利·亚当斯的真相，我不要求任何人，因为在自我揭发方面，亨利·亚当斯已经做得无人企及了。

为什么亨利·亚当斯觉得有必要自我揭发呢？为什么他要调动所有的讽刺与幽默才能，调动自己在正话反说、含沙射影、旁敲侧击以及以守为攻的讽刺性夸张效果方面的全部天赋，去自己贬低自己呢？这才是谜团的症结所在。人们不必声称已深入了谜团的深处，作为一种可能的解读，提出建议说，触动亨利·亚当斯自我揭发的原因多少是由于他在某种意义上"掩藏"了自己的一生。他拒绝将自己的天赋和真正的"遗传"用于追逐那不值得追求的"一杯羹"，觉得自己有必要告诉世界——尽管是羞羞答答地——自己为什么没有得到那"一杯羹"。我认为这才是亚当斯先生对问题的看法的实质，只不过他当然不会让自己的论断跌入如此粗鄙的层次。至少，按照他的观点，亨利·亚当斯想要"获得对力量的某种控制，对于亚当斯家族的人来说，那样的控制方式才是成功的唯一标准"。几乎任何形式的力量都会对世界产生影响；但是应该说，作为亚当斯家族的一员，在孩童时代就能坐在"当总统的爷爷的后面，越过爷爷的头顶，看着那幅纪念曾祖父的牌匾"，他应该是拥有力量的——简言之，那种力量就是政治权力。在英国，他目睹了父亲当外交官时的得心应手，"开始梦想品尝施展无限权力的滋味。这种滋味稍存即逝，在脑中徒留一丝晕眩、疑惑和羞愧"。但是，那个略带晕眩、疑惑和羞愧的头脑，并非那个要发挥那种力量的头脑。亨利·亚当斯的真正"遗传"是这样一副大脑：它适合于在另外一个领域发挥力量，那就是学术、教育、写作以及思考。他的作品足以证明这一点；但是亚当斯本人似乎从不甘心。他似乎一直在抵制自己的天赋，但从未成功，结果给人留下这样的印象：他写了那么多令人赞叹的著作，自己却不以为然。他或许会说，事实上他的确说了，他用30卷著作去证明写书的无益。难道他不知道自己的天赋与自己的志向是矛盾的？或者，他知道，但他只是不能心甘情愿地屈从自己的天赋？

他似乎也意识到自己不适合做政治家或外交家。后来他尝试报业，但认为这对亚当斯家族的人来说只是一个退而求其次的选择；而他后来接受哈佛的历史助理教授职位，也只是任《北美人》杂志编辑时的一份无关紧要的兼差，多少属于对现实的屈就。他说，他的家庭责令他屈就这一工作，结果如同所料，没什么好处。七年辉煌的教学生涯向世人——除他本人之外——证明，这才是适合他的职业。然而他辞去了这份工作，但仅在下一年，他又证明（他是否又不以为然？他的家庭这次没有责令他）自己找到了与自己的天赋相称的那种力量：他开始写作 9 卷本的历史著作。它们思路清晰、结构严谨、才华横溢，而这些都是展现宏大主题所需要的，不论在当时，还是后来，没有哪位历史学家的著作能出其右。然而，在完成这部杰作之后，他又将其弃之一旁，为的是自己能在穿梭往来于世界各地的间隙，到 H 大街 1603 号去考察华盛顿的那群"政治动物"；一直以来，他四处奔波，寻求一种能够解释整个世界的学说，并希望以此解释自己为什么没能获得"成功"，但又一直不知原因何在。

亨利·亚当斯在那十年之间取得的成就，要比大多数从事这一职业的人一生所取得的成就都大；但是，他为什么要半途而废呢？他说自己喜欢学生，以教他们为乐。但是他不喜欢教职工例会（他那时是否必须参加？）。"在社交上，他更喜欢议员而不太喜欢教授，"……当时出现了詹姆斯·拉塞尔·洛威尔、弗朗西斯·蔡尔德、威廉·詹姆斯[1]等一批最活跃也最受人喜爱的人，要不是那个社会以教授的头衔败坏了他们，他们可能会使伦敦和巴黎都更充满乐趣。事情就是这样。无疑，让亚当斯认为自己只不过是总统爷爷的一位教授孙子，是困难的；但是，若认为那帮好家伙，比如弗朗西斯·蔡尔德、威廉·詹姆斯，"被社会败坏"了，显然是夸大其词。有人说，当雪莱在天空"枉然地拍打着他闪烁的银色翅膀"时，那天空正是马修·阿诺德[2]思想的虚空。我认为，那唯一成就了威廉·詹姆斯，败坏了亨利·亚当斯的品格的，正是亨利·亚当斯所缺乏的品格（我

---

[1] 詹姆斯·拉塞尔·洛威尔（James Russell Lowell，1819—1891），美国浪漫主义诗人、文学评论家、编辑和外交家。弗朗西斯·蔡尔德（Francis James Child，1825—1896），美国学者，哈佛大学英语教授。威廉·詹姆斯（William James，1842—1910），美国哲学家、心理学家、教育学家，实用主义的倡导者。

[2] 马修·阿诺德（Matthew Arnold，1822—1888），英国诗人和文艺评论家，曾评价雪莱是"美丽而不切实际的安琪儿，枉然地在空中拍着他闪烁的银色翅膀"。

不愿意称之为"势利眼")。

  亚当斯为敦促洛奇[1]从事历史写作所给出的那些理由,同样是富有启发的。似乎,一部成功的历史著作的作者能够使洛奇被奉为波士顿的"学界泰斗",并且,随着这一地位到来的,是"社会尊严、欧洲声誉,以及不辱使命的外交家身份"。如果在写作《美国史》期间,亚当斯采用自己那种令人难以置信的天然的讽刺手法,后人就容易理解他为什么放弃自己的历史写作事业。他的历史研究是不"成功"的。它既没有使他成为"学界泰斗",也没有给他带来欧洲声誉或者任何声誉——当然,除了在那些"被授以教授头衔的人"中间。在这样一种令人失落的结局中,还能指望这位可怜的作者怎么样呢?算了,不讨论这些东西了(这些东西在《教育》这本书里被提到,只不过从书名上看不出来),我们来谈谈整个这本书,包括地图和索引,这些对他来说,比不上《埃丝特》[2]中的任何一章的意义。难道这就是一位幡然醒悟的历史学家对待被学术圈看好的历史著作的态度吗?或者说,难道从 H 大街 1603 号这个有利地形去考察,就会这样去对待一本可能被视为"不成功"的历史著作吗?我们知道,在 H 大街 1603 号,亚当斯与一些人交往甚密——海约翰[3]、洛奇、卡梅隆(Cameron),这些人施展着约翰·菲斯科[4]、詹姆斯·拉塞尔·洛威尔做梦也没想到的"力量"。难道我们必须认为,洛奇、卡梅隆这些人由于没有被社会"败坏",就比弗朗西斯·蔡尔

---

[1] 这里当指亨利·卡波特·洛奇。
[2] 《埃丝特》(*Esther*,1884),亨利·亚当斯的另一著作。
[3] 海约翰(John Milton Hay,1838—1905),美国政治家、作家,林肯总统的私人秘书和助手,亨利·亚当斯的密友,后人在 H 大街 1603 号附近建有"海-亚当斯饭店"。
[4] 约翰·菲斯科(John Fiske,1842—1901),原名埃德蒙·菲斯克·格林(Edmund Fisk Green),美国哲学家、历史学家,著有两卷本《美国革命》(1891)。

德、威廉·詹姆斯更有能力改造世界，为亨利·亚当斯所称的"社会沙漠"带来一些新鲜气息？这真是个奇怪的想法。

限于篇幅，不能展开讨论这一假设。这一假设到底能不能成立，我认为取决于如何回答下面这个问题：亚当斯探求"某种能够满足永恒宇宙各种条件的历史法则"，这是其本来就有的探求知识的好奇心的结果，还是只不过放弃了对该死的成功女神的追捧之后的另一结果？在这里，真正的难题出现了：正如两方面的回答都有其理由，亚当斯在后来的著作中，将自己隐藏在一堆似是而非的话语和稀奇古怪的幽默之中，结果搞得没有哪种说法是可信的。关于第一种观点，有人倾向于认为，亚当斯反复说自己的一生是失败的，这绝非出于他的本意，除非我们认为，对于他来说，只要没有使自己在某种意义上成为所有人的注意对象，就没有什么事情算是"成功"。但这种说法太简单化了。世界并不是非白即黑，或者非黑即白，没有哪种单纯的黑白可以描绘亚当斯。一位曾目睹过亚当斯1910—1911年间在巴黎的活动的人告诉我，"他的习惯性态度"属于这样一种态度：他觉得自己有点"掉队了"，但又不真的相信自己已经掉队了，并且同时也不能理解，为什么自己会掉队，或者为什么自己觉得自己已经掉队了。这种说法对我来说如醍醐灌顶，它就是《教育》这本书所要说的。一个人的思想天赋总是与他自己对"力量"的渴望打架，并且自己一直浑然不觉；对于这样的人，难道这不正是人们所预料到的他的人生态度吗？这样说的话，或许，亨利·亚当斯的秘密很简单，他只是不知道自己哪里出了问题。但是，更或许，其实他知道，只不过他太骄傲，抑或太执拗，不愿意承认罢了，哪怕是对自己。

威尔斯*与"新史学"

每当犬儒之风盛行一时,人们就可能同意伏尔泰所说的话:"历史毕竟只是一套玩弄死人的把戏。"在历史中,你发现不了任何东西,除了真相——你实际所能发现的真相。或多或少的真相在那里,等待你去发现,任凭你去处置。人们在头脑中事先挑选出有趣的或者重要的史实,希望它们一经出现,就能"真相大白"。麻烦在于,没有人不在乎它们"大白"的是什么,而且,它们在说出人们所要求说的任何话时,总能触动一些人的思想,并且总是理直气壮。在一份教育刊物中,我看到这样一段关于美国历史教学的话:"将某个事件,比如'威廉征服'作为历史的一个起点,能展现人们从奴役时代不断前进、不断提升到今天的一个进步过程。"对此我不怀疑——不断前进、不断提升到"大战",此外还有国际联盟、《凡尔赛和约》,以及苏维埃政权在全世界的最终建立。历史能为人类提供你愿意想象的任何前途。哦,历史,多少真理假汝之名而行!

有时候,更明智一点的话,这个观点同样可以这样来表达:每一个时代都为满足自己的需要而重新解释过去。历史学家并不考虑

---

* 威尔斯(Herbert George Wells,1866—1946),英国著名历史学家、小说家、新闻记者、政治家,著有《世界史纲》(1920)。

某些个人性的独特行为，但无论他们多么努力地保持局外姿态，也不能使自己完全脱离他所生活的那个时代的一般偏见。在一些风平浪静的时代，人们对现状总体上感到称心如意，人们担心变化，希望维持现状，这时，人们庆幸自己生活在一个好时代，觉得自己生活在一个最好的世界里。在这种时候，历史学家很容易落入机械记录的惯常做法，认为发生的一切本身都是有趣而有益的。但是，在一些充满矛盾的时代，人们觉得失去了秩序，那些不满现状的人可能对过去也同样不满。在这种时候，历史学家，至少那些年轻一代的历史学家，缘于不安分的精神，倾向于检点过去，以发现事态为什么没能变得更好；事实上，他们倾向于坐而论道，臧否前人，用今人的不满眼光提出赞同或不赞同的意见。历史就像一块幕布，每一代人都在上面投下自己对于未来的设想；只要人们的心头涌出某种希望，"新史学"就会蔚然成为一种现象。

大约 18 世纪中叶（无须再往前回溯），"哲人"[1]们提倡一种"新史学"。1755 年，格里姆指出："我们这些历史学家的全部意义，在于对一些通常不重要、不确定、有争议的事实做愚蠢的和书生气的争论。"格里姆一派人认为，研究历史不是为了使自己搞清楚今天的一切是如何发生的，而是要知道自己怎样才能使现状变得更好。杜克洛[2]说："我的目的不在于证明历史的功用，历史的功用尽人皆知，无须证明。……当我们看到，同样的不幸尾随同样的错误而来，我

---

[1] "哲人"（*Philosophes*），通常指法国启蒙运动时期的启蒙思想家。
[2] 格里姆（Friedrich Melchior von Grimm, 1723—1807），长期居留法国的德国评论家、外交家；杜克洛（Charles Pinot Duclos, 1704—1772），法国启蒙运动时期作家。这两条译者注引自彼得·赖尔、艾伦·威尔逊：《启蒙运动百科全书》，刘北成、王皖强编译，上海人民出版社，2004 年，第 295、289 页。

们就有理由去想，如果我们了解前车之鉴，就不会重蹈覆辙。过去可以启迪未来；认识历史就是分享经验。""哲人"们都十分清楚研究历史的重要性，但是，他们的研究带有某种普遍的先入为主倾向。他们希望从过去提炼出那些思想、那些制度、那些重大事件和英雄行为，它们可被视为具有永久的、普遍的意义，并且由于这一点，可被认为合乎人性的本质，因此可作为指导社会重建这一紧迫任务的原则。

当法国大革命走到尽头时，人们认为那场社会重建已经走得太远了；这在很长时间里是一个共识。变革不再是一种潮流，不再具有影响；人们打心里害怕革命，渴望和平和回到正常秩序，人们回首过去，希望有可能发现稳定的社会秩序的新的基础。结果，19世纪的"新史学"成为保守主义的主要思想堡垒。在很大程度上，历史学家研究历史，认为历史一方面是不可避免的进程，人们只能顺从，但另一方面，只要人们正确地理解历史，就至少可以有意识地顺应历史。"对于历史的正义，反叛又有何益？"兰克如是问；但问完之后，他又冷静地致力于展现上帝的意志——叙述教皇希克斯塔斯五世（Pope Sixtus V）为提高教皇税收而采取的那些措施。今天，这种心态已成过去。历史正义与国王一样，成为不堪负担的暴政。一度知道约瑟芬（Joseph）的人要求重新解释那段历史，以服务于社会改革的需要。鲁宾逊[1]教授深受格里姆的影响，他哀叹历史学家浪费时间去考订"胖王查理公元887年7月1日到底是在英格尔海姆（Ingelheim）还是在鲁斯特瑙（Lustnau）"，要求他们改弦更张，

---

[1] 鲁宾逊（James Harvey Robinson,1863—1936），美国历史学家，"新史学"的倡导者。

去考察一下"海德堡人"的下巴。一些人重新提倡"新史学",他们不满足于如实地叙述历史,要求"在更高级的兴趣上发掘过去";这样的历史学家不乏其人,鲁宾逊只是其中的一位。在用这种新的、同时也是很古老的视角写作世界历史方面,威尔斯先生的著述是一次引人注目的尝试。

在一篇简短的引言中,威尔斯先生道出了自己的意图:

> 这部《世界史纲》试图通过一次连贯的叙述,真实而准确地介绍迄今为止已知的人类及其他生命的全部历史。它面向一般读者,文字浅显易懂,但其目的绝不仅仅是为了满足阅读兴趣。……最近几年,在这个多事之秋,人们明显渴望对全世界人类历史的一般事实达成共识。……我们意识到,今天不再有和平,但就整个世界来讲,还有着共同的和平;今天不再有繁荣,但整个世界总体上是繁荣的。"没有共同的历史观念,就没有共同的和平与繁荣。"如果没有这些观念将人们连到一起,和谐协作,如果只剩下狭隘、自私,以及各自对立的民族传统,那么,各民族人民将注定走向冲突与毁灭。……历史是全人类的共同经历,这种史观无论是对于国内和平,还是对国家之间的和平,都是十分必要的。这就是这部《世界史纲》旨在提出的史观。它试图告诉人们,我们当前的状态,我们这种令人沮丧又目不暇接的人类生活,是如何从远古走来,如何从这死气沉沉的物质碰撞中形成的;由此,本书试图探讨,人类今天所面临的未来,究竟还有什么样的、多大的,以

及什么范围的希望。

很难想象,还有什么比这一尝试更有雄心了。一个人应当有勇气从事这项事业,他更应该下决心坚持到底;这种念头,让他内心充满兴奋和光荣。都说"糊涂人胆大",威尔斯先生就是这样糊涂胆大的人;但是,大家知道,威尔斯先生并不糊涂。对他独具一格的表现,我们诚恳地表示欢迎。读过这本书的人,可能多过读伏尔泰、麦考莱或者兰克的书的人。在这样一本对人类及其他生命娓娓道来的历史书中,他们会发现什么呢?

首先,他们会发现,威尔斯是从源头开始写起——或者说几乎如此。他并不是从电气时代写起,而是至少从物理学上的世界下笔。"我们生活的这个世界是一个旋转的球体"——这就是本书第一卷的戏剧化开头,在这一卷中,我们知道了"我们的世界的形成"。令读者感到特别震惊的是——无疑作者意在如此,这一形成过程漫长得令人难以置信:根据最合理的估计,大约8千万到8亿年。第二卷讨论"人的形成"。在地球的生命史上,人是相对近期的产物。但是,威尔斯确定的第一批人出现的时间,与伍歇尔大主教(Archbishop Ussher)确定的时间还有巨大的差异。威尔斯很少提及伍歇尔大主教在这个问题上的贡献,理所当然地认为那一时间已经被今天的研究前移了。整整101页,他讨论了远古时代那些桀骜不驯的第一批欧洲人的长相和"风俗",包括:"海德堡人"(大约出现于公元前250万年)、"古北界"(Palaearctic)早期的尼安德特人(公元前5万年)、"古北界"晚期的"真人",以及大约出现于1万到1.2万年前的新石器时代的人。这最后一批人是"现代欧洲人的祖先","从他们那个时代以来,文化上没有出现真正的断裂。"在新石器时代文化中,一定能找到现代文明的开端。第三卷叫"历史的黎明",一开头,威尔斯用三章对思想与信仰的起源、种族的分化及语言的变迁做了十分难得的清晰而有趣的介绍。在这一卷中,一般读者会读到关于很多主题的精彩论述,比如:"史前时代的雅利安语系人""亚述、埃及、中国、印度的早期文明""早期爱琴文明",书写的起源,王权,教士,城堡以及社会等级的发端,等等。第三卷以"五千年总结"结尾。到第274页,《世界史纲》写完了五分之一,我们这时才读到"犹太、希腊和印度";在过去的历史写作中,人类历史到这里还没有开始呢。

威尔斯这样开始叙述历史,使我们失去了传统的路标。《世界史纲》的目录中不包含我们熟悉的那些内容,那些我们深陷其中、冥思苦想的问题——古代历史、中世纪历史、近代历史、中世纪教会、中世纪帝国、新教改革。在第四卷"犹太、希腊和印度"和第五卷"罗马帝国的兴衰"中,我们还能找到熟悉的内容;但在下面的几卷"基督教与伊斯兰教""陆路的蒙古帝国与海路的新帝国""君主、议会与权力"中,威尔斯为自己的主要主题起了新的名字,这使得训练有素的研究者都怀疑他是不是在无意间为了某些历史而忽略了另外一些历史。训练有素的学者应该记得,威尔斯的目的在于写全人类的历史,因此他极力使欧洲回到它恰当的位置上,并且多少取得了成功。从这一新颖的视角看,人们或许能够以一种不太严格的方式,将人类历史看成是始于"罗马的衰落",并将其看成或许是三个系列事件的核心:(一)伊斯兰教与基督教的冲突,其结果,欧洲世界变得封闭,在那里相对隔绝地发展出一种受限制的、地方性的生活与思维方式；(二) 始于 12 世纪的欧洲人的逐渐扩张，其结果是更新了与亚洲的关系，欧洲人的思想得到解放，欧洲的体制发生变革；(三) 欧洲和美洲军事与工业国家的兴起，其结果是它们的经济和政治力量扩张到全世界，同时彼此之间出现了抢夺胜利果实的斗争。

要完全理解这一新的归类方法乃至威尔斯整个做法的意义，必须完整地读一下这部著作。它显然不是一本参考书，其首要的目的之一在于传达一种关于人类历史的统一性和连续性的观念。或许，没有哪本书能够如此卓有成效地完成这一任务；当然，这是对一般读者而言。至少就我而言（对于大部分人类历史，我的熟悉程度只相当于一个普通读者的水平），威尔斯的这部著作让人耳目一新，在某些问题上极富启发性，我正是在不断阅读这部书的过程中开始我的学术历程的。比如，我很高兴地读到，基督教源于犹太教，传道者名叫耶稣，而不是起源于尼禄皇帝统治下的罗马。今天我明白，在薛西斯时代与舒斯特[1]的时代之间，一直有人生活在波斯；我还知道，印度历史并非始于瓦斯科·达伽马，中国历史并非始于成吉思汗。总体上，威尔斯廓清了我的模糊观念，我不再认为，历史女神本打算让历史始于尼罗河和幼发拉底河的峡谷，大约在公元前 6 世纪，她放弃了自己的那一努力，迁徙到欧洲，从此在那里安下身来。我的历史观改变了，开始认为历史是"全人类的共同经历"，我比以前任何时候都更加觉得，"人类"可以稳稳当当地包含亚洲

---

[1] 舒斯特（William Morgan Shusyer, 1877—1960），美国人，1911 年 5–12 月被伊朗国会（"马吉里"）任命为伊朗的"大波斯财政总监"。

那些"落后"人群，就像包含欧洲的进步人群一样。

有些著作具有很高的价值，因为它怀有远大的志向，至少还能向我们展现那些志向是什么，因此，我们能够期待它的成功。威尔斯先生的著作就有这样的价值。它能够使全世界数以千计的有知识的男女用一种更好的视角去看待历史，它为他们带来——不论多么不完美——关于人类是从蛮荒时代缓慢而痛苦地走来的这样一种新观念，并且在某种程度上使他们认识到，全人类的命运注定是紧紧地连在一起的。

这就是这部著作的立意所在。这有什么特别之处？如果一位小说家能写历史小说，那么历史教授似乎就敢说，自己写的历史书的优点在于它的学术性和对知识的贡献。这绝非偶然。有文化的人广泛吸收历史知识是天经地义的事情；但历史教授就没这么轻松。人们都知道，他个人的知识专注于某个点上，他在这个点上狠下功夫，而不是把精力广泛分散给各种问题，不受地理或断代的限制。对于威尔斯先生的学术和一般影响，我这里不做评判。我只需指出一点：威尔斯先生知道自己的局限，他很明智地寻求很多人的帮助，特别是欧内斯特·巴克尔、H. H. 约翰斯顿、E. 雷·兰开斯特以及吉尔伯特·莫里教授。[1]这些人都是各个领域里的博学之士，无疑对威尔斯避免某些史实上的硬伤大有裨益。他们公开提出反对意见，以注脚的形式指出所有他们发现的在资料与观点上的不妥之处。或许

---

[1] 欧内斯特·巴克尔（Sir Ernest Barker,1874—1960），英国政治学家、历史学家，曾任伦敦国王学院院长 （1920—1927）；H. H. 约翰斯顿（Sir Henry Harry Hamilton Johnston,1858—1927），英国探险家、植物学家和殖民地长官；E. 雷·兰开斯特（Sir E. Ray Lankester,1847—1929），英国动物学家；吉尔伯特·莫里（George Gilbert Aimé Murray,1866—1957），英国古典学家。

还应该指出，他们的反对意见，在后五卷比前四卷出现得更频繁，也更切中要害。

这部著作当然不会自称是对知识的贡献；但是它的确特别声称，在我们为自己现有的知识可能以及实际上应该附加什么样的意义方面，它贡献不菲。因此，真正切题的批评，不是关于威尔斯的知识面和写作技巧，而应该是关于他对历史的解读，以及他一般的历史哲学。很有可能，他没怎么翻过《德意志历史文献》(*Monumenta Germaniae Historica*) 或者《卷宗丛书》[1]等史料，而《路标》(*Wegweiser*) 也不是他手不释卷的"指南"(vade mucum)；或许，他若多选、少选或者选择其他的资料，反而是有益的；无疑，他有很多说法是有错误的。但是，这一切并不有损于这本书的价值。威尔斯对史料的选择足够丰富和准确，并且服务于自己的主要目标。那么那一主要目标是什么呢？作者是在什么样的思想框架下展开主题？又是通过建立什么样的现实经验与历史知识之间的关联，在头脑中构思一套能够很好地包容这一目标的历史哲学？从这一点看，威尔斯此书最牵动人心的地方在于，随着目标的展开，他的思想框架也在不断变化，而且，这种变化与他的一般的历史观，以及他关于这种历史观的意义及主旨的具体理论是相连的；只不过，这相连的二者，谁是因谁是果，我说不上来。

在一开始的几卷中，威尔斯似乎对自己的主题得心应手。他深思熟虑、心平气和、言辞真切。我有个很强烈的印象，威尔斯觉得

---

[1] 《卷宗丛书》(*Rolls Series*)，英国中世纪史料汇编，于 1858 年至 1911 年间出版，共 99 部作品，253 卷，是研究英国历史的重要文献。

所有的史前问题都极为有趣,他沉浸其中可能有些年头了,他本着自己如饥似渴的求知欲望,以最快的速度投入那些问题之中,他花费时间、不辞辛苦地阅读每一个领域里最优秀的著作,与每一个领域里最优秀的学者交流。他的发现让他感到震惊,因为像他这样的学者十分了解自己的主题,熟悉证据材料,清楚面前的困难,知道自己最能做的就是谨慎而谦卑地紧随那些更有实力的人。正是出于科学精神,以及纯粹的了解事实真相的求知欲望,而不是为某些特别的命题辩护或者服务于某些现实目的,威尔斯先生展开了开头几卷的研究。

在后面的几卷中,这一冷静客观的态度越来越明显,但到最后,这种态度几乎全被另一种完全不同的态度取代。有人会说,一旦威尔斯专注于描述性地铺陈宗教、科学和知识的进步,或者某种消逝的文明时,这种温和而友好的心态,这个被知识深深吸引的头脑,就找到了用武之地。但是,一旦他涉及政治史,涉及征服者、国王以及政客们,或者叙述与之相关的事件,特别是如果那些事件与我们这个时代相距较近时,那种温和的立场就会让位于愤慨以及厌恶之情,他心中燃起的追求知识的火焰通常就会黯然无光,甚至被一种强烈的道德偏见所熄灭。随后的很多叙述似乎都在敷衍了事,似乎出自一位对这个主题一开始感兴趣后来又觉得很乏味的人之手,似乎这个人觉得自己是被迫写完它,结果只得根据一些不完整的知识,或者本来完整但有所取舍的知识去写完它。特别是从17世纪的历史开始,威尔斯写得很仓促,其程度令我们难以置信;一些合作者不断提出抗议,特别是欧内斯特·巴克尔,此人实际上做了很多注释,提醒威尔斯注意自己要写什么,但威尔斯不知为何对此都置若罔闻。如果我们有时觉得威尔斯不十分清楚自己要写什么，我们只能认为，他其实知道自己喜欢什么和不喜欢什么。他不喜欢很多政治家，不喜欢几乎所有的国王，不喜欢所有的外交家；他不喜欢爱国主义、民族主义和帝国主义；他不喜欢卢梭；他不喜欢古典教育。在第八卷中，威尔斯给我们留下一个强烈的印象，那就是他认为最近的两个世纪没能为生命和人类的故事带来好的结尾；他似乎感到失望，实际上他的确感到失望——出现在前几章里的那些人物，所做的事还能让人满意，但现在这样的人已经荡然无存了。

威尔斯的愤慨之情到拿破仑身上积聚成汹涌的波涛。他花了一章写这个近代史上的核心人物，其语气和态度在下面这段话中可见一斑：

> 对于这一重大的偶然事故，人们并不吝啬为其赋予高贵的想象。其实，拿破仑所做的，无非是像公鸡扑腾一堆粪便那样，斗志昂扬地面对那一幸运之巅峰。他在历史上当属这样一类人物之列——他们是难以置信的自大狂，他们空虚、贪婪、狡诈，对所有信赖自己的人报以无情的轻蔑和漠视，对恺撒、亚历山大、查理曼佩服得五体投地；这样的人，双手沾满人类的鲜血，纯粹是一场闹剧。直到有一天，正如雨果绝妙地指出的，"上帝也烦了他"，他被一脚踢到角落里，了此残生，还要再三地解释，自己那些杀人如麻的行为是多么英明。即便踯躅在那凄凉的热带岛屿上，还不忘打鸟；即便与可怜的看守也要争吵，责怪他没给自己一个好"视角"。

这一章通篇如此，充斥着愤怒的激烈言辞，时而揶揄，时而正经，但难免偏激。我不否认，拿破仑应该受到不一般的评论；但是如果我特别注意一下这一章，就会发现，它作为一个具体的事例，说明了大部分近代历史对威尔斯的平和心态所产生的影响。威尔斯在处理历史上的某些人物、某些阶段时，会比在处理其他的人物和阶段时表现得更加镇定，这是为什么？更让他牵肠挂肚的，是尼安德特人而非罗马人，是部落的"长者"而非教会的教皇，是"海德堡人"而非拿破仑，又是为什么？

当然，要人们心平气和地对待一个写下了长达36卷的书稿的人，比要人们心平气和地对待一个除了下巴没留下任何东西的人难得多。或许，威尔斯觉得，自己越往下写，越没法花较多的时间和精力去研究自己笔下人物的所思所为，因此那些人物越发让人觉得乏味。也或许情况是这样的：如果讲述某一段历史时，文风已经被严格限定，他必须采取某些总体上为大家所熟悉并且通常带有散文风格的写法，那么这时，他的兴趣就不大，写起来也不会太卖力；但如果讨论的是某些片段性事件的恰当教益问题，并且那些问题能够让他自由发挥自己的想象和架构能力，那么这时，他的兴趣就会更浓，写起来也会更用力。但是我认为，基本上，威尔斯在思考历史上的不同人物和阶段时所持有的性情，只不过是促使其写作《世界史纲》的那一动机的情绪化的副产品，他希望通过这一作品正式地表达自己的历史趣味，也就是说，通过一种恰当的文学创造，富有成效地阐释历史——自己所理解的历史——的意义与目的。

不用说，威尔斯不是传统意义上的"客观"史家（噢，老天保佑，"客观"是学术思想的寄托！）。他是有偏见的，可惜呀！他对历史的兴趣是特别的，甚至个人化的。他不会采取亨利·亚当斯的宇宙观，这种宇宙观使得亚当斯对于机械法则感到冷冷的惬意。但是，没有哪位历史学家能真正"客观"。我们都同意威尔斯的观点：如果过去三百年的人类历史要比此前的 34.7 万年的历史更值得我们注意，那只是因为前者"对我们来说更有趣"。我们是从人类的角度，而非从世界万物的角度去写历史，因为不论人的所作所为对于宇宙力量来说多么微不足道（人乃是宇宙力量的结果），人的所作所为对于我们来说都是极为有趣的；并且按人的欲望、目的和抱负来衡量，它们还是极为重要的。如果历史学家要写真正的历史，就必须重视这些欲望、目的和抱负，必须从这种或那种意义上认为它们是重要的。即便世界上最不带个人兴趣的历史学家也至少怀有一种偏见，那就是，他绝不怀有任何偏见。

但是，仍然存在不同的偏见、不同的"探索过去"的方法，以及不同的思考历史对于我们的恰当价值的方式。我们对人类过去的行为发生兴趣时，可以认为它们本身就具有研究价值；我们的研究除了增进人类知识外，没有其他的直接目的。从这一观点看，那些导致战争、滋生政客的人类动机和利益都是可鄙的；但是重要的是要明白，那些动机和利益是如何起作用的，因为它们是历史记录的一部分，没有它们，我们就无法理解人到底是什么样的一种造物。赞同这种观点的历史学家或许会说，拿破仑是否像好斗的公鸡扑腾一堆粪便一样给我们以重创，都无关紧要；重要的是要理解，最近，就像一个世纪前一样，地球上为何存在这堆粪便，而那只好斗的公鸡又何以如此长时间地在粪堆上扑腾，并且在把粪便洒满仓院时，何以叫得如此响亮，鸡冠如此昂扬？我想象，历史学家会说，如果我们能够清楚地了解这只好斗的公鸡和这个粪堆，就能了解自己的公鸡和自己的粪堆，因此就能消除它们。对于这种说法，还要说，除了大骂其龌龊之外，我们最后其实没做多少要消除它们的事情。也可以说，除了对其化学和细菌学特性付出无聊的好奇心外，我们几乎没做什么要消除它们的事情。特别是在当前的这种压力下，情况可能是，当历史学家遇到一个粪堆时，他最能做的只是愤慨地大骂其是粪堆，以使读者们强烈地觉得，这样一堆令人嫌恶的东西必须永远不能再堆积起来。从这一点讲，当历史学家对人的历史活动感兴趣时，并不把它们首先看作本身有待于从知识上去理解的对象，相反，他们根据它们将来可能带来的令人满意的结果，从现实角度去评判它们。威尔斯显然就持这种立场。他写作历史是为了评价"（人类）今天所面临的未来，究竟还有什么样的、多大的以及什么范围的希望"。他根据一种绝对是主观臆想的进步论去写作历史。

进步的一个无可争辩的事实，根据威尔斯的说法，就是知识的进步，即人类思维能力的不断扩展。在史前时代，知识的增长只不过是"死气沉沉的物质碰撞"的结果，或者盲目的人类本能的斗争结果。因此，在那一阶段，进步只是人的本能行为的伴生物。"海德堡人"无疑对知识有贡献，但他们自己浑然不觉。因此威尔斯感到，我们也会感到，要求"海德堡人"对自己做过什么以及没做什么负责，显然是荒谬的。"海德堡人"距离我们实在太遥远了，不会惹我们愤怒，我们可以轻松地想象他们的活动，我们也只能想象他们的活动；我们可以与之拉开距离，就像我们在思考三角恐龙时一样。但是，拿破仑并不那么遥远，他与我们十分近，足以唤起我们的愤怒。在人类知识的缓慢而无限的扩展过程中，人类终究会在某一个时刻，意识到知识的存在，开始回忆过去或展望未来，开始体验遗憾或满怀希望，一句话，开始重视知识的用途和结果，区分知识的好坏。这时，正是这种认识，成了进步的证据。人们不仅知道自己可以择优汰劣，而且开始形成关于优劣的概念。这时，进步被认为是人类有预谋的目标的可预见的结果；这样一来，鉴于威尔斯所关注的人都有着既定的行为和目的，我们发现，当他赞同或不赞同某种目的或活动，或为其赋予价值时，依据的都是它们是否有益于人们所希望达到的预期结果。如果拿破仑比其他人更能激起他的愤怒，那是因为他比其他人"更急切地要创造和巩固新秩序，建立一个对欧洲乃至整个世界来说都是一座灯塔的令人鼓舞的现代国家"。

当然，你或许会说，拿破仑不可能不那样做，因为他是时代的产物，是"各种条件"的不可避免的结果。威尔斯对此一直相当勉强地承认。他作壁上观般地说："或许，总要有人做坏事，或许他的一生，或者其他人类似的一生，都是这个世界还没有为革命危机做好精神准备的必然结果。"如果你要问，人们为什么会对必然发生的事情如此愤怒，如果你说，拿破仑就像《凡尔赛和约》一样，是这个充满各种可能性的世界"在任何条件下都最不可能发生的最好的结果"；那么威尔斯无疑会回答说，拿破仑及其同党的那些低级目标和有限视野就是"任何条件"中的必然部分，就拿破仑而言，他打算向全世界坚决声明，那些目标是低级的，那些视野是有限的，为的就是让高级目标和广阔视野成为"条件"的一部分，以调节将来人们的行为，不管你是否满意，这种调节都是不可避免的。这样的回答是很充分的。威尔斯先生的愤慨与拿破仑的低级目标一样，是宇宙进程的一个部分；因此，如果接受拿破仑的低级目标，认为它们是必然的,但反对威尔斯的愤慨,认为它是不必要的,那就是不公平的,是有悖于游戏规则的,特别是在游戏已经被预先严格地决定了的情况下。

因此可以说,威尔斯非常清楚自己本身就是宇宙进程的一个部分,自己非常愿意塑造和改进那一进程,他自己就是游戏的一部分,愿意带着某种求知的好奇心,以一种超然的姿态置身一旁,他的目的仅仅在于观察这场游戏在演进过程中的复杂性。由于兴趣主要在于"可能之物",而不是"已然之物",对教化的追求越来越压倒对科学性的追求,其结果,他并不是坐在历史女神的脚下,聆听她的话语,而是在她头上挥舞棍棒,用某种威胁的口吻宣称她的回答很不充分。威尔斯似乎在说,不要告诉我你做了些什么,让我来告诉你本应该做些什么,以及我敢说,在你让我满意之前,你还该做些什么。在故事行将结束时,他给我们留下的印象是,他没怎么讲历史女神,更多的是在讲历史女神的"麻烦"。他讲这位不正当的老女人,挑她的毛病,指出她的愚蠢,揭露她最糟糕的错误,似乎自己是一位热心的父亲,目的是矫正女儿的人生道路。关于她1848—1878 年间的那些荒唐行为,威尔斯先生言之凿凿地说:

> 所有的外交上的忙乱、表态、计划,这些年来所有的阴谋、流血,所有的大骚乱和荒芜,……加富尔、俾斯麦、迪斯累利、波拿巴这类伟人的所有最重大的态度、行为和安排,都是可以很好地避免的,只要欧洲想到要组织一小群相对诚实的民族学家、地理学家以及社会学家,用理性的方法划出恰当的边界,并确定各自合适的政府形式。

或许历史女神太老了,眼神又比正义女神差,威尔斯这样做已经没什么意思了。但是威尔斯不接受任何道歉,他之所以如此不讲情面,是因为他确切地知道历史女神本应该做些什么——他清楚知道哪些历史重要,哪些历史不重要。衡量一个人或者事件重要与否的标准在于,这个人或者事件是否能够有益于"五倍地创造"未来。能够有益于此的人都是"19世纪的真正创造者",相比之下,那些"外交大臣、'政客'和政治家们……只不过是一群爱惹麻烦、经常捣乱的学童……他们到处玩耍,干些无谓的坏事"。

显然,历史学家不能用这种方法去评价人和事件的意义,至少这种做法是不可靠的,除非他敢说自己知道将来是什么样子。但威尔斯就敢这样说。他知道"历史的下一步",知道"只要人们联合在普遍的和平与正义之下,世界会是什么样子"。正是在这种思想的激励下,他写作《世界史纲》;正是这种思想为他带来了价值的标准,他根据那一标准,说历史上应该发生什么,但很遗憾没有发生;也正是这一思想,让他形成了一种哲学——未来的"伟大社会"是所有历史的价值所在。威尔斯在最后一卷中描述了那种社会:那是一个"世界联邦国家",政治民主,无须陆海军,居民都是有教养的、自觉自愿的人,他们奉行友爱精神,受有主见的科学观念的引导,致力于为人类的利益而开发物质世界,乐于探索人类精神领域的无限可能性。

不用说,威尔斯先生的头脑中冒出这种远大的理想,不是历史研究的结果。与很多人一样,他创造了一个逃避绝望的避难所,让悲观的灵魂重新活跃起来。

> 战争是一件恐怖的事情，并且会越来越恐怖、越来越可怕；到最后，要么结束战争，要么结束人类社会。战争带来的社会不公，以及人类受限制、受磨难的景象，折磨着人的灵魂；……人类至今一直在苟延残喘，纷争不断，互相仇视，精神空虚，劣迹斑斑，欲火中烧，喜新厌旧。科学使人们的世界变大了，但是人们很少体会到甜美的空气和真正的自由。

不，这不是历史研究，而只是一种当前的经验，它牵动着人们的心灵，使得我们全都满怀深情地希望结束战争与苦难，也使得威尔斯看到了"希望之地"。"希望之地"一定就在前方，因为，不然的话，这世界就太可怕了！怀揣着这种炽热的希望，威尔斯回望人类的漫长历史，在那里，毫无疑问，他看到了希望的根基。他发现，从公元3世纪开始，就已经出现了三种伟大的思想：科学、对正义的普遍信仰，以及"世界政体"。

> 余下的人类历史总体上都是那三种思想的历史。……它们源自一个民族中出类拔萃之辈的思想，后来融入民族的总体意识，为人类事务赋予新的色彩、新的精神，最后，指明新的方向。

这样，在历史舞台上，威尔斯投下了这样的未来景象。人类在黑暗中的所有探索，所有的血和泪，看上去都是为了这幅景象。人们一直在走向这个"伟大社会"，或许不知不觉，并且经历了一次又一次漫长而令人沮丧的重复和倒退，但"伟大社会"终将到来，因为它一定会到来。

迄今为止，这场进步运动主要还是一种盲目的斗争，一种盲人引领盲人的运动。人们应该逐渐意识到自己的目标以及达到目标的方式，这是必须的。今天，正是历史的这一最终目标，通过揭示通向目标的途径，引领我们直接地、有意识地前行。在过去，不管是什么力量促进了人们的知识，向人们的心中注入了友爱的精神，推动建立起一个以国民的自觉自愿的忠诚为基础的国家，那种力量都一直使我们进步；而无知、自私和盲从都使我们倒退。基督教曾赋予我们人类友爱的理想，到13世纪，"人类第一次提出……一种理想的政府，一直到今天，人们都在努力实现它"。但由于无知和宗教，这一理想不幸破灭。现代世界清除了宗教的干扰，获得了知识的力量，有望冲破无知的限制。但是，在冲破宗教干扰、获取知识的过程中，现代世界失去了自己的灵魂，既不明白那个"世界政体"观，也看不见对正义的普遍信仰。在罗马帝国与教会的思想难以维系后，在"人类兴趣的几乎每一个新领域，都出现了进步；但在政治方面却出现倒退，出现马其顿式的纯个人的君主制和君主专制性质的民族主义"。

> 人们在思考人生时，不再考虑上帝的天国和人间的友爱，而是考虑那些明显更实在的实体：法国、英国、神圣俄罗斯、西班牙、普鲁士……在13、14世纪，欧洲人一般都是信教的，他们的爱国心是模糊的；但到了19世纪，他们几乎全都是爱国者。在19世纪后期拥挤的……火车

厢里，一个嘲笑上帝的人所受到的敌意，要比一个嘲笑英国人、法国人、德国人……这些新奇的人群的人受到的敌意少得多。这些新人是欧洲真正的、实实在在的上帝。

这是一种新利己主义的复萌，我们今天或许仍置身其中；但这只是暂时现象，它主要存在于上几个世纪，"在人类有意识的漫长历史中，它仅仅是一个片刻、一个偶然的阶段"。我们迟早会走出这段历史，从梦魇中醒来；在后人看来，这段历史中的冲突都是愚蠢的，就像拜占庭大街上蓝绿两族的世代仇杀一样。一段时间，人们又回到对自己民族或帝国的膜拜中；但为时不长。每一个有生命的灵魂都应该成为"世界国家"及"正义的普世王国"的公民；这种观念在这个世界上已经存在了两百年，再也不会消失。人们知道这就是现实，即便不愿意承认它。……人们大声谈论自己的"爱"——爱法兰西，爱他们"可恨的"德意志，爱"不列颠传统上的海上优势"，如此等等；就像那些举杯高歌的人，不顾严酷的禁酒令和头痛病。他们效忠的是这些死了的神。不论在海边还是在内陆，人们不想要"霸权"，只想要法律与各种服务机构。无声的、不可避免的挑战来自我们的思想，就像黎明慢慢划破长夜，阳光穿过百叶窗，照进杂乱的房间。

那么，我们还说什么？房间当然是杂乱的，黎明当然会到来，它以前经常到来，周而复始；但是，那些百叶窗呢？——我们至今还在用无助的手指，摸索那僵硬的叶片！

可能，威尔斯阅读历史时距离太近了，所以往往不能称心。但这不是最糟糕的。我们至少希望，将来会如他设想的那样。若果真如此，威尔斯的这本书就绝不止是一本历史著作——或许它本身就不是一本历史著作。它是一次帮助创造历史的行动。如果说它还是别的什么，那它还是一件果敢之举。1760 年 11 月 28 日，狄德罗在写信给伏尔泰，讨论后者的《风俗论》时说：

> 别的历史学家讲述历史，为的是告诉我们史实。你讲述历史，为的是在我们内心激起对谎言、无知、伪善、迷信、狂热、暴政的深刻仇恨；即便历史的记忆消逝，这种仇恨仍将延续。

关于威尔斯的《世界史纲》，要说的还有很多。威尔斯不是伏尔泰，但是他们的"角色"十分相似：与伏尔泰一样，他博学多才，对人类怀有炽热的同情心，对当时的一切知识怀有广泛的兴趣；与伏尔泰一样，他是有信仰的人，他相信人可以被启蒙，可以更趋人性；与伏尔泰一样，他加入到对"邪恶"（l' Infame）——伪善、迷信、狂热、暴政——的战斗中，而他的这本历史著作是这场战斗的有力武器；与伏尔泰的《风俗论》一样，这本书以史为鉴，借古讽今。尽管存在着诸多不完美之处，它仍不失为用人类经验服务人类前途的一次引人注目的尝试。

"哦，这不是历史！"我听人这么叫道。没错，你想怎么叫就怎么叫吧。如果你不想用"历史著作"这个词来形容威尔斯的这本书，那就叫它别的好了——比如，高尚的灵魂在灾难中的一次冒险！

弗雷德里克·杰克逊·特纳[*]

那是1893年,我进入威斯康星大学[1];与很多小伙子一样,我之所以选择这所大学,只是因为我的一位高中朋友也要去那里,那位朋友还有个表兄之类的什么人"已经在麦迪逊"。年轻人都这样——虽然我从没去过那儿,也只是最近才听说它,但我一下子就认准了它,对它充满了浪漫的幻想。麦迪逊是不是一个遥远的大城市?(要知道问这话的,是一名来自大草原的乡下男孩,他从没离开过自己的小镇,进入如此宽广的世界。)它是不是濒临一大片水域、一个直径有8英里的湖,或者略小一点?还有不少念头,都被添加到了那个壮美的地方——威斯康星。听说在那所大学里,有那么一个人,我镇上的一个年轻律师对他赞不绝口,并亲昵地称其为"老弗雷爹·特纳"。

"他老吗?"我问,一边画着一把长锁链——浮士德在魔鬼登台亮相之前,就戴着这副锁链。

---

[*] 中译文参考了卡尔·贝克尔:《"弗雷德里克·杰克逊·特纳"(节录)》,焦虎三译、杨生茂校,载杨生茂编:《美国历史学家特纳及其学派》,商务印书馆,1983年,第133—154页。
[1] 威斯康星大学当时位于威斯康星州麦迪逊市,美国著名边疆学派历史学家弗雷德里克·杰克逊·特纳(Frederic Jackson Turner,1861—1932)于1884年从该校毕业,1890—1910年任该校教授。卡尔·贝克尔1893年进入该校学习,师从特纳,于1907年获博士学位。

"哦，不，不是说他老了。大家只是这么叫他。我不知道缘由何来，可能只是想表达一种孩子般的敬爱之情，并不带有什么惋惜，我想。"

"他教什么？"

"嗯，他教美国历史。但是，他教什么不重要，我指的是课程，课程不重要。重要的是他是什么人，他的特点以及相关的一切方面。重要的是他给你带来的一切：灵感、新思想、看问题的一般视角。重要的是他让你想做什么事，或成为什么样的人。我不记得多少美国历史了，但是我永远不会忘记这个人，特纳，老弗雷爹·特纳。"

就这样，我来到了威斯康星大学，我很清楚自己的一个目的——我要听听老弗雷爹·特纳的课。不幸的是，他教的是历史。历史这个词对我来说毫无趣味。在高中的时候，我就学过历史（当时不叫这个名字，叫什么呢？我不记得了），我学的是通史，用的是巴恩斯[1]的《通史》，或者这类与年轻人格格不入的课本。我只记得其中有句话："埃及素被称为尼罗河的赠礼。"这是所有世界历史中我记得的唯一一句话，但我还是不懂它是什么意思，甚至也没想过，或者也没人指望过我知道它是什么意思。无趣的课程，历史！但是，在那里，在威斯康星大学，我决心上一下历史课，因为没办法，老弗雷爹·特纳"只开这门课"。

---

[1] 当指美国历史学家玛丽·谢尔顿·巴恩斯（Mary Sheldon Barnes, 1850—1898），著有《美国通史》(*Studies in American History*, Boston: Heath & Co., 1891)，一度在美国中学里广为使用。

一

我到麦迪逊市后没过多久,就在校园里看见了这个人。有人指给我看,他正匆忙赶路,背着一个皮质的大公事包,里面装着各种书和笔记本。他匆匆地走上一个山坡,我敢说,他一定是上课迟到了。他可能气喘吁吁,但肯定不至于弯腰塌背。他根本就不老——当时大约只有33岁。但在一个18岁的年轻人看来,一位33岁的教授不管从哪方面讲,通常都似乎有点老了。至少,这种人通常给人留下这样一种印象:他们刚刚处理好生活的各种困顿,机敏地把自己包裹在一个坚硬的盔甲之中,养成一种自我保护的习惯,时刻准备应对各种明枪暗箭——在幽闭的学院城墙之内,生活的不幸总会给他带来这样或那样不寻常的经历或险情。但是,"那个特立独行的特纳"[1],那天上午十点零二分,爬过山坡,没有给人留下这种印象。即便在我这个18岁的小伙子看来,那短小精干的身影在环山路上留下的轨迹,那轻松而不加雕琢地挥舞着的胳膊和双腿,都透露着一种年轻的精神。那昂扬的头颅显示出某种不羁与欢快,它略微后仰,那样的迷人,似乎在勇敢地傲视一切命运的联手作弄。甚至那红润的面色,特别是眼睛和嘴唇,都带着某种孩子气的顽皮;即使在不动时,他的眼睛和嘴唇也始终在微笑,或准备微笑,似乎这个世界发生着那么多事情,各种奇怪的机遇,有趣的片段,都让人念念不忘,满怀期待。期待与迎接!——这就是他给我留下的印象。实际上,这个人是严肃的,对此你不会怀疑;但他也不至于过

---

[1] "那个特立独行的特纳",原文"that man Turner",作者这里取双关之意。

于严肃,至少不那么老,不那么功成名就。相反,他似乎刚刚开始人生,他有滋有味、轻松愉快地奔向某个目标,并且用最自然的友好姿态,邀请你一起参加。

邀请你一起参加,是的。但我不是说(上天明鉴!),他恳求学生上他的课。上天知道,他无须费尽心机地让你去上他的课。我还记得,在第二年的开学头一天,我排队站在他的讲台后面,等着向他提问(那完全是无关紧要的问题,我提问纯粹只是想能站在那里,与他说话)。我站在那里,不久,他转向我,蓝色的双眼快速地抬起,同时抬起一束充满活力的目光,射向我的全身。我像个羞涩的年轻人,无语地站在那里,完全暴露在那非凡的目光之下——那目光冷峻、坚定、富有挑战性,然而十分友好,充满善意的期待。犹犹豫豫地,我提出了我愚蠢的问题,得到了他的解答。问题本身没什么,说的那些话也没什么,但是他那声音,那声音意味着一切——不深沉,但很饱满、充沛、有跳跃性,像音乐般抑扬顿挫。这样的声音让你百听不厌,如此温暖、亲切、沁人心脾。这种声音我无法形容。我只知道,它像魔咒一般向我袭来,我无法摆脱,也不愿摆脱。哦,那真是一种无可名状的魅惑。一个轻启的眼神,几句友好的话语,我不知道还有多少19岁的小伙子会像我这样,就径直成了"老弗雷爹·特纳"的忠实门徒和坚定崇拜者。我不管他带来的是什么;为了他,我甚至愿意去学历史。

即便那样,我还是没学历史。我选了历史课,当时我只能上特纳的美国历史"初级班"。但是我没学历史,没有真正地学,因为我不知道怎么去学。记住什么时候发生了什么事情——这就是当时学历史课对我的意义。找到一本书,记下这些东西。嗯,我有这样的书。开课伊始，特纳让我们去买思维茨的《殖民地》[1]，我买了。我拿着书，老师带我们在目录中标注各章的进度和日期；所有的这些"计划"都是学期一开始就定下来的。很简单，我想，我们每个星期要学一章。但是第二周过后，我们就落后了进度；到第四周，我们就不知道自己在哪，没法找得到了。当然，我读过这本书，我想我是读了；我被当作一个听话的小伙子，我也的确如此，我一定读了这本书。但是这本书与所有的历史书一样，乏味，充满我怎么也记不住的无趣的事实。结果，当特纳每隔十几分钟就问我们问题，比如，"贝克尔先生，1816年《关税法案》有哪些条款？"我从不知道怎么回答，或者几乎不知道。在第二学期，我回答了一个提问，那个提问长篇累牍，没有引起任何同学的反应。我忘了那个提问是什么，我回答是"1811年"。"完全正确，"特纳说。从语气看，他似乎现在了解我了，认为我属于那种可造之才，居然能很快想到1811年的特别意义。

但是那一年我还是没有真正学历史，我只是受到感染，想学历史。这当然是特纳的错，而不是我自己的原因。（顺便说一下，也是哈斯金斯的错。如果我这里主要是写我自己而不是特纳，可能有人认为那就是我的错，至少是无意识的错；至于哈斯金斯，要说的还有很多。）的确，就像我的那位律师朋友所说的，特纳有一种绝无仅有的能力，能影响你做什么事，或成为什么样的人，也就是说，做他所做的事，如果可能，成为他那样的人。他是什么样的人呢？我

---

[1] 思维茨（Reuben Gold Thwaites,1853—1913），美国历史学家，生于马萨诸塞州，1866年移居威斯康星州。《殖民地》：*The Colonies, 1492–1750*（1890）。

被这个人深深地吸引，会留意他的每一个手势、每一个表情，倾听他说的每一句话，但一开始，我并不在意他说的内容，只听到他的声音，揣摩他的用意。他的一言一行所带有的涵义，都成为我极其重要的考虑对象，但其实它们本身只是偶然地才与"选课"的学生有关。那种涵义就是，我们（我们所有的人，只要我们选了他的课，选他的课可是我们的大事）在寻找什么，在追寻被隐藏的秘密。的确，有很多史实，太多的史实，值得我们记住；但这并不是目的。在事实背后，隐藏着某些东西，某些等待解决的关乎人性的问题。那种涵义就是，出于我们自身的目的，我们应当把那些死的史实重新翻检一遍，或许会有所发现，发现被他人忽略的东西。

难以相信，思维茨也会有所疏漏，我简直不敢想象！但是，疏漏还是被发现了。我们的这位"老师"，先是承认自己的无知，但接下来，会谦虚地质疑课本。有一天，他要我们思考主权问题，他引用了奥斯汀（Austin）的定义，他说自己不懂，他承认自己没什么逻辑思维天赋，他在黑板上画了两个（或者三个？）重叠的圆圈，以说明"主权分割"的理论，他说这个理论更适合美国的历史，但即便这一点，自己仍不太确定。奇怪，"老师"被认为是无所不知的，但偏偏有这么一位特纳，不能解释主权问题。教师被认为无所不知，但其实他当然比不过书本。还有一天，他站在那里，就像平时很随意的那样，说："在这一点上，我不同意思维茨的观点。"教师如果有某种能力，知道得比课本还多，那么他怎么会不知道一些事情呢？不知道过了多久，我终于明白，特纳不只是一位教师，也没有哪位大学教授需要只做一名教师；这时，我有一种如释重负的感觉。特纳显然不是只从某一本书中学习历史。一种大胆的怀疑精神经常引导他从别的地方发现"事实",使他从自己的角度去"考查"文献——对,用的就是"考查"这个词,使他自己动手摘抄"资料";也就是说,在他看来,这种怀疑精神就是"权威",只要他愿意,他自己也可以写一本美国历史。

从这时起,特纳在我的心目中就不再是一位教师,我开始向他学习很多东西。他不是"教师",而是"历史学家",还是"作家",他的主要职业不是教我们,他深深投入到研究之中,以便为写出精彩之作做准备。只要你想通了,这一点就很明显。诚然,没有哪位教授在被打断了自己的研究工作,心不在焉地走进教室时,还能表现出一种快乐的情绪,甚至在这短短的一个小时里,能够考虑到我们的存在,表现出欢快的样子,似乎这个早晨在课堂上的辛苦是十分愉快的事情。大量的实证表明,讲那些课是很辛苦的:讲台上堆满各种笔记本,都是6×8开大小,甚至更大,很多页码都被折叠起来做上标记;每天被带到教室里的笔记本有很多,有的都来不及打开,没有机会看一眼;似乎,这位专心致志的学者在离开他的书房匆匆赶往教室前,仓促地收起一切他平时顺便积累起来的相关资料,希望在课堂上用它们作辅助材料,讲解任何随时可能出现的有趣话题。

讲课——如果可以用这个词的话——本身似乎从来就不是"有准备"的,从来不是"长夜秉烛"的结果。它似乎更像是长期的、永无止境的准备的即兴结果。讲课是不正式的,就像一种亲密的交谈,一开始谈的是这个有趣的话题,最后有可能谈到另一个有趣的话题上;讲课是严肃的,但从不会过于庄严;课堂很活跃,不乏幽默,不时还爆发富有感染力的欢笑声,但从不至于成为对可怜的教授的戏弄；偶尔，课堂会被一位学生的提问引到相关的其他话题上，然后又回到主要的问题；最后，讲课的人急切地翻找"笔记"，最后终于找到了（哦，通常总能找到），不在被折起的这一页，就在那一页，那些笔记包含一些有用的文献引文，并且标出了准确的出处、针对的问题，以及提出的观点，这样，问题才算完全了结。不，其实用"讲课"这个词是不合适的。这里没有"权威"(*ex cathedra*)，没有酸腐的、绝对正确的学术味笼罩着教室，特纳不会传下什么法则或者真知；但是，各种有力的质疑和新颖的思想都会在无意中被抛出。提问多于回答，问题多于答案。这位教授似乎根本无意为平息我们的抱怨，介绍最起码的美国历史知识。他似乎只是在与我们交谈，就像一个人与一群人交谈一样，他谈论他所感兴趣的问题，那些问题显然是他早餐后正在思考的问题，人们会觉得，它们很有可能是他到午餐时还在思考的问题。

这就是他给人留下的印象。但是我们呢？我们是一群可怜的、在明亮的知识殿堂里头晕目眩的新人，我们该从哪里开始学习？无疑，方法是欠考虑的，或者说缺少方法；学生走出教室时，早晨的阳光照到他的脸庞，他满怀欣喜地带着一包包整齐地做好了标签的"知识"，到考试时才想起来，然后原封不动、如期交还。无疑，学生通常想问，哪些是真正的"必做功课"，"教授，要想考好，我们要知道哪些内容？"有人可能指望碰运气，他显然不得不碰运气。我至少还知道1811年的某些史实（关于银行？）。但说起来也奇怪，我并不担心，我是多么谨小慎微的青年呀，我不用为那一包包有用的知识点担心；你知道，我"从课堂上大有收获"——可那些不及格的学生也是这么说的。我在特纳那里大有收获。我每天都享受着得天独厚的条件，见识到独创性的、敏锐的头脑如何运转，我自由地应对各种事实与观点，辨析各种历史问题，其中有些问题一再出现，本身就成为缠绕一生的问题。当然，课程的组织性是不强的；但是，它最终给人的印象绝不是混乱不堪的。它通常给人的印象是，一束思想之光被投到黑暗的地方。谈话可能是散漫的，但绝不会是漫无边际的，而是总围绕着正在讨论的问题，为其添加新颖的观点、建议或者假说。从这些思想和假说的闪光中，人们经常能看出史实的某些重要意义。我能够为自己找到、下课后也的确得到了一整套信息。但是，从其他任何人身上，即便按同样的过程，同样看着一流的头脑在如何自行工作，我也感受不到那种意义，我只觉得那是在表演给别人看；从其他人身上，我感受不到，坐在那里等待思想的诞生，将是这个世界上最令人兴奋的事情；我不会满怀期待地等候发现那些隐秘的含义、那些适宜的解释性假说，似乎它们原本并非一直潜藏在人们所见的单调乏味的事实之后。

通过这种令人愉悦的方式，我对历史有了新的看法。它毕竟不只是一些让人死记硬背的陈规旧俗，而是充满变数的人的思想和行为——历史上，人们为了财产或更伟大的目标生活着、斗争着，甚至失去生命。简单地说，历史是生活的缩影，因此值得人们去探究、去思考、去著述。如果都像特纳那样去学习历史，谁还会不喜欢历史？谁还会不像他那样去写作？一个拥有他那样的才智的人，不可能不那样做，绝不会；但是，有些事仍需争取，比如，一套标准、一个理想。因此，在大三这重要的一年里，我驾着自己人生的小马车，开始追逐那颗非凡的明星。我搞到了大量的卷宗资料，开始"笔不离手"地研究历史，耐心而执着地埋头于《尼尔斯记事报》

(*Niles Register*)、《纽约殖民地文献》(*New York Colonial Documents*)等令人眩晕的文献之中，或者其他散发着霉味的大部头著作中，只要那些文献包含了"原始资料"——特纳总能以他那善意的法术，为它们赋予色彩和魅力。那些日子里，我翻阅一本本大部头著作发黄的纸张，我是多么快乐！一个人在某种程度上读完了一部艰深的著作，不论那是什么样的正式文献，就总能发现它的引用价值，并且会十分认真地注释出"准确出处"——比如，《尼尔斯记事报》，第二卷，第749页。这些笔记被保存下来；一堆堆用吕宋纸包起来的笔记本，被束之高阁，尘封经年！

二

度过了新生的适应期之后，我决心已定。随后的三年，我在特纳的研究班里开始我的研究，这是一个小团体，有12—15名男生，还有一两名不固定的女生。我们在法学楼上课，有时还在条件更好、设在州议会大厦里的州历史学会的图书馆上课。我们在一个小房间里工作，每人有一张桌子，或者几人共用一张桌子。我们每逢周一、周三、周五聚到一起，围着一张大桌子，特纳坐在中间。坐到这里，就是坐到了学术殿堂的中心。我们坐在一起，一个不缺，有教授也有学生。每天包围着我们的，是四壁书卷，我们离不开那些书籍，我们正研读它们，它们有的是"文献"汇编，散发出一股带有虫蛀的书卷味。因此说，仅仅是安静地坐在这种神圣的地方，呼吸它浓烈的研究气息，就能进入对这位真正的博学之士的迷幻之中。

在一定程度上，这种课程是不正式的，甚至比那些"初级班"更不正式。没有人在讲课，或者说几乎没有；更恰当地说，一直有人在讲课，或者几乎一直有人在讲课。因为大家都相信这样一种理论：我们全都是学者，我们广泛涉猎美国历史的各个领域——弗吉尼亚的殖民化、"国内进步"（Internal improvements）等，这些主题都很大，并且不受限制，有才华的人们从中开启了自己的学术历程。每个人都被认为是自己的主题的专家，能对自己的主题负责，能像内阁成员面对质疑一样，答复相关的各种反对和提问。更主要的，有时要提交报告，提出自己调研后的成熟结果。这样，我们每个人，包括教授，都会轮流发言，其他所有的人，也包括教授，都会做记录。我们的理念就是这样，教授只是我们中的一员，当然，是最重要的一员。他组织并引导整个过程，但是，他并不强调自己知道很多，在与我们相关的特定话题上，他谦逊地尊重我们任何人的意见；在我们发言时，他自己也做记录，表情中透露出机警和信任，他相信在他的引导下，我们为他带来了关于陈旧史实的新颖考察和解释。我发誓他真的做了记录；我一直相信，他这样做不是阴谋——我觉得那样说有点刻薄，但是，他的确从我们身上获取了一些有价值的观点和信息，并在后来充分加以利用。没错，我相信如此。我的确认为他有时从我们这里获得了这样或那样的零星史实，但这应该归结于他对历史事实的渴求，以及他所具有的在不经意的地方发现事实的奇异能力，归结于他从哪怕最不充分、最不相关、最无形的混乱事物中分离出最重要的结果的这样一种能力。

当然，我也做笔记。那近乎一种仪式；在那些日子里，要不是有着坚定的信念,我就什么都不是了。我必须承认,我记的笔记有点不一样,人们无法靠它们来重新书写美国历史;但是,它们至少对我而言,有着(或者说曾经有着)很高的价值。比如,下面就是我记的一段笔记,记的是一场关于墨西哥战争的为时两天的报告会,但还没写满一页6×8开的纸。

    罗杰斯的报告——"墨西哥战争"。波尔克[1]。泰勒[2]。参议院的法案。频繁提到《比格罗诗稿》[3]。特纳:"顺便问一下,罗杰斯先生,什么是《比格罗诗稿》?"罗杰斯回答:"《比格罗诗稿》——"(有点犹豫,似乎搞不清楚,但最后突然来了灵感,)"哦,《比格罗诗稿》就是——一部著名的作品,作者是——一位著名的作家。"笑成一片,特纳也笑,后来又解释了《比格罗诗稿》。我自己也不知道《比格罗诗稿》。记住查一下,读一读《比格罗诗稿》。J. R. 洛威尔。

  我没记下关于墨西哥战争的最重要的问题,这是我十分遗憾的;但是,至少,我读了《比格罗诗稿》,并且一直记得那是由一位著名作家写的一本著名书籍。我面前另外一张纸上记的是:

---

[1] 波尔克(James Knox Polk,1795—1849),美国第11任总统(1845—1849),任期内发生了墨西哥战争(1846—1848)。
[2] 泰勒(Zachary Taylor,1784—1850),美国第12任总统,被认为因在墨西哥战争中取得的军事胜利而当选。
[3] 《比格罗诗稿》(*Biglow Papers*),针讽墨西哥战争、南北战争等时弊,出自后文提到的洛威尔;洛威尔(James Russell Lowell,1819—1891),美国诗人,"炉边诗人"(Fireside Poets)成员。

特纳问，为什么在 1815 年之后的一代人身上，出现不寻常的文学活跃局面？解释各有不同。贝克尔答，或许是由于 1812 年战争以及拿破仑战争之后，人们产生了放松和自由的感觉。特纳说，或许是的。这是事实，还是似是而非的推论？为什么它是历史事实？你能证明一个推论吗？历史学家对推论会满意吗？是否所有的战争之后都会出现思想与文学的活跃？思想特征的变化一般是什么原因所致？谈了 15 分钟，大多数是提问，一个接一个。没人回答这些问题。为什么特纳不告诉我们答案？这是值得深思的。

值得深思的问题，的确如此！我一直在思考，25 年来，时断时续；但是，今天我在疑惑，特纳为什么没有告诉我们答案。

　　随着时间的推移，我终于意识到，特纳实际上常常不回答问题。天晓得，他问了太多的问题，他总是给我们很多谜团，要我们去解决，他总是给我们带来一些需要思考的问题，然后任凭我们自己去思考。但是，有些问题他忽略了，既没有提问，也没有回答。比如，独立战争中，殖民地和英国政府谁对谁错？人们更应该支持杰斐逊还是马歇尔？征收关税是不是一项明智之举？杰克逊式民主好还是不好？蓄奴州脱离联邦是否正当？这些的确都是重要的问题；作为一个终身致力于研究美国历史的教师，应该能为学生们解答这些问题，学生们读大学，总希望得到正确的意见和确信的观点。但是，我不记得特纳曾经回答过这些问题，或者类似的其他问题；以至于到今天我都不知道，哪些观点才是他最重要的观点。他是关税保护主义者还是自由贸易主义者？是民主派还是共和派？是浸礼派信徒还是无信仰者，或者是墨尔本勋爵发起的那个旨在既不触动政治也不触动宗教的大教派的一员？他是一个自由主义者，希望用业已存在的其他事物来代替现状，还是一个激进主义者，渴望发起人们从未尝试过的新的一击？我不知道。对这些问题，特纳从没给我们答案。他从未告诉我们该怎么想。

我希望我的话不会让人认为，特纳在学生们面前是一副"强大而沉默的男人"的严肃形象。"严肃"是这个世界上形容他的最不恰当的词，而"沉默"这个词也不合适。他谈话很随意，他回答问题不拘泥，特别是对某类问题。不知过了多少岁月我才明白，他通常不愿意说出某些答案，是因为他不愿意使我们有机会照搬他的观点和判断，结果，我们只好自己去努力思考。他愿意尽其所能地帮助我们思考，但是一旦他知道那是在告诉我们思考的结论，他就不会那么做。他很不习惯于断言最终的判断。

这一点很重要，这里我要强调一下。特纳并不断言最终的判断。在那些日子里，他那样做有时让我很苦恼。但是我始终能理解他，实际上很感谢他那样做，我见惯了那些自鸣得意的人喜欢用自己的想象去再造这个世界，并希望别人会认为那是对的。特纳或许会借用大法官霍姆斯[1]先生的话说，他的一个重要信条就是，作为学者，自己不是上帝。与玛格丽特·富勒一样，特纳"接受宇宙"，只不过他不像这位健谈的妇人，他只默默地接受。我这里谈论的是作为学者的特纳，而不是作为男人和公民的特纳。作为男人和公民，

---

[1] 霍姆斯（Oliver Wendell Holmes, Jr., 1841—1935），美国著名法学家、最高法院大法官。

他有而且一直有自己的信念，他知道在自己的观念中，什么是正确的、明智的；对此他从不给你留下半点疑问。我相信，作为一个男人和公民，他不认为这个世界就是人们能够想到的最好的世界，也不总是觉得这个世界是一个舒适的所在，就像某些有知识或者善感的人所认为的那样。实际上，他总是用平静的心和极大的勇气去面对生活的逆境，我想这方面没有人能胜过他。但是我不知道，有多少次，他其实在内心里谴责这个世界，希望它消失，就像我所希望的，所有好心的人都会这样谴责一样。但现在，我考虑的是作为学者的这样一个人。在我看来，作为学者，特纳接受一切既定的人和事，认为学者的任务不是评判而是理解它们。

对我来说，至少，他接受我们这些研究生，带我们进入那种精神境界，这不是一件无足轻重的事。很显然，我们也是宇宙的一分子，也是被当作既定的事物接受的。他从不使我们觉得我们是站在审判席前的。他绝不像督学那样，站在身后鞭挞我们，用尖刻的命令训斥我们走向陡峭的求知之路。的确，他批评过我的功课，但他批评的只是我的功课，并且是用最真诚、最友好的方式，让人事后不会有任何泄气的感觉。他接纳我，似乎命运已将我俩连在一起，而我或多或少变得聪明了；他似乎相信，我会尽量做到最好。至少对我来说，奇怪的是，他那样平等地对待我们，似乎我们也是一群认真的学者，与我们共同完成一些任务乃是一件愉快的事情。即便偶尔不批评我们的功课，他通常也会沉默，以示责备；只在很少的时候，他才说出一些热情赞扬的话。这个人何以轻率地在我们身上压下赌注，声称在我们身上看到了某些品质和德行，它们说明我们将成为未来的"专家"？或许，这种鲁莽也不失为一种方法。要从研究生或者其他学生身上找优点，或许最好不要一开始就断言那些人身上其实没有什么优点。即便很多时候，那些人身上真的没什么长处，那其实也并不十分重要。如果我身上真的有什么优点，想要发挥这些优点，我至少还需要特纳赋予我自由以及友好的信任，只有那样，我才能在最大程度上得到足够的"批评"和"训练"。噢，我的父母、叔叔阿姨、老师和牧师们对我讲得够多了，他们告诉我做这个，不做那个，他们用各种各样有趣的方式告诉我，给我讲这类没有什么益处的话，结果只会使我无法摆脱可怕的疑虑：思来想去，我将来可能无论如何也做不成任何事情。特纳从未与我的牧师谈过话，所以他不知道这些事。他一味断定我能达到某个高度。后来有一天，他告诉我，他认为"我身上有那些优点"，能够成为一名学者或作家——他似乎真的这样认为。听到自己最崇敬的这样一位老师说自己能够做成自己最想做的事情，我那些可怜的能力就得到了释放。于是，我释放自己的能力，下定决心做成一件事，因为在那时，甚至自那以后，我加倍努力地工作，就是为了证明特纳对我的信任。

　　这种善待研究生的做法（我指的是那些最诚实的研究生；对其他人，他这个苦行僧也难免偶尔冒出灼热的讽刺火焰），或许在别人看来并不是最好的方法；但是我相信，在特纳看来，它就是最好的方法。它之所以是最好的方法，恰恰是因为他根本就不用什么方法。当特纳走进教室时，他并不摆出教师的架子，因为他不认为自己是名教师。他考虑的是他自己——哦，不，他并不考虑自己；这才是问题的关键。他就是特纳，一个男人，一个教师，只专注自己的工作，他与我们走到一起，只是因为我们感兴趣的问题正是他所感兴趣的。他与我们在一起，采取的是世界上最随意的民主方式，因为对他来说，这是一种最自然的与学生相处的方式。这位来自威斯康星州波蒂奇市的民主人士的这般带有贵族气质的典雅和魅力，在他那些位高权重的同事的心目中，与在我们这些最愚笨的研究生的心目中，都同样是一种恰到好处的做派。这种不刻意的友好方式使我们立即放松下来，但看不出它是后天的习性。它似乎是生动而敏捷的智慧的本能表达，而这种智慧又处于不竭的真诚、正直以及良好意愿的制约和引导之下。毕竟，他带研究生带得很成功，这就是原因之一，或许还是最主要的原因。

我还认为，他作为一位学者取得成功，主要秘诀也在于此。作为学者，历史学家总是以这样或那样的方式面对各种人；而对于那些以勉强的、有所保留的方式并带有说教动机去面对别人的人，别人通常也很少向他敞开胸怀。即使在那些做学生的日子里，我也觉得，特纳面对一般的人与他面对我们这些研究生完全一样；他不会因为场合变化而表现得有所不同。一般的人与我们这些研究生一样，无疑都具备某些德性和品格，它们藏在人性之中，只要你彻底地让它自行发展，它就很有可能奔向其他更值得追求的去处；这一点颇为意味深长。这样说绝对是最合适的；因为一般的人在这一点上与研究生们没什么两样，只要你给他们一点信任，只要你看好他们潜藏的能力，他们就很有可能也做得很好。

但是，谁能告诉我，一般的芸芸众生该被引向何处，对他们是该任其发展，还是有所约束？我不会真的去指责一位有声望的历史学家内心持有某种"历史观"。然而我记得，有一天，特纳明显是以赞同的态度引用德罗伊森[1]的话，大意是说，"历史是人的自我意识"。还有一天，他说："问题不在于你是否持有某种'历史观'，而在于你所持有的观念是否对什么事物有益。"这里我要辩解一句：如果特纳的确持有某种"历史观"，我不能想象它会呈现为某种类似于答案的形式。它更可能呈现为问题的形式，亦即："人类如果在过去曾经能够真正地理解自己的所思所行，那么在今天，在将来，难道就不可能继续这样做，并且带有更多的智慧和更有意识的目的？"我不知道这是否也是一种"历史观"。即便是，我也不知道这是好的历史观还是坏的历史观。但是有一点我是深信不疑的：无论什么样的历史观，特纳即便接受它，也不会太在意它。事实上，它对他没什么价值，因为它不会以任何值得注意的成见或既定的思想为他增添包袱。他追求自己恰当的目标，以发现特定的人群在过去的所思所为，并提出关于他们所思所为的大致解释。他追求这样的目标时，似乎不带有什么观念，似乎不论那些人的所思所为是什么样子，不论关于那些人的所思所为最终会得出什么样的解释，在他看来都不应另眼相待。简言之，他追求自己的目标，远远地、客观地。

这样，到最后，我们必然会想到一个词——客观性。这个词有多重含义。那时候，我主要是从书本中自己看到，或者说想到"客观"这个词的意义，我当时的理解是，它无非就是指完全的冷漠，一种僵硬的严肃态度或者说"僵尸"（rigor mortis）精神。因此，我

---

[1] 德罗伊森（Johann Gustav Droysen,1808—1884），德国著名历史学家，著有《历史知识理论》等。

有时怀疑特纳是不是真正的"客观而冷漠",因为他看上去似乎总是那么活跃而易受感染。这类形象,在诸如勒南的"月中人"[1]身上当然可以想象得出;但要说会出现在特纳身上,则无论如何难以想象。这样就出现了一个悖论:我既不愿意放弃特纳,也不愿意放弃客观性的理想,我只好认为,特纳采取的是与"月中人"类型不同的客观。我发现,特纳思想的客观性是一种自我养成的品格,而不是通过训练得来的。它不同于他在本科阶段勉强从伯伦汉[2]那里得到的那些东西——那是一整套人为灌输和培养的强制性方法,它要求细心的历史学家在写作,比如说,"冷港战役"[3]时,不要透露自己的父亲曾是格兰特的狂热支持者。这样的客观性太泛化了,通常变得有害,成为替代思想性的最佳理由。特纳不需要这种客观性,他一直有很多的思想,多得都难以整理。他所具有的客观性更像是来自那些强烈而持久的兴趣,而那些强烈而持久的兴趣又是由丰富的思想形成的。这是我所认识到的一个令人震惊的真相,因为我自己就没有思想;但是,我不禁想,特纳全身心地投入到他的工作中,无暇思考别的问题,甚至包括客观性有无必要的问题。他是"无兴趣偏向的",因为他对自己手头的客观对象如此感兴趣,以至于暂时忘记了再对其他东西产生兴趣;他是"客观的",因为对自己的客观对象怀有真诚的求知欲望,他专注于一个单纯的为了解它而了解它

---

[1] 勒南(Ernest Renan,1823—1892),法国哲学家、作家,有名言:"要想看得清楚,便要看得朦胧。""月中人",指西方长期存在的一种假设:月球表面的明暗恰好构成一幅人形的图案。
[2] 伯伦汉(Ernst Bernheim,1850—1922),德国历史学家,著有《史学方法论》(*Lehrbuch der historischen Methode*, 1889),1930年代商务印书馆出版过陈韬翻译的中译本。
[3] "冷港战役"(the Battle of Cold Harbor, 1864),美国内战中最为惨烈的战斗之一,格兰特率领的北方军队惨败。

的目的，结果，他的脑子一时间就没有了其他任何客观对象。这种客观性并非有意为之（并非像任何理智健全的人生活在这个行动的世界中时，有意做的那样）；它是一种思想的品质，就像某些人对绝对音高（absolute pitch）的感觉能力，是与生俱来的。如果一个人有这种能力，无疑，他就是可培养的，但是，这种能力无论如何不能与天生的求知欲混在一起，后者是一种有活力的、不可抑制的为了解而了解的欲望。实际上，前者是一种难得一见的品质，但我认为特纳就有这种品质。

在那些日子里，特纳身上还有一点让我感到奇特。我不知道应该把它叫作什么。叫"独立"并不最合适。他当然是一位独立的学者，但是，在通常意义上，大多数教授都是独立的学者。他的独立有点与众不同，非一般的教授可比，这当时让我很震惊，现在仍然让我震惊。我可以称之为：对职业惯例的健忘，这是一种摆脱了学院风气的完全自由。实际上，是我最早发现了这一点，因为当时我看出这很不对劲。当时，我的做法与多数大学生没什么不一样——我从一种风气中摆脱出来，又陷入另一种风气。我从农场来到一个学术群体里，作为一个新人，或者大致是新人，我觉得教授的世界是最让人匪夷所思的世界。这种匪夷所思之处最明显的表现形式就是，他们精明地认识到教授的角色——教授属于一个比他所生活的那个地理意义上的社会更大、更自由的社会。无疑，生活在麦迪逊市的这个象牙塔里是非常惬意的；但是他很可能不时地从塔中向外瞭望，瞭望东部[1]威斯康星州的那些更辉煌的塔，或许还急切地想

---

[1] 麦迪逊市位于美国中部，这里的东部指华盛顿、纽约等美国政治、经济中心地区。

知道，那里的那些聪明人在想什么，做什么。人们会说，某些"体统"对于学术世界来说是适宜的。最起码，在得到来自耶鲁或哈佛的邀请之前，没有哪位教授可以自命不凡；即便得到之后，一种对称职与否的顾虑——或许从殖民地时代以来，有人就一直被束缚在这类顾虑之下——也会驱使他低调地谦称，自己只不过是一位美国学者，应该永远放弃进入牛津、巴黎、柏林等地的神圣殿堂的奢望。可能这只不过是又一种风俗，一种比前一种更坏的风俗，但我还不知道。当时对我来说，它只不过是那些想进入知识世界的人所应该采用的一种恰当姿态，也就是说，是教授所应该采取的态度。因此，当我所敬仰的特纳先生不这样做时，我多少感到震惊。

特纳不那样做。他完全不理那一套，这一点其他人望尘莫及。有一点给我印象尤为深刻，他不介意自己住在威斯康星，他似乎认为波蒂奇是个宜人的好地方，他生在那里，来自那里，似乎即便人人都知道这一点，也无损于他的学术品质。他可能知道，欧洲在历史遗产和传统方面，绝对比美国丰富得多，但我从未听他提到这一点，至少没听他用一种感叹错失良机的口吻去说这件事。相反，他一直表现得对自己的境遇心满意足，甚至似乎满怀欢喜，就像一个人刚刚在自己的后院里发现了一座金矿。他似乎说，美国历史是一座新的宝藏，从没得到正确的发现，它如此丰富，如此诱人，可以被一个学者随处发现，这远胜于威茨、兰克[1]所做的那些工作。它符合某种美国风味，某种坚韧、自立的拓荒精神，它抵制每一种过于

---

[1] 威茨（Georg Waitz,1813—1886），德国历史学家、政治家；兰克（Leopold von Ranke,1795—1886），德国历史学家，"兰克学派"创始人，提倡历史研究中的"客观立场"和"科学方法"。

追求雅致的学院做派，使他这个人为做一名美国人而感到自豪，并且毫无怨言地居留在麦迪逊，对自己能够有权每天出入藏有《德雷珀[1]手稿》的州历史学会图书馆而心满意足。

甚至在那个时候，我就感觉到特纳身上的这种非职业化风格，只是对此还不太理解。终于有一天，我发现，职业化风格并不那么迷人；或许正是因为我发现特纳有点"另类"，那些学生时光才给我留下了难以磨灭的印象，正是因为他从来都不太像个"教授"，他的影响才比其他很多教授更长久。他具有长久的影响，我想这是因为他不"入时"。首先，他关于美国历史的观念不入时，从来没有让人觉得那些观念中规中矩地合乎某种既定的理论，或者沿袭了某个史学流派。在他的"观点"之中，在他的"解释"之中，总有某些个人的东西，似乎对那一主题做如此新颖的思考的，是一个被完全洗去了学术尘埃的头脑。但这并不说明，他的独立性带有某种攻击性。他从来不会给人留下这样的印象：他下定决心要搞出原创，他的成功多少带有好斗的风格。他的独立并非为了有所成就。然而我有所迟疑。是否在他身上，也表现出某种我们说不清楚、但他自己十分得意的有意识的桀骜不驯（或者这只是我的猜测）？也有着某种思想姿态，对所有在学院中被尊崇和神化的道貌岸然的势利不屑一顾？对此我不敢确定，但我喜欢这么想。

情况就是如此。对此我很清楚。我知道，这个人有三种思想品格给我留下了无法抹去的深刻印象。那就是：充满活力、毫不勉强

---

[1] 德雷珀（Lyman Copeland Draper,1815—1891），美国历史学家，曾在当时位于威斯康星州麦迪逊市的州历史学会图书馆做馆员，其身后留下的大量手稿被认为具有极高的史料价值。

的求知欲；不断摆脱个人偏见和说教动机；以一种人性化的、友好的方式，以一种新颖而绝对自立的方式，通过不受学术禁忌的清晰视角，去观察广大世界的一种非同寻常的能力。我想，正是这些品格，使他能够对美国研究做出"原创性的贡献"（这并非如人们时常想象的那种平常成就）。那么，这种原创性贡献是什么呢？

三

说起独特的成就，我才想起，我写了 20 页，还没有一次提到"边疆"这个词。当然，这种情况绝对不允许再继续下去了。不提边疆，就不可能讲清楚特纳；就像不提李子，就讲不清楚杰克·霍纳的故事[1]一样。确实，边疆就是那个"李子"；但是，还有一个"饼"，饼也是很重要的，这一点通常会被忘掉。因此，我想先说说饼，我希望这有助于我们理解李子是如何被发现、被挖掘出来的。

"饼"是一个令人难受的隐喻（实际上，非常令人难受，让人想到这样的画面：特纳坐在角落里，炫耀自己的李子）。当然，这个饼就是美国历史，或者说，是那种被认为可证明社会进步的美国历史。

我无意把特纳说成一个社会学家；但是，必须说，叙述事件从来不是他的强项，而提出贴切的解释才是他一直的长处。在他发表的第一篇论文中，他就直接提出了那个从此缠扰他一生的问题："对

---

[1] 在一首英语童谣中，善良的男孩杰克·霍纳（Jack Horner）吃着李子馅的饼。

印第安人的剥夺通常被掩盖在'文明的推进'这个便捷的解释之下。但是，那是什么样的推进？"[1]这里就出现了特纳所有著作中都涉及的一个核心问题：文明是如何推进的？这并不是说文明从一月到十一月是如何推进的，而是说文明在过去以及现在是如何从简单推进到复杂的。这无疑是一个社会学家的问题；而真正的社会学家——如果有的话，就应该尝试着根据人类迄今为止的整个经历对此做出回答。驱使特纳留在历史学领域的——如果他能够被驱使的话——是他不尝试给出普遍的答案。正如他谦逊地说，"拉开尤利西斯之弓"，并不是要射向一切目标。他只是想得出有条件的答案，因为他处理的仅是有限的经历——美国人民在有限的空间和时间里的经历；因此，如果他思考社会进化问题，那毕竟只是特定社会的进化问题。他研究美国历史，认为美国历史是社会进程的一种具体的说明，不仅多次重复，而且规模相对较大。

特纳在这方面是有疑虑的，这是我要坚决为他辩护的；那吸引他的社会进程不是什么"先验观念"，或者与之相关的什么东西。他的社会进程不是某种悬在人们头顶上的空洞之物，一味要求人们服从它的目的。他的社会进程发端于人们的思想和行为，只是由于偶然的原因才发展出人们出于自己的目的而造成的结果。驱赶印第安人不是什么"文明的推进"，那些倒霉的家伙也不是死于"文化能力"的欠缺。他们死于从丹尼尔·布恩[1]之流手中的来福枪里射出的子弹。那些人射出子弹，不是为了文明或者社会进程，而是为了自己的利益，因为他们需要土地狩猎和种植，以养活自己和家人，

---

1 丹尼尔·布恩（Daniel Boone, 1734—1820），美国边疆开拓者。

并且像年景不错的时候一样过好日子。特纳似乎坚信，一般大众主要是无意识地，通过这样或那样的一般方式，决定着社会发展，塑造着历史进程。因此，首先，历史学家应该了解人们做过什么，为什么那样做。

人们做过什么，这是历史学家的一个老话题；而对于他们为什么那么做，历史学家付出多少思考无疑都不会过度。哲学家们一直没完没了地讨论的，也是这一问题；有人很容易把原因归结到"最终因"上，比如说上帝，比如说电子围绕原子核的快速旋转，甚至干脆归结于"'以太'的力量"。但是，这种终极论对历史学家没什么作用。历史学家都认为自己的长处在于对事物做出总体解释，因此，没有人愿意做具体解释。这或许就是特纳——他是如此专注于具体事件——为什么愿意认为最终因只能解释一件事，也就是说，只能作为大路尽头的一个路标，上面写着"无路可走"。他寻求的解释是大致的解释，他所相信的原因是那些当时不足以成为有意识的目的，但却发挥着超过了有意识的目的的作用的原因。

比如，如果新英格兰的第一批殖民者建立了"市镇会议"（Town Meeting）制度，那无疑是因为他们有意识地想要建立那样一种制度。但是，人们仍有理由问，是什么使得他们有意识地想要建立"市镇会议"制度？或许，那是一种他们从英格兰"随身携带"来的制度——只不过他们没有意识到；那是一种他们与英国人、条顿人一样，从遥远的过去，从原始的德意志人身上或者其他地方"继承"来的制度。特纳为什么不接受这样的解释？有人自然会这样问；因为在那个世纪80年代，特纳在约翰·霍普金斯大学学习时，关于制度的遗传解释是很有影响的，而特纳的一位老师赫伯特·B.亚当斯[1]本人就出版了一部专著，指出新英格兰市镇会议源于早期德意志习俗。特纳想必被完全灌输了这种"历史连续性"以及"制度传承性"的理论，他的脑子里想必被植入了那被冠以"日耳曼标记"的具有旺盛繁殖力的"制度生源说"，并且是以成人的剂量。哦，我敢说，剂量太大了，特纳消受不了。还让他消受不了的，是亚当斯的这样一句格言：美国的制度是"已经造就了的"。这样的格言对于这位执拗的美国人来说，太过分了，他的祖先当年曾布道和开拓在从马萨诸塞到内布拉斯加的每一处边疆上。因此，他在没有得到许可的情况下离开了约翰·霍普金斯大学，回到威斯康星，声称"政治的'生源说'（germ theory）被过分强调了"。[2]

但这并不是说，特纳否认遗产的影响。第一批殖民者显然随身带来了英国的或者条顿的思维及行为习惯。起初，这决定了他们试图在新世界里建立什么样的制度；而且，无疑可以指出，在弗吉尼亚的"百人会议"与新英格兰的"市镇会议"上，有着早期习俗的痕迹，它们类似于古老的"日耳曼标记"（或者19世纪的德国历史学家在从国外比如法国寻找政治自由时，所想象的"日耳曼标记"）。但是特纳坚持认为，（我多么清晰地记得他有一天在课堂上是如何讲这句话的！）"制度的相似性远不如差异性更有意义"。如果差异性能比相似性更让他感兴趣，我敢说，原因在于他这个人对美国的深深忠诚。如果他有什么根本的偏见，这就是偏见。他是真正的美国人，从不为身为美国人感到羞愧。他来自中西部地区，对那块土地

1　赫伯特·B. 亚当斯（Herbert Baxter Adams, 1850—1901），美国教育家和历史学家，1876年至1878年供职于约翰·霍普金斯大学。

怀有执着的爱,这种爱难以用语言描述。当他听到亚当斯说美国的制度是"已经造就了的"时,正是对美国深深的忠诚,使得他感到"愤慨"。特纳认为,事实恰恰相反,它们根本不是被造就好了的,真的不是;因为美国之所以了不起,不是因为它模仿了欧洲,而恰恰是因为它与欧洲有所不同。歌德说"美国必胜!",对此他心悦诚服。美国必胜,不是因为,或者说主要不是因为它拥有无可比拟的物质资源,而是因为它为世界带来了新事物,带来了原创性的东西——"民主的理想在不同于其他时代、其他国家的环境里得到发展。"[3] 差异性,这才是美国制度的真正意义及研究价值所在。继承的不可能是差异性。那么,差异性从何而来? 当然不是来自于"日耳曼标记"。它也不是来自于"黑森林"[1],而是来自于美国西部。美国民主并非通过"苏珊·康斯坦号"[2] 被运到弗吉尼亚,也不是通过"五月花号"被带到普利茅斯。它来自于美国的森林。[4] 因此,特纳放弃遗传论,认为那不足以解释美国的制度,转而开始自己研究各种条件的影响。在这里有可能找到各种"条件"——地理的、经济的、社会的,它们能使美国对人类文明做出独特的贡献。

波蒂奇是一个好地方,毕竟,出生在那里是不赖的;通过它,可以考察一个新生的国家里环境的影响。孩童时代的特纳曾与父亲一道,在来自"祖父牛瀑布"的印第安人的引领下,沿着雷迪森[3]开辟的旧航线,撑着独木舟向威斯康星下行。沿途是无人涉足的香杉

---

1 黑森林,Black Forest,指德国西南部巴登—符腾堡州的山林地区。
2 "苏珊·康斯坦号"(Susan Constant),据传是英国移民 1607 年到达北美弗吉尼亚时所乘坐的三艘帆船中最大的一艘。后文"五月花号"(Mayflower)是英国移民 1620 年到达北美普利茅斯时乘坐的船只。
3 雷迪森(Pierre Esprit Radisson,1636—1710),法国探险家。

林，受惊的麋鹿闻声赶来，躲在密叶之后，用好奇而惊恐的眼神向他们张望。途经印第安人村庄时，婆姨[1]们立在高高的岸上，热情招徕，行船人会停楫驻篙，向她们谄媚地搭讪。在波蒂奇，有一次放学回家，特纳看见一个男子被吊在树上。他还见过一些穿红衫的爱尔兰男人系好木筏，"占领镇子"，而身披毯子的印第安人骑着小马驹走街串巷，用皮货向他们换取各种小玩意和油漆。镇子本身差不多就是一个边疆定居点——一个各民族居民的汇聚点。其中有爱尔兰人区，特纳这些孩子会冒险闯入，虽然尽可能把阵势搞得很大，但也只敢结伙行动。在波美拉尼亚人区，围着方巾、脚穿木屐的妇女驱赶着公家的牲畜，到公共草场去放牧。周围的乡村，是苏格兰人、威尔士人和瑞士人的定居点。无疑，使这类回忆的意义变得更加鲜活的，还有下面的这个事实：特纳的父亲是一份地方报纸的编辑，也可以说是位政治家，他"引领着所有这些新人"，向他们发表关于农业与政治的政论文章，受到人们的信任和追捧。正是在那时，在特纳的眼前，过去和现在奇妙地走到了一起；边疆的情况各有不同，有无人涉足的森林、印第安人村庄、目无法纪的漂筏族，还有皮货贸易等，粗犷的边疆城镇就像一口沸腾的大锅，被康涅狄格"扬基"[2]的后代们娴熟地搅动着，自17世纪以来，他们每一代人都"打错了主意"。这一切，都被一个人用自己的眼睛观察着——美利坚就是这样形成的，其过程与欧洲如此不同，而且，就此而论，它为什么不可以这样形成？

---

1 婆姨（squaw），土语对印第安妇女的戏称。
2 "扬基"（Yankee），"美国佬"，原指殖民地时代的新英格兰人，后常指北方美国佬。疑为源于"约翰"（John）的诨名。有美国著名民谣《扬基调》。

进入大学学习历史后，特纳并没有把年轻时的这段经历抛到脑后。只有当他从当下看到过去时，他才不觉得过去是死气沉沉的东西。他对古代风俗的行将消逝的蛛丝马迹不太感兴趣，因此，当他的老师威廉·F. 艾伦[1]建议他考察一下普雷里德欣市[2]周围广大陆地上的那些细微的历史遗迹时，他很快发现自己"深入不下去"。实际上，他并没有到处考察那些遗迹，而是以自己轻松而独立的方式，很快写成一篇论文《论威斯康星的皮货贸易》。[5]这个新颖的主题，散发着印第安人和香杉林的气息，被他一直带到约翰·霍普金斯大学。后来，他在这里将这篇论文做了修改和扩充，作为自己的博士学位论文提交。而当它被以新的标题在《约翰·霍普金斯学报》上发表时[6]，人们惊讶地发现，这篇论文居然与那些关于地方政府和比较制度的庄重的专论刊登在一起。有人发现，或者隐约地感觉到，这篇论文中的部分或全部思想后来不久出现在《边疆在美国历史上的意义》这篇著名论文[7]中。

边疆在美国历史上的意义就在于，美国本身就是个边疆，是向西开发的远征之地，是新与旧的汇合处，在这片土地上，人们始终能看到，文明人为了适应原始环境下恶劣的生活条件而不断调整着自己的习性。边疆"剥去了文明人的文明外衣，使其加入身着猎户衫和鹿皮鞋的行伍之中"。边疆把他们拽出四驾马车，扔到桦木独木舟中。边疆剥夺了他们镶有天花板的大厅，还之以小木屋。文明人遭此粗鲁的打击，发现自己传统上的习惯与观念在新世界里不再

---

1 威廉·F. 艾伦（William Francis Allen,1830—1889），美国古典学者。
2 普雷里德欣市（Prairie du Chien），今美国威斯康星州克劳福德县政府所在地。

那么有用；于是，环境一上来就向他们展示了强大的力量，使他们很快回到原始状态中，转向某些半野蛮的东西。但是，渐渐地，他们控制了环境，通过一些巧妙的发明寻得一种粗犷的舒适感，开始过上一种粗朴的日常生活，他们执行严峻的法律和现成的正义标准，他们寻找快乐，似乎快乐就是收获。简言之，他们历经苦难，再次建立起一种'文明'，其中满是各种记忆与经验。记忆是旧的，但经验是新的。经验改造着传统，到最后，"这里不再是旧欧洲，也不单是'德意志菌种'的生根发芽……事实上，这是一个新事物，那就是美国"。[8]

因此，在历史学家看来，这是一块全新的土地。我们不说美国历史比欧洲历史重要，但我们理所当然地说，美国历史的重要性一点也不逊色。关键在于，美国历史有着独特的重要性，这种独特的重要性就在于，它为从具体事物中得出一般结论提供了绝无仅有的机遇。"意大利经济学家洛里亚[1]主张研究殖民地生活，认为它有助于理解欧洲的阶段性发展……他说，'美国是一把解开历史谜团的钥匙，在欧洲没有找到这把钥匙；这块没有历史的土地却鲜明地呈现出普遍的世界进程'。此言极是。美国就像一部社会发展史书中的一大页纸，我们一行行地阅读这张大陆之纸，从东读到西，我们发现了社会进化的记录。"[9]由于国家幅员辽阔，这种社会进化有着复杂的过程。"人总是在进步……然而，在大多数国家，进步只发生在有限的区域……但是就美国而言，情况就不同了。由于局限于大西洋岸，我们也有这种常见的现象，即制度的演进被局限在这个有

---

1 洛里亚（Achille Loria,1857—1943），意大利社会学家和经济学家。

限的区域里,比如:代议制政府的出现,把单一的殖民地政府细分为各种复杂的机构,从原始的、不存在劳动分工的社会向制造业文明的进步。但是,在扩张过程中,在我们到达每一个西部地区的进化过程中,我们使这种大家熟悉的演进过程重演。因此,美国的发展所展现的不是单线条的进步,而是在不断推进的边疆线上回到原始状况;这对那些地区来说,是一种新的发展。美国社会的发展在边疆不断地重新开始。这是一种持续的再生,是美国生活的流动,是充满新机遇的向西扩张,是与单一的原始社会的持续碰撞;所有这些,提供了塑造美国品格的力量。"[10]

对于那些认为"历史就是过去的政治"的人来说,这些是没有什么意义的;但是,对于那些希望探究制度之后的事物的人,它们是大有益处的。从不同边疆的这种持续再生的过程中,他们能够发现绝无仅有的机遇,去研究一个社会在各种大体类似但细节不同的条件下从简单到复杂的进化过程,去注意各种塑造人们的思想和行为的"影响力"(地理、经济、社会等各种可能被发现的影响力)之间的互动关系。用这种新方法去关注历史,历史学家就必然更少关心"是什么",更多关心"怎么样";更少关心结果,更多关心过程;更少关心编年史,即十年十年地叙述事件,更多关心对各种区域性、地域性社会的描述和比较,以及那些能够在每个这类区域性社会中创造某种经济利益和政治活动的影响力的复杂性。编年史不再受重视,它必然会失去部分支配性的地位及较高的声誉,因为历史学家将以过去为经、现在为纬,前征后引,编织出鲜活的文明画面。"连续性"当然是有的;但是连续性不是存在于一个接一个的小事件的序列之中,而是存在于某些共同条件的延续之中,存在于某些随条件而变的心理反应的往复中，或许最主要的，存在于美国社会崛起的过程之中——在与各种从相对原始到相对复杂的地域性社会的互动和冲突中，这个有着独特传统和理想的杰出社会崛起（你可以称之为"进化"）了。

这样，由于不再被视为事件的连续，而被视为社会的进化，迄今为止的美国历史就能被视为世界历史的一个阶段，能被视为一部边疆的历史——边疆与其说是一个区域，不如说是一个过程。"归根到底，'西部'是一个像州一样的社会，而不是一个地区，这个词指的是这样的区域：它的社会现状乃是把旧的制度与观念付诸自由土地的感染力的结果。"[11]迄今为止，或者说就在前不久，首先是大量的自由土地——它支撑并平衡着各地理区域的不同影响力——使得美国成为一个边疆社会，使得"持续的再生"成为可能，并使社会保持与原始环境的不断接触。这些因素可用于解释美国社会的主要特征——"粗糙、有力，加上精明、好奇；注重实践、善于发明，总能很快找到办法；熟练掌握各种实实在在的事物，缺少艺术性，但有能力做成大事；不知疲倦、精力充沛；崇尚个人主义，不论好歹做了再说；此外还有随自由一起到来的轻松活泼与生机勃勃"。[12]这些条件还可用于解释美国的制度，或者说美国的民主的形成，那就是，对"自由""平等"以及人民的自治能力的坚定信仰。这些理想不能用"光荣的宪政"[1]来解释，而要用我们的处境中的那些独特条件来解释——我们处于西部文明的边疆。"美国对人类精神的历史有着独特而有价值的贡献，其中大部分贡献是由于这个民族的独特

1　指英国1688年"光荣革命"建立的宪政。

经历：美国把他的边疆模式推广到新的地区，并用新的理想在那些相互毗邻、地域辽阔、情况迥异、共同组成合众国的各个地方建立起彼此和平共处的社会。"[13]

今天，第一阶段，即边疆阶段，显然已经过去。近四分之一世纪以来，相对来说，已经没有那种自由的土地了。西部扩张停止了，"持续的再生"、不断地回到原始状态，这些现象也随之消失了。乡村不断地城市化、工业化。社会分层趋向稳定。从经济与社会事务中分化出不同的政党。资本一旦集中，便在全球寻求投资市场，其动力远大于参议员的动员；过去的孤立让位于帝国的纠纷与冲突。美国这个国家不再是欧洲文明的边疆，边疆的主要特征——不断增长的人口涌向无人居住的自由土地——也已消失。今天，它还变得越来越"旧"，越来越"东部"，变成一个稳定的社会，一个区域联盟，各地在地理与经济方面条件各异，但在社会进化方面不断趋同。[14]

第一阶段正成为过去。特纳始终关注的主要是现在，而他对过去的关注也是为了说明现在；这种兴趣点使他近年来将注意力转移到美国是一个区域联盟这一饶有趣味的问题上。在他那两篇杰出的论文[15]中，他进一步阐述了这种观点。他指出，在官方的州与州的联盟之下，是真正的大的地理和经济区域之间的联盟，每一个区域在幅员与多样性方面，都可与欧洲最重要的国家相比。因此，美国政治史中的问题在某种程度上可与欧洲政治史中的问题相比。当然，它们之间也有着惊人的差异。我们没有欧洲那样严重的种族和信仰对立。我们没有背负那样沉重的传统。然而，我们国家的各大区域之间有着根深蒂固的利益分歧，在气质与理想方面也各不相同。它们之间的对立表现为：如果命运将它们分成各自独立的邦国，它们将像欧洲那些国家一样，在新世界里为达成力量平衡而斗争。所幸的是，我们有一个联邦政府，它使我们在一个区域联盟里联合起来。因此，当欧洲各国纷纷采用外交谈判、会议甚至战争的方式解决彼此之间的冲突时，美国的各个区域却能和睦相处，它们在国家政党制度以及联邦政府的合法斡旋下，和平地磋商和妥协。

既然第一阶段正在消失，那么将来会怎么样呢？既然美国制度得以发展的独特条件不复存在，那么，我们所熟知的美国的"民主"、美国的"理想"，命运又会如何？"这些民主及个人主义的理想能否被用于并适合20世纪的民主模式？"[16]特纳本人提出这样的问题，或许，他这样问时，心里怀有某种忧惧。在最近的一些演说中，他反复提出这样的问题，人们觉得，他的热情和乐观情绪多少有些减弱。答案似乎很明显。如果我们所知的美国的制度与理想乃是原始的边疆环境的结果，那么随着那些条件的消失，它们似乎必然会转变成某种不同的，甚至完全不同的事物。至少可以说，除非在制度与理想方面，有着比特纳告诉我们的更多的"传承性"，否则，那种蜕变必然会发生。作为学者，特纳认为这是势所必然；但是作为来自威斯康星州波蒂奇市的边疆民主人士，每当在学生的毕业典礼上想说一些适合这种场合的给人以鼓舞的话（这无可厚非！）时，他总感遗憾——我要这样说，因为在那个时刻，人们似乎总容易忘记这一点。但是，不，不会如此，因为正是特纳对美国历史研究的贡献，使得人们不可能忘记这一点。因为按照一般的理解，他的贡献正是如此，即，美国的制度与理想乃是一个原始的、因此必将消失的社会进化阶段的产物。

四

  特纳对历史学及社会科学的贡献，在他的各种专著、文章、演讲以及他为"美国国家丛书"撰写的著作中，得到了体现。[17]另外，他曾明确告诉我，他"快要写完一本关于1830年至1850年这一阶段的书"，在这本书里，他力图"概述这几十年间那些主要地区的特征和发展，并简略地指出……政治史上的地区间关系问题"。即便他完成了这部著作，特纳的作品集也不会占据太大空间，一节五英尺的书架无疑会剩下很多空间布满灰尘。他的很多忠实的，但不具备鉴别力的信徒和出版商一直翘首以盼这部"巨著"的出版，但是一直到他们头发花白，也不见它问世。他们似乎觉得，特纳的作品集至少应有七卷，最好是皮质封面的大部头，他们会骄傲地指着它们说，这些是了不起的成就，是毕生之作，属于那种"全面的""权威的"史学著作，会被后人贴上"范本"的标签，径直摆到书架的玻璃门后，与吉本及格罗特[1]的著作立在一起，但从不被打开。

  我觉得，无疑，出于很多原因，这样的期望是无法实现的；但是，至少，其中最恰当的原因是，正如特纳所设想的那样，历史学是不适宜大量生产的。最容易写的历史是那种本身容易被叙述的历史，即，那种被认为按时间顺序连续发生的一系列事件。历史的事实就躺在我们的手下，源源不竭，无须发明或想象，只需细致地搜寻和证实。思想的关联问题很少是自己提出来的；因为严格说来，除了某些最基本的思想，别的思想都谈不上实体性。即便是如何编

1　格罗特（George Grote,1794—1871），英国历史学家。

排思想这一问题，也不会对知识的形成产生大的影响，因为这个问题已经通过事件的时空关系得到了一半的解决。因此，通过勤劳和耐心，单单是叙述历史，就能形成一部长达七卷的手稿（甚至十卷，除非保持严格的、不寻常的警觉态度）；在这一叙述过程中，作者可以具体讲述所发生的丰富的背景性细节，正如莱斯利·斯蒂芬[1]所言，"描述一个事件所花的时间要比它的发生长"。

历史有时被设想成一系列按时间顺序发生的连续事件，对于这样的历史，特纳不感兴趣。如果说在他所有的出版物中，曾有过五页这类的平铺直叙，我不知道它们在哪里。他的写作实质上全是描述性的、解释性的、说明性的。上帝作证，他并不缺少"史料"。他一直在猎取"数据"，他掌握足够的事实。这些事实与事件的数量极大，但在特纳的好奇心和刨根究底的精神的作用下，它们全都被从它们所发生的时间与地点的背景中肢解出来，特纳希望，通过对它们进行重新组合，去证明自己想到的某个观点，或者解释自己觉得有趣的某个问题。这就是为什么他坚持自己的路线，不在乎人们大声疾呼所谓"全面的历史"的主要原因。他用自己的方式处理问题，他奉献给我们的作品——他奉献给我们专著和论文——都合乎他自己的目标和研究方法。甚至偶尔人们会高兴地看到，他愿意受朋友之托为"美国国家丛书"写一段十年的历史，结果他写出的书虽然符合既定的写作计划，但看上去总有点奇怪。在书中的一些地方，他通过对连续事件的叙述告诉我们发生了什么事情；大凡这时，他总竭力通过描述那些

---

[1] 莱斯利·斯蒂芬（Sir Leslie Stephen,1832—1904），英国作家、批评家、登山家、著名女作家弗吉尼亚·伍尔夫（Virginia Woolf,1882—1941）之父。

在各自地理区域内决定着当时的政治利益和冲突的经济、社会以及文化条件,使发生的那些事情容易被人理解。

那么,关键在于,在这种历史著述中,有很多并不要求把广泛研究和深入思考的结果一一呈现出来。注重细节的、井然有序的叙述让位于对环境的静态描述;在这样的描述下,原本想要得到详细叙述并占据十页篇幅的一百个细节(关于气候、地理、心理、经济手段、社会风俗的细节),可能被压缩成一般性的概括,在开头用短短几个自然段就解决了。关键在于,由于对繁杂的具体事实进行了压缩和象征化,这种概括性的描述并不能轻易地形成大部头著作。我们要知道,特纳《新西部的兴起》(Rise of the New West)一书那令人称赞的开头几章看似温和,其实隐藏着广泛的研究。在整个的这种稳固的基础之上,建立起完整的美国历史框架,的确是一件异常艰巨的任务。无疑,这样做的大有人在——吉本、蒙森、索雷尔。但是,特纳至少没有要做这种百科全书式或者系统化工作的想法。

特纳的主要兴趣在于那些对政治事件起决定作用的复杂的影响因素;对于他这类人来说,"全面的历史"还带来了另外一个困难。这个困难在于人们所说的"综合"。诚然,历史学家——这里指"新史学家",即那些希望被排除在古代的、受人尊敬的历史学家之外的历史学家——一直认为,他们的工作就是"对各种社会动力进行综合",同时"探寻社会进步的轨迹"(或者你称之为别的什么东西)。我们甚至用一种随意的、即兴的方式夸大这种工作,吹嘘它们通常已经被完成了。但是我怀疑,我们自认为完成的那些事,只是发明了各种回避难题的方法。《剑桥近代史》得意洋洋地阐述了一种这类回避难题的方法。拉维斯[1]那本令人称赞的《法国史》虽然正面提出了这种难题，但完全没有解决。就我所知，兰普雷希特[2]或许真正解决了这一问题；但是即便他真的解决了，在我看来，他也付出了沉重的代价，那就是致使人类的经验整个地无法理解。这类困难（在特纳《新西部的兴起》中得到了充分的说明）是根本性的，并且我认为是不可能得到彻底解决的。关键在于，为了"对各种社会动力进行综合"，人们必须采用概括性的描述方法；但为了"探寻社会进步的轨迹"（这里指以纪年的方式），人们又必须叙述事件的发展进程。概括是在空间上的铺展，它如何使那些琐碎的事情在时间上发展呢？概括是超时间的，不会向前发展；于是，历史学家苦于既要与故事同步发展，又要以某种方式回到个人的、具体的事件，回到所谓"英雄的淡红色线索"中。在同时运用这两种方法时，好心的历史学家将尽力阻止它们在自己同一本书的封皮之下相互置对方于死地。但是压力是巨大的。有些英勇的历史学家能够在一本，甚至两本书里承受这样的压力，但能够承受十本书的，几乎没有。

如果期望本文可以给特纳贴标签，说他究竟是历史学家、社会学家、历史社会学家还是社会历史学家，那必定会失望。没有任何标签可以正确地描述一个人，当然也没有哪个标签可以描述特纳。严格说来，他既不是历史学家，也不是社会学家。从各个方面讲，他都不是学院派，根据既定的计划系统地准备标准的作品。他在著述中与在教学中一样，并不十分像一个"教授"，也不十分像你所

---

[1] 拉维斯（Ernest Lavisse,1842—1922），法国历史学家，法兰西学院院士。
[2] 兰普雷希特（Karl Lamprecht,1856—1915），德国历史学家。

期待的一个"历史学家"所应该呈现的样子。他就是他自己,在他的身上,新颖而原创的思想恣意生长,他不拘礼节,他探寻常人关心的问题,他与绘图师、经济学家、社会学家、地理学家、报刊编审以及《名人录》(Who's Who)的编辑们相唱和。他在著述中与在教学中一样,永远是一个调查者、提问者和探索者,是知识上的"绅士冒险家"[1],他为"这个被称作'美利坚'的新世界"而着迷,更为美国人民及其思想和行为习惯而着迷,他渴望得到这方面的"数据",希望能理解它们,能知道它们的"意义"何在,以使自己内心得到平静和安宁。带着这种预期目标,他广泛考察美国从过去到现在的整个历史,不懈地寻求事实,寻求各种解释观点,他在书中纵横捭阖,不放过每一个不太可能有所发现、已被人们遗忘的地方,然而他总能有所发现,并且最后总能带着一大堆思想和观念满载而归;他把那一大堆东西摆在我们面前,其中有文献集、厚重的专著、图表说明、数据极为详尽的统计表,以及一些精彩论文,在那些论文中,各种思想和类比熙熙攘攘,争抢着自己的一席之地。他把它们摆到我们面前,对这一大堆信息和观念,他让我们自己选择,但不要我们把它们当作详尽无遗、最终权威性的贡献,而要把它们看作用以发起新的、更大规模的冒险的一种累积资本。徜徉在这座富饶的宝库里,有多少人带走了对自己有益的东西?有多少研究生、同事、国内或国外的学者,不仅历史学家,还有地理学家、社会学家、经济学家、律师、政治学家,都是如此?

---

[1] "绅士冒险家"(Gentlemen Adventurer),原为英国小说家亨利·克里斯托夫·贝利(Henry Christopher Bailey,1893—1972)1914年出版的一部历史小说的名字。

的确，指望或者曾经指望向这个活跃而富有才华的大脑预订十卷本的历史学著作，是多么的不着边际！我们应该把特纳看成他自身那样，应该对他所具有的品质，对他为我们所带来的一切而感到满足。满足？这不是一个恰当的词。我们应当对这些品质感激不尽，它们弥足珍贵；我们应当为他的作品感激不尽，事实证明，它们是多么启人心智。特纳的声誉应该不是源于他著作等身，而应该源于他随意迸发的那些思想的品质和活力。就我而言，我并不要求其他历史学家也能做到这一点，即，也能对人文学科各个分支中的那一代很多学者产生如此卓越的影响。特纳做到了这一点，这已经够了；而且我认为，这一点非特纳莫属。

　　我发现，并非每个人都能理解特纳对那一代学者的影响。实际上，那些只知道他出版了哪些作品的人，那些对他本人不甚了解的人，都不能轻易理解他的影响。但是他的朋友们和同事们理解他的影响。他的学生们又比其他人更理解他的影响，因为学生们比其他人更懂得，这个人远不止于他的作品。最后，我用本文一开始的说法——"那个特立独行的特纳"做结尾，这个人以他的人格魅力对我们所有的人产生了并且依然产生着影响。他给我们留下的某些挥之不去的印象，他作为一位具有高尚情操的绅士，通过机敏、才智、善良与正直给我们传输的某些美德，都依然塑造着我们的生命，并为我们的作品增添灵魂。行文至此，意犹未尽；粗疏之笔，难述其详——这个人身上一些弥足珍贵、感人至深的品质，一些曲高和寡的人性精神，我无以言表！

1927 年

注 释

【1】"The Fur Trade in Wisconsin." *Proceedings of the State Historical Society of Wisconsin*, 1889. p. 53.

【2】"Significance of the Frontier", *The Frontier in American History*, p. 2.

【3】*The Frontier in American History*, 5.

【4】*The Frontier in American History*, 3.

【5】*Proceedings of the State Historical Society of Wisconsin*,1889.

【6】"The Character and Influence of Indian Trade in Wisconisin", *Johns Hopkins University Studies*, 1891.

【7】这篇论文的核心观点首先出现于一份学生期刊 *The Aegis*, November 4,1892 中，题为 "The Problem in American History"。1893 年 7 月 12 日，这篇文章在美国历史学会芝加哥会议上正式宣读。1893 年 12 月 14 日，第一次发表在 Proceedings of the State Historical Society of Wisconsin 中，后来又发表在 Report of the American Historical Association,1893 中。Woodrow Wilson 在其关于 Goldwin Smith 的 *History of the United States* 的书评（载于 Forum, December,1893）中，提出过类似的观点。但是特纳在 Wilson 写书评之前，就曾在麦迪逊市自己的家中向 Wilson 读过自己的文章。

【8】"Significance of the Frontier", *The Frontier in American History*, p. 4.

【9】*The Frontier in American History*, p. Ⅱ.

【10】*The Frontier in American History*, pp. 2, 3.

【11】*The Frontier in American History*, p. 205.

【12】*The Frontier in American History*, p. 37.

【13】Preface to *The Frontier in American History*.

【14】在其 1910 年作为主席致历史协会的演讲中，特纳借机强调美国历史第一阶段已经结束，并指出，研究过去有助于理解当前的问题。见 "Social Forces in 1911", *American Historical Review*, January, 1911. 又见 *The Frontier in American History*, p. 311。

【15】"Sections and Nation", *Yale Review*, Oct.1922. "The Significance of the Section in American History", *Wisconsim Magazine of History*, March, 1925.

【16】*The Frontier in American History*, p. 203.

【17】特纳出版物的完整清单，可见于 *American Masters of Social Science*, Howard W. Odum. Henry Holt and Company, p. 310。

人人都是他自己的历史学家[*]

一

很久以前，我就学会了语句压缩，即如何将一小段话压缩成最短的几个词。我不确定，今天我还能不能做得到；但是，早年的那些训练自有它的用处，因为它使我懂得，要理解一个事物的基本属性，最好是能够剥去它所有外在的、不相关的附加物，也就是说，将它最大程度地简化。现在，带着些许忧虑，带着真诚的歉意，我要将这种方法，用于考察历史学这一主题。

首先，我要解释，当我使用"历史学"一词时，我指的是历史知识。无疑，在漫长的过去，出现过各种各样的事件，不论我们是否了解它们，它们都构成了某种终极意义上的历史。不管怎么讲，这些事件有很多是我们所不知道的，我们甚至不知道它们发生过；还有很多事件我们知道得并不完整；甚至还有少数事件，我们自以为知道了，但从不能绝对地确定。这都是因为，我们不能还原它们，不能直接地观察或者检验它们。事件本身一旦发生，作为一个

---

[*] 美国历史学会主席就职演讲，明尼苏达，1931年12月29日。

实实在在的事件就已消失；因此，在处理这个事件时，我们能够观察或者检验的唯一的客观现实就是时间所留下的某些物质线索——通常是书面文献。对于过往事件的这些线索、这些文献，我们应该感到满足，因为它们是我们所能拥有的全部。从它们之中，我们推断那是什么事件，我们断定那个事件如何如何，认为那就是事实。我们不说，"林肯被谋杀"；我们说，"林肯过去被谋杀，这在现在是一个事实"。事件是发生过，但不再发生了。我们一直坚持、必将坚持的，只是关于事件就是那样的事实断言；直到有一天，我们发现，我们的断言是错误的或者不充分的。那么，让我们承认，有两种历史：曾经一次性发生过的真实的事件系列，以及我们推断并记住的观念系列。第一种历史是绝对的、不可改变的——不管我们怎么说、怎么做，它就是它；第二种历史是相对的，总是随着知识的增长或精炼而改变。这两种历史或多或少地相互对应，我们的目的，就是要使这种对应尽可能地准确。但是，真实的事件序列只能凭借我们所推断和记忆的观念系列而存在。这就是为什么我不得不将历史等同于历史知识的原因。出于各种现实的目的，就我们而言，就当前而言，历史就是我们所知道的那样。

我打算压缩到最简化的程度的，就是这种意义上的历史。为做到这一点，我需要找到一个简洁的定义。我曾读到这样一句话，"历史就是关于过去发生的事件的知识"。这是个简洁的定义，但是还不够简洁。它里面有三个词还需要进一步考察。第一个词是"知识"。知识是一个令人敬畏的词。我总把知识想作某种收藏在《大不列颠百科全书》或者《神学大全》里的东西，某种很难掌握的东西，某种无论如何我不具备的东西。这个定义一下子就剥夺了我作为历史学家的头衔，我不喜欢，因此我要问，什么是知识的关键所在？对了，那就是记忆（我是指广义上的记忆，指关于被推断的事件的记忆以及被考察的事件的记忆）。其他的因素也很重要，但是记忆是最根本的因素；因为没有记忆就没有知识。这样，我们的定义就变为："历史就是关于过去发生的事件的记忆。"但是，"事件"这个词又暗指某些宏大的事物，比如，攻占巴士底狱、美西战争。一切发生过的事情未必都能宏大得成为一个事件。当我驾车行驶在伊萨卡岛[1]那些曲里拐弯的街道上，这就是一个事件——有人做了事；如果交警用喇叭叫我靠边停车，这也是一个事件——有人说了话；如果我心里暗骂交警不该这样做，这也是一个事件——有人在思考。的确，人们所做、所说、所想的任何事情，都是一个事件，不论它看上去重要，或者不重要。但是，由于我们说话时一般都会思考，至少带有最起码的思考；由于正如心理学家告诉我们的，我们思考时不可能不说话，或者至少不可能不带有喉部的预先振动，我们就有理由将思想这个事件与说话这个事件合并到一句话里，这样，我们的定义又变成："历史就是关于过去所说的话和所做的事的记忆。"但是，"过去"这个词既让人误解，又显得多余。它让人误解，因为当"过去"这个词被与"历史"这个词同时使用时，似乎指的是遥远的过去，而历史则止于我们出生之前。它显得多余，因为毕竟，一切所说的话、所做的事一旦被说出来、被做出来，就成为过去。因此，我省略这个词，这样我们的定义又变成："历史就是关于所说的话和所做的事的记忆。"这才是将历史简化到最低程度的定义，但它包含了理解历史实际上是什么所需要的

---

[1] 伊萨卡岛（Ithaca），这里指纽约附近的一座岛屿，不是希腊西部爱奥尼亚海中的岛屿。

一切基本要素。

如果历史的本质就是关于所说的话和所做的事的记忆，那么很明显，每一个正常的人，张三、李四[1]，都多少知道点历史。当然，说破这一点会让人不快，我们会尽可能避而不谈。我们摆出够专业的样子，说一般人哪里知道历史，这时我们的言外之意就是，他没能获得高级学位。而那些头脑简单的人，比如大学生等，在被按照知识的学术门类招收进来时，认为自己不懂历史，因为自己从来没有在以前的学校里上过历史课，或者从来没有读过吉本的《罗马帝国衰亡史》。无疑，学术规则有它的用处，但是，要想理解历史，将其简化到最低程度，必须剥去的，正是这样一种表面的附加物。你、我、张三、李四都一样，都记得那些说过的话、做过的事，并且只要清醒着，就一定会记得。设想一下，张三早上一觉醒来，记不起说过的话、做过的事；那么，他真的就是灵魂出窍了。这种事有可能发生，人有可能突然忘记全部的历史知识。但是，一般情况下，这种事不会发生。一般情况下，当张三早上一觉醒来，他的记忆伸展到过去的国度、遥远的国度，自己倾心经营的那个小世界也即刻变得鲜活起来；他的记忆把那些说过的话、做过的事按往昔的样子拉到一起，并使之与他当前的观念，与明日将要说的话、将要做的事协调一致。没有这种历史知识，没有这种关于所说的话、所做的事的记忆，他的今日将变得盲目，他的明日也将没有意义。

---

1 本文标题"人人都是他自己的历史学家"（Everyman His Own Historian）其实是卡尔·贝克尔的一个双关语。在字面意思之外，Everyman（人人）还指英语文化中自中世纪以来源远流长的一个虚拟人物：Mr. Everyman，直译为"'普通人'先生"，本文有时意译为"张三、李四"，有时译作"普通人"。

既然我们是在最简洁的意义上谈论历史，我们应该说，这个张三还不是一个历史学教授，而只是一个没有额外历史知识的普通公民。由于没有什么演讲要准备，早上一觉醒来时，他关于所说的话、所做的事的记忆大概不会使他想到某些与李曼·冯·桑德斯[1]的代表团或者《伪伊西多尔教令集》[2]相关的事情；它只会使他意识到他昨天在办公室所说的话、所做的事的场景，意识到一个意义非凡的事件：通用汽车公司的股票跌了3个点；意识到上午10点安排了一个会议，意识到自己约好下午去打九洞高尔夫，或者意识到其他具有这类意义的历史事件。张三所知道的历史远不止这些；但是在他醒来的那一刻，这些就足够了——关于所说的话、所做的事的记忆，发挥着历史的作用，在早晨7点半，以其最简洁的方式，有效地调度着张三在自己经营的那个小世界里忙碌着。

或许，这些到最后还不够奏效，因为大家都知道，单纯的记忆是靠不住的。有可能，张三在喝咖啡时，不太容易意识到他现在回忆不起来的那些说过的话、做过的事。我们都知道，并且感到很遗憾，这时候他没能记住历史事件，他只是记得有一个事件发生过，我们应该记得，但他却想不起来了。这种情况太常见了。这就是张三的难题，一些历史僵硬地、无生气地躺在史料堆里，不能对张三起任何作用，因为他的记忆拒绝将它们带入鲜活的意识。那么，张三该怎么做？他做的是任何历史学家都会做的事情：他要走进史料，搞点历史研究。从自己那个小小的"个人资料室"（我指的是他外

---

1 李曼·冯·桑德斯（Otto Liman von Sanders,1855—1929），第一次世界大战中的德国将军。
2 《伪伊西多尔教令集》（Pseudo Isidorean Decretals），以"伊西多尔"为化名伪造的教会文献，由于融进了中世纪《教会法》中，因此具有巨大而广泛的影响。

套里的口袋）里，掏出一个本子——或许是《手稿》，第 35 册，翻到第 23 页，他读到："12 月 29 日，付史密斯先生的煤钱，20 吨，1017.20 元。"立刻，一系列的历史事件在张三的脑子里鲜活起来。他脑子里映出这样一幅图画：自己去年夏天向史密斯先生订购过 20 吨煤，史密斯先生的货车开到自己的家门口，那些昂贵的煤从地窖窗口滑进去，扬起一片灰尘。这些历史事件，虽然不如《伪伊西多尔教令集》的伪造重大，但是对张三来说仍是有意义的：虽然它不是一个自己当时亲眼目睹的事件，但是，通过人为的记忆延伸，他能够对这个事件形成一个清晰的印象，因为他对手稿做了一点研究，那些手稿就保存在他的"个人资料室"里。

张三脑子里映出的那幅史密斯的货车把煤拉到自己家门口的景象，就是一幅关于过去所说的话、所做的事的图画。但是，这幅图画并非是孤立的，它并非一个好古之人自娱自乐的纯粹想象，相反，它与一幅关于将来要说的话、要做的事的画面相连；这样，整个一天，在张三脑子里，与那幅关于史密斯煤车的画面相连，时不时闪现这样一幅画面：自己下午 4 点要到史密斯的办公室付钱。到了 4 点，张三来到史密斯的办公室。"我要付煤钱，"他说。史密斯感到疑惑不解，他找出一本账册（或者一个档案盒），也对自己的"个人资料室"研究了一番，说道："你不欠我钱，张三。你是来这里订购过煤，但是我这里当时没有你要的那种煤，所以你转到布朗那里去订购了。是布朗给你运了煤，你欠他的钱。"于是，张三来到布朗的办公室。布朗也拿出一本账册，也对自己的"个人资料室"研究了一番，结果，不错，史密斯是对的。于是张三付了钱，到晚上，他从乡村俱乐部回家后，又对另一堆文件做了一番研究，结果，的确，他找到了一张布朗的账单，上面清楚地标记着：20吨壁炉煤，1017.20元。到此，问题算是研究清楚了。张三心满意得，他找到了自己身上发生的这一系列事件的解释。

当听到有人说自己是一个历史学家，张三一定很诧异。然而很明显，他完成了历史研究所包含的所有基本过程，难道不是吗？人们要想做一件事情（这里要做的事碰巧不是发表演讲或者写一本书，而是付账；这对他、对我们造成误导，使他、使我们不知道他究竟在做什么），第一步就是回忆起那些说过的话、做过的事。事实证明，单凭记忆是不够的，他要做的第一步就是，查阅某些文件，以便找到必要的、还不知道的事实。不幸的是，结果发现，不同的文件记录是相互冲突的，这样，就必须对文本予以甄别和比较，以便消除误会。做完了这一切之后，张三打算做最后一步——通过记忆的延伸，在脑子里构造一幅画面，我们希望，这是一幅最终的画面，它有选择地包含了一系列事件：他向史密斯订购煤，史密斯又把订单转给布朗，布朗把煤送到他家。根据这个画面，张三就能付账了，事实上他也是这样做的。如果张三做这番研究，为的是写一本书，而不是为付账，那么就没有人会否认他是一个历史学家。

二

我曾试图用最简单的话来定义历史。我首先说它是关于所说的话、所做的事的记忆；下面我要具体证明，关于所说的话、所做的事的记忆，对于最基本的日常生活行为来说，何以是至关重要的。

现在，我要指出张三的那些行为的更普遍的含义。在事实层面上，张三一直在付他的煤钱；在意识层面上，他一直在做的事情起到了根本性的作用，可以说，它能使一个人单独地形成一段历史，因为这个人在时刻强化、丰富自己的理解，直至自己活在一个一直相仿的世界里，那个世界比起眼前这个稍纵即逝的狭隘世界，要更开阔，更令人满意。

我们容易把过去想做是死的，把将来想做是不存在的，把现在想做是唯一真实的。先知先觉或者幡然顿悟的导师们曾劝告我们，要始终在"宝石般的烈焰"中燃烧，"不为别的，只为飞逝的时光留下最高贵的品质"。[1] 这无疑是飞蛾扑火；但是我认为，一个人正因为自己知道"逝者如斯夫"，因此无法做到单纯地为当前的时光而抓住当前的时光。严格说来，对于我们来说，当前并不存在；或者至少，它只不过是时间上极小的一个点；还没等我们注意到它，它已经过去了。但无论如何，我们必须有当前，为此，我们创造一个当前——我们抢劫过去，然后把它放到最近的事件上，假称它们全都属于我们当前的知觉之内。比如说，如果，我抬起胳膊，这整个事件就是发生的一系列事情的组合，一个事情过去，另一个事情随之发生。然而我们却以为，它是一个单一的运动，在一个当前的瞬间完成。这是一种远眺法，它将连续事件看成是一个个单一的瞬间，哲学家们称这个瞬间为"似现在"（specious present）。无疑，哲学家们对这种"似现在"会做出相当严格的定义；但是，我愿意较随意地运用它，我要说，我们可以随自己的喜好去扩展"似

---

[1] 英国著名文艺批评家、"为艺术而艺术"的倡导者沃尔特·佩特（Waller Pater, 1839—1894）语。

现在"的含义。在平常说话时,我们就是这样做的:我们会说"这时""今年""这一代"。或许,所有的生命都有一个"似现在";但是,人在这方面得天独厚,正如帕斯卡尔所言,人了解自己、了解宇宙,能够掌控近旁的世界,并能在一定程度上客观地审视自己及同类有生之年在这个世界上的所作所为。在所有的生命中,唯独人有"似现在",并能对其蓄意地、有目的地扩大,使其丰富多彩。

"似现在"在何种程度上被扩大化和丰富多彩,取决于知识,取决于人为的记忆延伸程度,取决于对久远的时间里、遥远的空间里所说的话、所做的事的记忆;但绝不仅仅取决于知识,特别是带有目的性的知识。"似现在"是一种不稳定的思想模式,不断地随着我们的一时想法和目的而改变。在每一个特定时刻,我们每个人(不仅张三,职业历史学家也难免于外)都将或真或假的记忆纳入这一不稳定的模式,似乎那些记忆是必不可少的,否则我们倾心经营的这个小世界就失去了方向。但是,我们要想在自己倾心经营的这个小世界里不失去方向,就必须时刻准备面对即将到来的事情(付买煤的账单、总统演讲、成立国联等);而要面对即将到来的事情,我们不仅要想到过去发生的某些事件,而且要放眼未来(注意,我没有说预言未来)。因此,虽然"似现在"总包含着或多或少的过去,但是将来也不应该被排除在外;而且,我们将越多的过去拖入"似现在",一个假定的、模式化的未来就越有可能挤进来。谁先谁后,谁因谁果,我们的记忆是否听从我们的意愿和希望去构建一个过去模型,或者我们的意愿和希望是否发乎一个经验与知识强加给我们的过去模型,我都不敢说。我只在想,回忆过去与展望未来是同时进行的,它们手拉着手,像一对好朋友,不在乎谁先谁后,谁主谁次。

它们总是同时进行，因此，从真正的意义上讲，历史不可能与生活分离——张三做自己需要做或者想要做的事情时，不可能不想起过去的事情；他想起过去的事情时，不可能不以某种巧妙的方式，将它们联系到自己需要做或者想要做的事情上。这是历史的天然功能，是那种被简化到最低程度的历史的功能，是被设想成关于所说的话、所做的事的记忆的历史的功能——关于所说的话、所做的事（不管是我们昨天刚刚说或者做的，还是人类在久远的过去说或者做的）的记忆，与对要说的话、要做的事的展望一道，使得我们每个人都在自己的知识面和想象力上变得聪明起来，都设法放大当前飞逝的时光的边界，以便我们可以根据自己做过的事以及希望做的事，去评价自己正在做的事情。在这个意义上，正如克罗齐所言，一切活着的历史都是当代史（All living history is contemporaneous）。我们总在思考过去（不然的话，不管文献记载多么丰富，过去对我们来说也就什么都不是），就此而言，过去成为我们当前与之相仿的世界的一个活着的组成部分。

十分明显，这种活着的历史，这种我们确定和记取的意念中的事件系列，由于如此紧密地联系着我们正在做和希望做的事情，因此不可能在某个特定时期的所有的人看来都是一样的，或者在一代人看来与另一代人看来都是一样的。从这个意义上讲，历史不可能被简化成一套可证明的统计数据，或者用普遍有效的数学公式去推导。它是一种基于想象的创造物，是个人的产物；我们每个人，张三、李四，从自身的经验得出它，使其符合自己的现实的或者情感的需要，并且尽可能把它修饰得符合自己的审美趣味。在这一创造自己的历史的过程中，必定存在着一种限制，张三如果逾越它，必将招致惩罚。这个限制是他的同伴设置的。如果张三完全独立地生活在一个不受外界影响的世界里，他就能根据自己的喜好，任意确定和记取某种意念中的事件系列，并由此创造与之相仿的、适合自己内心需求的世界。不幸的是，张三所生活的世界，也是布朗们以及史密斯们所生活的世界；这是一种可悲的体验，教导他学会回忆事情时要注意更加准确。在所有当前发生的现实生活事务上，张三是个好的历史学家，他根据付煤钱的必要开展自己的研究，达到了必需的专业程度。他之所以如此专业，部分是由于长期的实践，但更主要的还是由于这样一种情况：他的研究被预先设立了自己密切关注的目标，这个目标是十分明确的、十分现实的，对他的研究起着引导作用。查看什么文献，选择什么史实，这类问题根本不会困扰张三。由于他不是在写一本《关于煤炭产业几个问题的客观思考》之类的书籍，他就不会想到要收集所有的资料，要靠资料说话。他只想着付掉自己的煤钱，他只选择与此相关的问题；他不想重复付账，他无须读伯伦汉的《史学方法论》也能明白，相关的结论只能靠独立的、不自欺欺人的见证人的证词，才能明确建立起来。他不知道，或者说无须知道，他做这一切时所带有的个人兴趣是一种恼人的偏见，会阻碍自己获得事情的全部真相或者找出最终的原因。张三不想要获得全部的真相或者找出最终的原因；他只想付买煤的账。也就是说，他希望根据现实调整自己，就那种较低的务实层面而言，他是一个好的历史学家，而这恰恰又是因为他并非没有个人兴趣——他要解决问题。如果他解决了那些问题，那是因为他的聪明，而不是因为他的麻木。

不管怎样，张三不是只靠面包活着；在时机恰当的时候，他对于所说的话、所做的事的记忆，很容易将自己的"似现在"放大到日常生活的狭隘圈子之外，因此，仅仅是为了消除"逝者如斯夫"所导致的令人难以忍受的无奈和烦恼，那些记忆也必将为自己构造一个比当前的现实世界更为虚幻的"似世界"。他很容易想起自己年轻的时光，自己生活过的地方，自己的调皮捣蛋，自己的各种经历——自己一生中的点点滴滴；这是一个以个人所经历的各种事件为核心的模型，在这个模型的边缘，嵌套着一个更加朦胧的人为的记忆模型——在记忆中，他认为自己说过一些话、做过一些事，那都是在自己所不知道的过去的时光，在自己看不见的遥远地方。这个由记忆中的事件构成的外围模型，包围和完善着那个由个人经历构成的核心模型。连张三自己也说不清楚，自己是怎么用千丝万缕的信息把它编织起来的，怎么以一种最随意的方式，从最不相关的资源中把它提取出来的，那些资源有的是在家里或者学校里学到的东西，有些是在生意中或者专门地获得的知识，有些是在翻阅报纸过程中了解到的，有些来自读过或听说过的书籍（是的，甚至有历史书籍），有些是新闻纪录片、教育片留下的记忆碎片，或者来自总统、国王的就职演讲，有些来自"白速得"（Pepsodent）牙膏、"宝路华"手表，或者位于波士顿的谢泼德百货公司赞助（可能是免费的）的15分钟文明史谈话广播节目。每天、每时，从数以千计不为人注意的素材中，张三的头脑里吸收了一堆或相关或不相关的、或正确或不正确的信息，一堆印象和想象，他对它们加以整理——主要是不经意地，以形成一段历史，一个关于记忆中在过去的时光，在遥远的地方所说的话、所做的事的画面模型。要求这一画面是完整的，或者是完全准确的，是不可能的，也没有必要；重要的是，这个画面应该对张三有用，张三记住这个画面是有用的。他对自己、对自己在这个世界上正在做的事情，以及希望做的事情，都有一定的认识；那么在所有的事情中，他可能记住的，只有那些与自己的这些认识保持合理程度的相关性和协调性的事情。

在构建这一关于记忆中的事物的更遥远、更铺张的模型时，张三带有某种艺术家的创作自由。他富有想象力地创造出来的历史，乃是对个人经历的艺术延伸，势必成为一种动人的事实与虚幻的混合体，一种对所有实际发生的事情的神秘附会。它在某些方面是正确的，在某些方面是错误的；总体上，或许既谈不上正确也谈不上错误，只不过是最便利的一种错误形式罢了。但这并不是说，张三希望或者有意欺骗自己或者他人。张三对冰冷、生硬的事实尊重有加，从没想过它们可被锻造，可掺杂进甜言蜜语；当事实出现在面前时，他也一定会接受，而且对那些看上去最适合自己的兴趣，或者最有希望满足自己的情绪的事实，他一定念念不忘。对于记忆中的事件的真相，他在任何时候都没有任何必要去较真、去小心求证。如果他是一个美国人，无疑，他可能记得 1776 年《独立宣言》的签署场景，其印象之深，不亚于他记得史密斯的煤车那个夏天爬上山坡的情形。他不会对一种场景比对另一种场景更加怀疑；但是，《独立宣言》的签署，不关乎他的现实兴趣，激不起他细致的历史研究。他确定并牢记的是，《独立宣言》是在 7 月 4 日由大陆会议的成员签署的；但他不知道自己为什么会有这样的记忆。这样一个生动的画面，张三至死都会记得，他认为它是站得住脚的；而他的这种记忆不会给自己带来什么惩罚。布朗和史密斯都没兴趣要纠正他的错误，也没有哪个法庭会传唤他，告他忘记了《独立宣言》是在 8 月 2 日 "经用大字誊写和核对之后，才由会议成员签字的"。作为确凿的事实，《独立宣言》的签署就是它本来的那个样子；但作为一种记忆，对张三来说，它就是自己所设想的那个样子。对于自己来讲，它有没有、有多少意义和吸引力，都视它能否抚慰自己的利益、愿望、情绪，是否合乎自己的这种情感世界而定。

三

那么，我们这些职业历史学家又怎么样呢？我们与张三是什么关系；或者，张三与我们是什么关系？我敢说，很有关系，这种关系比我们通常想的还要大。因为我们人人都是张三。我们人人都要受时间、空间的限制，我们人人与这个世界里的布朗们以及史密斯们一样，在编织一个关于所说的话、所做的事的记忆模型时，无论如何预防，都终究抗拒不了环境与目的的命令。

诚然，虽然我们这些人都是张三，但是我们不止是自己的历史学家。张三只是一个非正式的历史学家，他不必记住与自己不相关的事情。但是，我们都是职业历史学家。我们的职业并不紧密地联系着实践活动，我们直接关注的是理念中的事件系列，它们对他人只有不经意的，或者偶然的意义；我们毕生要做的，就是关注那个人为的、发散的记忆模型，它包围并完善着个人经历这一核心模型。我们是张三的历史学家，也是自己的历史学家，因为我们的历史学还有一个额外的目的，一个历史著述所一直服务的目的，那就是使那些关于重大的人和事的记忆延续下来。因此，我们属于古老部落里少数崇高而有智慧的族人中的一员，我们是行吟诗人、讲故事的人和梨园弟子，我们是占星师和祭司——他们一代代令人信赖地传承着有用的神话。我们不要一见到"神话"这个既无害又必不可少的词就局促不安；在史学史上，神话一度是可靠的人类史，但现在被遗弃了。实际上，我们今天的可靠的人类史总有一天也会被归入神话之列而遭遗弃。由此看来，我们与行吟诗人、讲故事的人、祭司等先辈们是一样的：我们与他们一样，职责不在于创造，而在于保存社会传统，使之代代相传；在于在可接受的无知和偏见的范围内，使真实的事件系列与记忆中的事件系列相对称；在于扩大并丰富我们共同的"似现在"，直至"社会"（部族、国家乃至全人类）能够根据已经做的事和希望做的事，去评判正在做的事。

历史学作为社会记忆的人为延伸（我愿意承认，在理解人类经历上，还有其他的合适方法），是一门由来已久的艺术；它必然如此，因为，它本能地发端于扩大当前经验的范围这一冲动。无论用什么样的科学术语将其包装得面目全非，它本质上始终是那个样子。在这个意义上，历史就是故事；并且就其目的而言，始终是追求真实的故事。这个故事调用所有的文艺手法（说明与概括、叙述与描写、比较、评论与综合），以展现人一生中的连续事件，并从连续事件中发掘令人满意的意义。因此，这种由历史学家书写的历史，与张三不正规地架构的历史一样，是事实与虚幻的一种便利的混合——我们通常将其区分为"事实"与"解释"。在早先时代，传统是靠口口相传的，行吟诗人与讲故事的人公开地文饰事实、添油加醋，以提升故事的戏剧化效果。由于使用的是文字记录，渐渐地，历史与虚构文学分道扬镳，被理解为关于真实发生的事情的故事;随着知识的增长和精炼,历史学家认识到,自己的第一要务就是确保事实正确,让事实回归其本来的意义。无论怎样,在任何时代,历史被当作真实事件的故事,它包含着重要的意义;而且,在任何时代,人们都有一种幻觉:当前这个版本的历史是可靠的,因为相关的事实是正确的,而以前的版本都是不可靠的,因为它们基于不可靠、不充分的事实基础。

这样的念头从来不像今天这样使人印象深刻——这是一个知识繁荣的时代,我们生活在这个时代之中,或者说正涌现在这个时代。19世纪的历史学家发现,历史学被混杂进了各种让人应接不暇的哲学"碎片",他们不愿意一直被愚弄,于是想抛弃"解释"(想法是好的),转向对实际事件的严格考察,恢复它们的本来面目。他们一面完善考察技术,一面不辞辛苦地收集信息、编撰史料,凭着超人的毅力和机智,对一切错讹刨根究底,在确切地知道"胖王查理在公元887年7月1日到底是在英格尔海姆(Ingelheim)还是在鲁斯特瑙(Lustnau)"之前,他们绝不谈中世纪的意义;为了弄清楚"'萨克与苏克'的真相",他们皓首穷经,竭尽"毕生心血"。对于这种一丝不苟的认真态度,我无可指责。人生下来不是要被愚弄的,而是要了解自己的世界;从从未发生的事件中发掘人类经历的意义,注定是一项其意义值得怀疑的工作。不管是从先后上讲,还是实际上,确认事实都是历史学家的第一要务;但是,认为事实一旦被充分确认就"其义自现",那纯属幻想。或许,这种幻想特别属于19世纪的历史学家,他们在"科学"一词里发现了一种特殊的魔力。似乎,讲究科学性的历史学家就是这样一种人:他们提出事实,但是从不为其附加额外的意义。他们是尼采所说的"客观人",是"一面镜子——习惯于躺在不甘被遗忘的事物面前,……静静地等候,一旦有东西走过来,就敏锐地探出身子,结果,连神鬼的轻微脚步和飘忽行踪也不能逃过他这枚镜片而不留下光影"。[1]面对学生的掌声,库朗热[1]劝告:"说话的人不是我,是历史借我的口在说话。""如果从这种科学性的史学中,涌现出某种哲学,那一定是它自己自然地、自愿地涌现出来的,它完全独立于历史学家的意愿之外。"[2]讲究科学性的历史学家们蓄意贬低哲学,结果却在不知不觉中屈服于它。"少思多寿"[2],这就是他们的哲学。历史学家一心求知,没有别的先入为主之见,因此在自己的镜面上,反射的是"所有地方、整个过去发生的事件的条理";结果,时机成熟时,当无数耐心而专业的学者们通过"穷尽一切史料",在自己的镜面上不带屈光地反射出全部事实的真相时,人类经历的明确而牢固的意义就自然呈现出来,人类就能得到启蒙与解放。发现,但不寻找;期待找到人生之谜的最后答案,但绝对拒绝设问——这绝对是现实主义迄今为止最浪漫的一种发明,最古怪的、最不带目的的一种寻求!

这种心态日益成为过去。上面说的那种时机很难成熟,过度学习已使人不堪重负;年轻一代人不知道兰克,他们急于相信,库朗热的劝告即便是至理名言,也是一句空话。即便最无私心杂念的历史学家,在说自己没有私心杂念时,实际上至少已经有某种先入为主之见了。历史事实就在那里,隐含在史料之中;历史学家如果是重述它,而不是再造它,如果沉下心来,梳理各种凌乱的思想,就

---

1 库朗热(Fustel de Coulanges, 1830—1889),法国历史学家,提倡用科学方法研究历史。
2 出自《圣经·路加福音》,12:25:"And which of you with taking thought can add to his stature one cubit?"你们哪一个能用思虑使寿数多加一刻(或作"使身量多加一肘")呢?

能完成抽象人类经验的全部意义这样一件庞杂累赘的工作。事实隐藏在后面，自身不会说话；事实隐藏在后面，自身并不存在——确实不存在，因为从所有现实的目的来讲，在有人确认事实之前，事实是不存在的。对于任何历史事实，历史学家至少能做的事，就是选择和确认它们。选择和确认一堆事实，哪怕是最简单的一堆事实，也会赋予它们在特定的思想模型里的特定地位；仅此一条，就足以为事实赋予特殊的意义。不论历史事实有多么"僵硬"或者"冰冷"，它们毕竟不是物质实体，像砖块或木片一样，有着绝对的形状和清晰、持久的轮廓。提出历史事实不同于码砖块。一块砖不论放在哪里，形状和能承受的压力都不变；但是，由于历史事实只存在于文字之间，其形式与质料必然随着那些用于描述它们的词语而变化。既然历史不是外在的物质世界的一部分，而是对既往的事件的想象和重构，历史的形式与质料就是不可分离的；这就是说，在文字之间，质料作为一种观念，是形式；而形式，由于传载着思想，又是质料。因此，我们听到的，不是未经取舍的事实发出的声音，而是历史学家的理解在说话；这就是说，事实被要求传载的特定意义，来自于历史学家为想象和再造一个未被感知的事件系列所调用的那种质料-形式的组合。

在构造既往事件的这一质料-形式组合的过程中，历史学家与张三一样，与早先时代的行吟诗人、讲故事的人一样，受到"似现在"的制约，只有在"似现在"中，他才感知自己的世界。历史学家既非全知全能，亦非无处不在，他不可能在任何时间、任何地点都始终如一；对他而言，就像对张三而言一样，记忆中的事件的形式与意义，就像物体的体积和速度一样，随着观察者的时间和方位而变化。50年之后的今天，我们分明看见，不是历史借库朗热之口说话，而是库朗热在借历史说事。或许我们还没看透，库朗热的声音就是张三的声音，只不过就像有人说的，经过了扩音器并且没有因电场失真罢了。在那个著名的例子中，学生们鼓掌赞赏的，既不是历史，也不是库朗热，而是库朗热有选择地塑造，并熟练地予以修饰的一个事件模型——他如此熟练，以至于对自己的行为浑然不觉。他为的是满足普通听众的情感需要——当时，对于法国人来说，设想法国的制度不是发源于德国，是一种重要的情感需要。事情总是这样。历史学家总受到他那个时代各种各样、不易察觉的因素的影响，他从文献中发现历史时，与张三从记忆的奇闻轶事及口述的传统故事里生成伟大传说一样，总是依据同样的原则，只不过可能更有意识、也更加专业罢了。

我们尽可以骂普通人不读书，但普通人比我们强，我们迟早要使我们的知识适应他们的需要。不然的话，他们就会让我们自说自话，让我们像今天这样，从单薄的考古研究的土壤中培养出一种干巴巴的专业傲慢心理。这种研究本身并没有价值，它的目的在别处；它除了演变成普通人的知识外，没有什么意义。待在无人翻阅的书籍里的历史，对这个世界没有什么作用。对这个世界有用的历史知识，对历史进程有影响的历史知识，是活的历史，是那种塑造所记忆的事件的模式。这种活的历史无论正确还是错误，都扩大和丰富着集体的"似现在"，即张三的"似现在"、人人的"似现在"。这就是为什么史学史是一部"新史学"的记录；在每一个年代，都有新史学推陈出新。放弃对全知全能的奢望，于我们是一种解脱。我们应该承认，每一代人，包括我们这一代人，都会、也必然会根据自身有限的经历去认识历史、展望未来；都必然会出于自己内心安宁的需要，在死人身上玩把戏。这种把戏在任何时代都是恰当的，但它并非是为了蛊惑人心而搞的一种恶意的发明，而是"社会"为了能够根据已做的事和希望做的事去理解正在做的事情，而采取的无意识的、必要的努力。但是，我们不要把自己关于人类历史的理解强加给普通人；相反，到最后，是普通人把他们的理解强加给我们——在政治革命年代，他们促使我们明白，历史是过去的政治；在社会出现紧张和冲突时，他们促使我们从经济方面寻求解释。如果我们总是冥顽不化，他们就会不管我们，就会把我们的那些深奥著作束之高阁，很少问津。我们的真正作用不在于重复过去，而在于利用过去，在于纠正普通人对真实发生的事件的神话式改编，使之更趋理性，更适合大众使用。人性是脆弱的，我们总是想尽可能地诚实和智慧；但从长远来看，我们成功的秘诀在于我们承认普通人的趣味——表面上，我们在引导他们的趣味，其实那只是因为，我们到最后还是要迎合它。

把历史学看作对曾经存在的现实的一种节略的、不完美的再现，看作一种为满足那些以史为鉴的人的需求而对不稳定的记忆模型所做的重新设计和粉饰，既无损于历史学的价值，也无损于历史学的尊严。我们所能完成的目标是有限的，我们的贡献也只具有偶然的、暂时的意义；但这并不影响对我们的劳动做出高度的评价。历史学虽然算不上最高级的知识活动，但绝对是必要的；因为正如桑塔耶纳[1]所说，历史学是"对……心灵的伟大赠礼。野蛮人不像

---

[1] 桑塔耶纳（George Santayana，1863—1952），西班牙裔美国著名自然主义哲学家和诗人。

文明人这样在乎过去；文明人了解过去，有意地忠实于过去。野蛮人不能超越个人的记忆，却蜷缩在自己无法理解、挥之不去的迷信中；他们在人群中游荡，不论自己对那群人是爱是恨，都从没想到要把那群人提升到一个更高的境界，即更纯粹的幸福水准。由此，人类活动的全部尊严注定与历史问题息息相关，并且正如意识要变得理性就必须受经验的控制一样，如果想让个人经验所反映的成败触发超越个人的旨趣，个人经验本身也需要得到理想的放大"。[3]

我提出这样的历史观，并没有把它看成是固定不变和支配一切的。不论我声称它具有什么样的合理性，根据它自身的命题，它都注定是要被替代的；这是因为，是我们所生活、思考于其中的思想潮流为我们强加了它这样一种命题，这个命题使我们一开始就把所有的事物、所有的原则都看成只不过是种种"不稳定的模型和样式"，是"各种力量不断的风云际会、推陈出新"。这种生成论的方法在研究人类经历时是有局限性的；但正因为如此，既然我们永远没法解决问题，那么能改造问题也就心满意足了。不论我们对历史"事实"判定得多么准确，我们在走向不可预知的未来时，对事实本身、对我们关于事实的解释，以及对我们关于我们的解释的解释，都应该从一个不同的视角，或者不那么鲜明的背景去考察。严格地讲，人及人的世界都是处在形成过程之中的东西，都是未成品；因此，从历史的眼光看，既然人与人的世界都处在一个不断形成的过程之中，我们对它们的理解显然都只是试探性的。不幸的是，时光飞逝，这才是"永恒的作品"，是普遍有效的哲学。时间是人类的敌人，希腊人如是说。明日复明日，我们蹉跎在这恼人的更迭之中。我们的昨天全都逝去，渐行渐远了。因此，从几个世纪的长视角看，即便是最震撼人心的事件，比如《独立宣言》、法国大革命，哪怕第一次世界大战，都与先前的沃姆斯大会¹、《大宪章》的签署、查理大帝的加冕、恺撒渡过卢比孔河、马拉松战役一样，对于后人来讲，必将成为褪色图画的苍白复制品。随着这些事件逐渐成为遥远的过去，每一代的后人都会遗忘它们在当年备受关注的重大意义，以及某种一度属于它们的魅力品质。

1932 年

注释

【1】 *Beyond Good and Evil*, p. 140.
【2】 转引自 *English Historical Review*, v. i。
【3】 *The Life of Reason*, v.68.

1　沃姆斯大会（Diet of Worms），1521 年在德意志召开的一次宗教会议，马丁·路德参加会议辩论。

下 篇

解 读

朱丽叶·德鲁埃与维克多·雨果[1]

1833年,朱丽叶·戈万,这位模特、普拉迪埃¹的情妇,后又与波兰的一位百万富翁同居的女人,正在圣马丁门歌剧院饰演几个小角色,艺名"朱丽叶·德鲁埃"(Juliette Drouet)。当雨果的《卢克蕾西亚·博尔吉亚》(Lucrezia Borgia) 上演时,她出演剧中的内格罗尼(Negroni) 公主一角。通过这个机会,雨果第一次见到这个女人,² 很快,这位德鲁埃小姐与那位富翁断绝往来,结束自己的艺人生涯,成为这位伟大诗人的情妇、终生朋友、最死心塌地的崇拜者。雨果彼时是已婚之夫,正如戴维森先生在他那篇杰出的雨果生平介绍³ 中指出的,雨果的朋友们震惊地发现,这位模范丈夫和父亲,这位在诗文中赞美壁炉和屋舍的诗人,现在却像凡夫俗子那样,对一个女演员恋恋不舍。他们中有人写道:"现在,人们很难看到雨果待在家里,他只是在吃饭的时间才回家。可怜的雨果夫人!"

---

1 普拉迪埃(James Pradier, 1790—1852),又名 Jean Jacques Pradier,出生于瑞士的法国新古典主义雕塑家。
2 据莫洛阿《雨果传》,雨果此前曾于1832年5月的一个晚上在一个舞会上见到朱丽叶,但慑于其美貌,"不敢和她攀谈"。见沈宝基等译本,湖南文艺出版社,1995年,第265页等。
3 参见 A. F. Davidson: *Victor Hugo: His Life and Work*, University Press of the Pacific, 2003。

一个男人抛妻别恋，对一个女演员恋恋不舍，这样的故事并无新意，也少有趣味。然而雨果当时的心态，从通常的角度看，或许还是值得注意的。他并不带有男人们常有的玩世不恭的腔调，人们也很难发现他有过什么悔恨之意。他的一位朋友曾对他说过一些逆耳之言，他却回答道：

> 没有人理解我，你也是，帕维奇（Pavie）。……我从未犯过今年这么多的过错，但我从未像今年这样像个男人——我以前天真无邪，你那时对此感到遗憾，可我现在比那时候更像个男人了。是的，我以前天真无邪；现在变得放荡了。上帝知道，这是了不起的进步。在我的身边，有一位亲密的朋友〔他指他的妻子〕，她是一位天使，你与我一样崇敬她，她宽恕我，仍然爱我。爱，并且原谅——这不是男人的品格，是上帝、是女人的品格。

对于熟悉雨果的人来说，甚至这段话也没什么新奇的地方；但是应该承认，这段话是相当有趣的。我不记得，惯于这种文字游戏的卢梭，是否让人觉得是一位艺术大师。或许，雨果从来没有完全展现自己，甚至没有暴露过自己的罗曼蒂克的品质，除了在他的这样一段话之中："我从未犯过今年这么多的过错，但我从未像今年这样像个男人。"雨果属于那种重视人生体验的丰富性，而不太重视体验本身的品质的人。大凡那种刻骨铭心的体验，都能为这个世界上的各种情感表达再增添一种充分的理由。现在，背叛自己的妻子并且得到原谅，就属于这类体验；甚至，当你的目的就是要背叛她同时又得到她的原谅时，这种体验就更深刻了，因为这种体验能够使人变得更加善感，人通过反复回味这种催人泪下、富有刺激性的记忆，能够证明自己的良知尚未泯灭。悔恨！悔恨是不可能的，也很少玩世不恭。那些过错是内在情趣的外在表达，雨果对它们只会心存感激；一直以来，它们增强了他内心的"生命冲动"[1]，而"生命冲动"合乎美德的标准。

可怜的雨果夫人！是的；但是，德鲁埃小姐同样可怜。后者与雨果的关系维持了50年，直到1883年去世。她告别剧院的喧闹，过上雨果为其带来的一种类似隐修的生活。时间成为她的负担，她抱怨这种生活。"给我写信，"雨果说，"给我写进入你脑子的一切，写任何使你心跳的事情。"她照样做了。日复一日，达50年之久。她在房间留下字条，让自己的情人自取阅读。"信手涂鸦"——她这样称那些字条，有2万多张都被保存了下来，后来M. 然博（M. Gimbaud）挑选其中一些有价值的整理出版。作为信件，很难说它们有出版的价值。它们的价值在于，展现雨果在这种世界上最私密的关系中很崇高的利己作风，展现这种作风日复一日、年复一年对这个女人的影响——这个女人似乎因着一种征服性的、一厢情愿的依恋之情，被重重绳索绑在了他的身上。

大家知道，很少有人感到能与雨果讲平等。如果雨果愿意搞点幽默，或许他会这样说自己的朋友们——"谁叫他们愿意按照我的评价标准去与我相处"。德鲁埃小姐之所以能与他长相守，无疑一

---

[1] "生命冲动"（*Élan vital*），法国哲学家柏格森（Henri-Louis Bergson，1859—1941）使用的一个核心概念。

个秘诀也就在于能够这样忠心耿耿、毫无保留地按照他的标准与他相处。但是雨果很快厌倦了；除了一味称他为世界上最伟大的人之外，这个女人找不到稍有新意的夸奖方式。事实上，在他与德鲁埃小姐的关系上，以及二人对待这种关系的方式上，有某种东西在以一种极不寻常的方式契合着他的空虚。他们的关系从一开始就变了味，被他们以一种罗曼蒂克的方式，转变成一种宗教仪式——如果你愿意用这个词的话，一种牺牲或赎罪，以拯救这个女人罪孽深重的放荡本性。至少，这就是她自己对这件事情的看法。"我把你看成你自己，"她写道，"也就是说，你是我的真命天子，上帝派你来救赎我，使我得以脱离这种不光彩的、难以自拔的生活。"我们可以想象，对于这样的想法，雨果会毫不勉强、一本正经地予以赞同。这样的角色他受之无愧；这个角色有个独特的好处，就是能使他随时地、有意识地说出这样的话："我从未犯过今年这么多的过错，但我从未像今年这样像个男人。"诚然，这个可怜的女人的救赎无形中为他人提供了一幅难得的画卷，让他人在上面纵情挥洒人性的过错。

　　如果细究一下他们这段被理想化了的风流韵事为他们的命运所带来的后果，如果从这种救赎过程中还原出他们生活中的那些日常琐事，那将是很有趣的。在一开始的那几年，他们的目标是模糊的，他们对前景不抱什么期望。德鲁埃小姐不是一个温顺而有耐心的人。她经常发起激烈的反抗，她抗议雨果不理智的嫉妒，痛苦地抱怨雨果只关注他自己，怨恨他无情地一再提及自己堕落的过去，对他的背叛恨得快要发疯。她威胁要离开他，经常想到自杀，还暗示他厄运正在他毫无准备间来临。但是，在疯狂地寻找行动的理由时，冲动总会渐渐平息；我们可以想象这个心力交瘁的女人，一旦她的情人走过门槛，又总会欢快地投怀送抱。她本人用一种图绘式的语句，不无恰当地道出了自己那段时间的心态。无意间，她发现自己对这个"伟大的小男人"有着百般的爱，她说："为什么我一会儿痴狂，一会儿哭泣，一会儿蜷缩成一团，一会儿僵立良久？我可心的维克多哦，那都是因为，我俯首低头，崇敬你！"

痴狂也罢，哭泣也罢，蜷缩也罢，僵立也罢，到最后，德鲁埃小姐总会在崇敬中低下头去。这其中的关键就在于，她认为雨果就是她的真命天子，要来救赎她、拯救她，这样的想法一直很强烈；关键在于，奇怪的是，这一理想本身无疑是荒谬的，却以某种方式实现了；关键还在于，一种精神上的再生事实上的确出现了。这就是理想的奇特力量，即便这种理想是最没有希望的。这个可怜的女人懂得了浮士德那句话的含义："你须否定自己，否定自己！"[1] 我们可以对照刚才引用的她的那段话与下面这段她在1853年的一个夜晚写下的话，当时雨果被流放到泽西岛[2]，这段话可以证明她内心的转变：

> 我要告诉你，我爱你无怨无悔，过去是，将来也是。我来了，嘴角含笑，内心祝福，我把手放到自己受伤的心口，双眼满含宽恕。由于这二十年的忠贞和爱，我的贞洁得到恢复，灵魂得到救赎，我不再迷幻，我信念坚定。……我奉你为我命运的最高主宰。让我与你一起承受

---

1 "Entbehren sollst du, sollst entbehren!" 引自《浮士德》第一部最后一幕"牢狱"中浮士德所说的话。
2 雨果于1852年到1855年被流放到英吉利海峡上的泽西岛（Jersey），德鲁埃一直陪伴。

未来的一切吧,只要你愿意往后把我带在身旁。为尊敬你妻子的美德,为保全你女儿的清白,我愿牺牲我的情感;我为像我这样可怜的堕落女人而祈祷,流泪。

要挽回堕落女人的贞洁,有很多更便利,或许也更好的方法,而无须像这样将 20 年的忠贞与爱奉献给另一个女人的丈夫。然而,就德鲁埃小姐而言,一生的奉献和服务,最终为她赢得了雨果家人的认同和他的朋友们的尊重。在满头白发的迟暮之年,这个女人变得至少有点高贵了,甚至朱尔·克拉勒蒂[1]在她去世时,挽称其具有"庄严的尊贵"。

1914 年

注 释

【1】 *The Love Letters of Juliette Drouet to Victor Hugo*. Edited by Louis Gimbaud, Translated by Lady Theodora Davidson, New York: McBride, Nast & Co., 1914.

---

1 朱尔·克拉勒蒂(Jules Claretie,1840—1913),法国文艺家,法兰西剧院导演。

狄德罗的悖论[*]

一

在题为"谁是狄德罗作品的真正作者？"的评论文章[1]中，勒内·杜米克[1]抛出了一个极富争议性的问题，这个问题本身引人关注，而答案远远出乎人们一开始的想象。"有一个问题，"他说，"与狄德罗晚年的某些神秘之处有关。十几年间，他出版了一部又一部著作：《哲学思想录》《不得体的首饰》《盲人书简》，以及一些论戏剧艺术的文章；但此后20多年，他突然不再发表作品，除了那部冗长乏味的《论克劳迪娅与尼禄的统治》。[2]这种退隐，原因何在呢？"这个提问，切中了那个时代的这位作家的要害。这个问题几乎是难解之谜。我们记得，"他停止发表作品的时间，恰巧是《百科全书》完工之时"。当时，由于叶卡捷琳娜二世的资助，狄德罗在经济上独立了；这是他一生都在期盼的时刻，现在他终于可以认真地尝试

---

[*] 本文为作者对勒内·杜米克《法兰西文学》的评论。
1 勒内·杜米克（René Doumic, 1860—1937），法国评论家、学者，著有五卷本《法兰西文学》(*Études sur la littérature française*〔5 vols., 1896—1905〕)。
2 提到的四部文献是：*Pensées philosophiques*, 1746; *Les bijoux indiscrets*, 1748; *Lettre sur les aveugles*, 1749; *Essai sur les règnes de Claude et de Néron*, 1778。

创造性的工作了，以前各种令人头疼的责任和疲于奔命的辛劳使他无暇顾及它们。

关于这个问题的各种肤浅的、似是而非的回答，杜米克也都想到了。他把它们抛在一边，认为它们都太不充分；似乎在他看来，就当前而言，出现满意答案的时机尚未到来。然而，他提出了"一种假说，值得重视"。他假设，狄德罗既有中产阶级的品格，又有他们的缺陷，"作为一个文人，他40年如一日忠诚地伏案工作；但作为饮食男女，他一生都要每天六点钟起床。而他做这一切，都是为了一个最大的抱负：他要成为自己的主人，不依赖任何人，他要追求自己的爱好，一天一天地享受生活，要充分利用每一刻即将到来的时间"。为证明这一假设，杜米克还为我们提供了一份证据，那是狄德罗于1768年9月写给沃兰德小姐[1]的信，这封信常被人们引用。信中说："我无所事事，一事无成，甚至参加搞这次沙龙。的确，每到晚上，我躺在床上，满脑子都是明天最好的计划。但第二天早上，起床之后，我看到这些笔墨纸张，就开始恶心，无精打采，极其厌倦，这要么说明我懒惰，要么是我江郎才尽的迹象。而当我盘着腿，抱着手，两三个小时与太太小姐们待在一起，说说笑笑地谈论她们所说的话、所做的事时，我就开心多了。聊到最后，她们对我也腻烦了。但这时我才发现时间已晚，不便再去工作了。我穿上衣服，出去走走，去哪呢？老实说，我不知道。有时我去奈容[2]家，有时去达米拉维尔[3]家。"【2】

---

1 沃兰德小姐（Mlle Volland，1725—1784），即苏菲·沃兰德（Sophie Volland），狄德罗的密友，身后留有与狄德罗的通信集。
2 奈容（Jacques André Naigeon，1738—1810），法国艺术家，曾为《百科全书》写稿，编有狄德罗手稿集。
3 达米拉维尔（Etienne Noël Damilaville，1723—1768），法国启蒙思想家。

无疑，杜米克的这个假定也是有问题的。大约在1765年，狄德罗完成了他的《百科全书》，从他这一年的通信中，的确可以看出他的愉快心情，他期待着度假，期待着幽居生活，期待着那些不用为自己的书籍、为自己的朋友发愁的日子。杜米克引用的这封信似乎是想告诉人们，狄德罗不再发表作品，是因为他不再写作；但是，如果这封信真能起到证明作用的话，真相就大白了。现在看来，狄德罗不再写作的说法是站不住脚的。刚才引用的那封信的价值不应该被夸大——它表达的只是一种短暂的沮丧和幻灭。在这一阶段的信中，狄德罗并不经常说自己很清闲；更多情况下，他的日子就是一件不断铺展开来的作品；而且，与他在这封信中声称自己无所事事相反，人们可以在很多其他的信中读到，他抱怨日夜不停地工作。"我这辈子从没这么卖力过，"他1769年7月4日给沃兰德小姐写信道，"我早早安歇，天一亮就起床；只要天还亮着，我就一直在工作。……我的出版商们希望很快出版我的两本书。"[3]

诚然，他这段时间写的东西大多数都是为另外一些人而写的——为格里姆，或者为加利亚尼[1]；大多数都是一些粗疏的笔记，草草地写在自己所读书籍的扉页上——这些笔记不是为了出版，而是为了满足自己执着的表达欲。但是，人们一般认为，狄德罗最原始、最具代表性的著作大多数写成于1765年之后，那部由阿齐扎[2]编辑、1876年出版的颇受赞誉的狄德罗作品集，也证明了这一点。而且，正是联系到这一点，杜米克的那篇论文才提出了那个有趣的

---

1 加利亚尼（Ferdinando Galiani，1728—1787），意大利经济学家，启蒙思想家；因曾在教会任职，被法国启蒙哲人戏称为"加利亚尼神父"。
2 阿齐扎（Jules Assézat，1832—1876），法国启蒙时代文人。

问题。众所周知,迪皮伊[1]在一篇评论狄德罗最不重要的著作之一《关于戏剧演员的驳论》(*Paradoxe sur le Comédien*)的文章中已经证明,这部被阿齐扎,被几乎每个人归为狄德罗自己"修订"的作品,其实是奈容以一种令人震惊的随意方式对狄德罗最初提纲的改写。在这一发现的基础上,杜米克提出了更大的疑问:狄德罗身后留下的其他作品,究竟原来就是人们现在所看到的这个样子?还是同样是奈容的"修订"之作?毕竟,杜米克这篇论文的首要目的就是要问我们,谁是狄德罗作品的真正作者?正是从这一更大的疑问出发,杜米克才注意到这一事实:狄德罗在1765年之后几乎没有作品出版,这或许是因为他本身已没有东西可出版,即便有,也是一些为另外一些人而写的东西,或者一些简略的提纲,但那些提纲后来被奈容等人按照《关于戏剧演员的驳论》如法炮制予以扩充。

奈容以一种相当随意的方式改写了狄德罗留下的手稿,这是完全有可能的。他就是做这件事的人,而狄德罗给了他这样做的全部权利。然而,最有可能的是,奈容在这方面的所作所为,都被局限在那些不很重要的手稿上,比如,《关于戏剧演员的驳论》就是一例。人们很容易想象,狄德罗并没有写作后人所见的那种风格的《关于戏剧演员的驳论》;但如果说他并没有写作诸如《拉摩的侄儿》《生理学的基础》《达朗贝尔与狄德罗谈话录》或者《驳爱尔维修〈论人〉》,恐怕很少人会相信。人们会问,如果狄德罗没写这些书,那它们是谁写的?当然不是奈容。且不说其他的作品,单就这几部作品而言,其思想如此具有原创性,内容如此丰富,形式如此别出心

---

[1] 迪皮伊(Ernest Dupuy,1849—1918),法国启蒙时代文人。

裁，条理如此出人意料；我们完全可以说，即便最在行的评论家，也无法真正否认它们实际上的确出自丹尼斯·狄德罗之手。

那么问题还是没有得到解决。在狄德罗自称太忙，写不出好的作品的时候，他其实出版了很多作品；可后来在有空余时间写作，实际上也的确写出了18世纪最深刻、最有创意的作品时，却为什么没有作品出版呢？要回答这一问题，不妨看看杜米克那一值得思考的假设。它确实能给人以启发。狄德罗无疑是那个时代的伟大作家，我们可以放心地说，出版商对他的作品是来者不拒。对狄德罗来说，表达是第一需要，就像呼吸一样，一小段谈话就能满足这种需要；但若缺少这些，他就去写作。此外，他后期的某些作品，比如《达朗贝尔与狄德罗谈话录》，就属于此类出版商不太愿意考虑的东西。但是，这些说法并不能解释，为什么在那一天之前，他出版了自己写作的一切作品，但之后却不再出版任何作品，即便他著述更丰，即便正如他自己告诉我们的，出版商"希望很快出版我的两本书"。我想，真正的解释可能部分在于所谓狄德罗的"悖论"，并且，这种解释或许值得注意，因为狄德罗的悖论凸显了那些以18世纪后半期特有的方式，为法国思想指明方向、塑造特征的东西。

二

关于狄德罗的博学多才，现代评论家和传记家多有评述。对于狄德罗这个人来说，鲜有什么知识领域是他完全陌生的，鲜有什么时人所关注的问题是他没思考过，或者说不出什么真正有价值的东西的。其实，他同时代的人就提出过这一点。伏尔泰认为他"或许是那种有能力写作哲学史的人物"。[4]马蒙泰尔[1]说："对于每一个人类知识领域，他都如此了解；……不管你对他说什么，他似乎都早有准备，他的很多即兴言论让人觉得是新近研究及长期思考的结果。"[5]他出版的作品也能说明这一点——数学、自然科学、哲学、传奇、诗歌、戏剧、文艺批评、政治经济学，以及政治学、心理小说等。虽然除了少数情况外，他没出过什么大部头著作，也几乎没对这些领域做过系统的思考，但是他对所有的这些领域都投下了富有想象力的才智之光。而且，狄德罗的博学多才远不止是对所有知识领域的熟悉；它源自一种能力，凭着这种能力，他能够在每一个具体问题上，本着实事求是的目的，接受最相反的观点；能够对最有争议的问题做出独特的理解；能够对他人最令人厌恶的情绪报以真诚的理解。正如有人所言，狄德罗就是那个时代本身；那个时代所有的潮流都以某种独特的方式、或深或浅地从他的身上流过，流向前方。

然而，兴趣广泛还只是狄德罗的一个表面特征，他的目标是全身心地投入对知识的追求；但他对多种主题的关注在某种程度上模糊了这一目标所具有的本质上的统一性。虽然他本人声称蔑视形而上学与宗教，但我们可以不无恰当地说，实质上唯一能让他感兴趣的东西，恰恰就是形而上学与宗教——或许正是在这一点上，我们说他是那个时代的真正代表。毕竟，他轻视的不是形而上学，而是形而上学的某种具体类型——那种被如此深刻地塑造于中世纪基督

---

1 马蒙泰尔（Jean-François Marmontel，1723—1799），法国历史学家、作家，百科全书派学者。

教思想之中的形而上学；他也不痛恨宗教，他痛恨的只是天主教会所倡导的那种基督教信仰。他对当时盛行的那种形而上学和宗教的鄙弃被染上一种蔑视与仇恨，但这恰恰是因为，他最渴望的就是为一种新的形而上学和新的宗教找到一席之地，那是一种受理性捍卫的形而上学，以及一种道德崇高的宗教。

关于形而上学与宗教这两个主题，更具根本性的问题集中在人类行为的理论特征与实践特征上。那个时代对于"美德"持有非凡的热情——按照马蒙泰尔的界定，美德"是成其为德行基础的那种正直与道德善意的基础"[6]1，这种热情在那个时代的文学作品中略见一斑。慷慨的行为甚至能打动伏尔泰这种铁石心肠的人。丰特奈尔[2]说自己"视情操为天书"，这句话即便在冷酷正直的格里姆心中也引起几近厌恶之感。[7]那位加利亚尼神父"声称狄德罗一辈子也没挤出过一滴眼泪"，这让其大为光火。眼泪被视为内心高洁的外在流露；狄德罗是有泪不轻弹，但正是这种品质的泪水深深打动了同时代的人，它们被隐忍不发，恰恰说明他是一个拥有美德之人。他的好心肠远胜于他那些真知灼见，为他赢得了时人的爱戴。埃皮奈夫人[3]说，狄德罗的朋友们认为他比伏尔泰更深刻，"但这首先在于他那令他们赞赏的性格。格里姆说他是自己所认识的最具美好道德的人。"[8]对于狄德罗来说，没有什么比感到自己堪称此誉更开心的了。他对于德行与道德的专注，是一种比他作为学者对知识

---

1 ce fonds de rectitude et de bontè morale, qui est la base de vertu，译文引自卡尔·贝克尔：《18世纪哲学家的天城》，何兆武译，生活·读书·新知三联书店，2001年，第52页。
2 丰特奈尔（Bernard le Bovier de Fontenelle, 1657—1757），法国科学家。
3 埃皮奈夫人（Madame d'Epinay, 1726—1783），法国作家、沙龙女主人，与狄德罗、格里姆等交往甚密。

的兴趣更重要的东西；他不仅想研究德行，还想实践德行，并引导他人实践德行。正如圣伯夫[1]所言，他一直在"宣扬道德"。狄德罗深深地相信道德是一种实实在在的东西，一种最重要的现实。他总在理性即自然中为道德寻找某种不可动摇的基础。虽然最终没能十分令人满意地找到这种基础，但终其一生他都在宣扬美德。大约在1757年，他写道："这个世界上，没有什么事物是不适合德行的。"[9] 时隔20年之后，他依然持这种观点，他说："在我们这个病态的社会里，邪恶之辈事事得逞，受人称赞；美德之人处处失败，遭人嘲笑。但我相信，即便在这种社会里，我要说，总体上，要得到自己的幸福，一个人最能做的，莫过于去做一个好人。"[10]

正是因为深深地相信真正的德行的存在，相信它们的价值，狄德罗才声称痛恨虚伪的宗教——其中天主教会所宣扬的那种基督教首当其冲；它们之所以是虚伪的宗教，主要不是因为它们基于错误的前提——尽管它们的确如此，而是因为它们使人变坏。"人们只要信神，就会产生崇拜；只要产生崇拜，道德责任的自然律令就被颠覆，道德就被败坏。"[11]应该存在这样一种信仰，其基础"在于人们发现被写入所有人心灵之中的那些原始的、明显的理念"。他认为，这种信仰绝不会找不到人相信。哲学的要务，就是要建立这种信仰。更准确地说，按照狄德罗的理解，哲学曾经就是这样一种信仰；这种信仰本身就能够成立，而这又主要不是因为它不缺信徒，而是因为它能把人变好。那个时代的作家，特别是他们当中那几个最了不起的人物，所表现出来的非凡的大无畏精神，以及他们在众

---

1 圣伯夫（Charles A. Sainte-Beuve，1804—1869），法国文学评论家。

目睽睽之下展现出来的令人震惊的坦荡灵魂,都成为受人关注的有趣现象。事实上,拘泥守旧不会带来什么新意;对于这些人来说,"哲学"远不止是一套推理,而应是一个无限的领域。它是一种信仰,只需通过——甚至完全只需通过——信仰者的行为和动机来证明,特别是其中的动机。在教会的语言中,不信教与不道德是同义词;因此,如果一个人发表不信教言论,并以之作为新道德的基础,他就必须开诚布公地面对世人的审视。"是的,我是一个无神论者;但是只要你审视我的内心,看看我的行为,你就会承认,无神论者也是好人。"狄德罗对此一直大声疾呼。卢梭的《忏悔录》是最令人惊叹的一个例子,它赞同人们赤身裸体暴露在大庭广众之下,以展现人体的自然的、耀眼的美,而当时的大多数革新派都能接受这种立场。针对神学家们,狄德罗说:"仅比他们知道的多是不够的;我们必须向他们证明我们是更好的,证明哲学能够把人变好,这方面远胜于充沛的、灵验的神恩。"[12]

"仅比他们知道的多是不够的,"仍有必要尽可能多地了解——我们必须更多地了解神学家们所做的事情,以瓦解其错误的道德体系的知识基础;必须比神学家们更多地了解神学,以驳斥它们的神学;必须更好地了解科学,以戳穿神学家们的装神弄鬼,更好地了解历史,以抵制神学家们所树立的权威;更好地了解心理学,以揭露神学家们的道德控制的邪恶性。这就是狄德罗热衷于科学和哲学的原因。为了批判旧神学,就必须打击形而上学。虽然狄德罗声称自己只关注科学实验;但很明显,在他的哲学及科学著作中,从《哲学思想录》到《生理学的基础》,他的主要兴趣是质疑形而上学的本质,而科学试验也只有被作为一种新的研究方法时才有必要。

在"生理学"(Physiologie)中,他感兴趣的是这样一个本体论问题:一切皆观念,还是一切皆物质?而在《盲人书简》中,他感兴趣的是生理试验对于质疑上帝的存在有何意义。狄德罗对当时各种专门的科学试验全都十分关注,这正是因为新的形而上学——新的关于宇宙的起源与本质的观念——必须以源于观察与试验的确切的知识为基础,而这是旧的形而上学做不到的。

形而上学的问题强烈地暴露在狄德罗面前,使狄德罗在《达朗贝尔与狄德罗谈话录》及《生理学的基础》中寻求解决方案,并终其一生;这种解决方案我们可称为"生机论唯物主义"(vitalistic materialism)。狄德罗说,一切皆物质,因为没有了物质,一切皆无从认知和解释:"没有肉体,灵魂就不存在;我敢说,撇开肉体,你解释不了任何事物。"[13] 为了通过物质去解释灵魂,他愿意认为物质,甚至无机的物质都是有感知能力的。他提出很多带有暗示性的迹象,并以哈姆雷特的方式,去证明冰冷的尘埃何以具备思想。物质是什么,这个问题本身对他来说似乎是没有答案的。世界是自行运转的;如此说来,物质就是那推动宇宙的力量的千变万化、层出不穷的展现,而宇宙就是各种推动力汇成的一个漩涡。分析到最后,世界的本质就在于此。

这样组织起来的这个世界,其本源是什么,关于这个问题人们能在狄德罗作品中找到不同的答案。他一开始追随英国的自然神论家,接受自然神论的解释,但后来他放弃了这种解释。这种解释产生的问题多于它所解决的困难。最后,狄德罗没能找到更令人满意的答案。如果世界源于某些力量的纯粹偶然的结合,那么其目的是什么,目标在哪里?人们很难为一个偶然事件添加目的。然而,从事件的形式与发生上看，偶然性似乎是合理的，因为自然是不可知的。狄德罗似乎经常以微言大义的方式，相信自然是不可认知的。在激情膨胀的时刻，他几乎完全反自然，为自然赋予某种类似于慈恩的目的。但是在更多的时候，当问题被直接提出来时，他又找不到足够的证据去相信形式的不断变化——尽管思想可能是不变的、统一的——乃是一种从"低级"到"高级"，从较坏到较好的转变。照此发展下去，似乎有理由说，宇宙正回到它所由来的那一堆尘埃。

如果认为狄德罗提出了一种自圆其说的哲学，并且他打算据之与所有后来者相对抗，那无疑是错误的。如果他有时让自己的思想落入逻辑范畴的模块之中，那他的思想也从未变得冷酷和僵硬。狄德罗的思想过于具有弹性，总是不断地枝节蔓延，很难形成一种前后连贯、具有高度内在统一性的解释学说；即便能形成这样的解释学说，他的思想也过于吹毛求疵，仍不能将过去的"漏网之鱼"悉数纳入这种学说之中。我们发现，在建立这样一种本质上属于唯物主义的体系的时候，狄德罗的每一个做法都是在玩概念游戏，追溯起来，那些概念会使他落入休谟一派之中。"我感知什么？——形式。除此之外呢？——还是形式。我们与影子同行；对自己、对他人，我们都是影子。如果我看彩虹，我就看见彩虹；但是对于一个从不同视角看的人来说，什么也没有。"[14] 狄德罗经常表现得想要回避自己推理出来的那些结论。但是，他完全没有卢梭那种回避难题的才华，《达朗贝尔与狄德罗谈话录》及《生理学的基础》中的那些结论就是那种他最有可能提出的结论，如果他觉得有必要提出的话。

但是，这样一种哲学对于道德与行为又有什么意义呢？毫无疑问，它破坏了教会所倡导的道德的知识基础；但是它又是一种讽刺——狄德罗的那些深刻思考本来的主要目的是要为自然道德提供坚实的基础，结果却破坏了自己心目中所有的道德的基础。这就是悖论所在，如果狄德罗的结论对于所有深刻思考着的哲学家来说都是成立的，如果狄德罗渴望做一个有道德的人，那么他一生赖以维系的目标和希望，就只不过是在为一场梦提供素材。理性告诉他，人充其量不过是一颗知性的尘埃，是浮华世界里的一场机遇，是形成结晶或熔岩的各种同样无目的的力量的必然产物。热情、爱与希望、同情心、对德行本身的信赖——这些是什么？这些都只不过是机械过程的产物，是精神香料，它们都来自于对人的大脑组织的另一种浪费或修补。如果意志可被定义为"欲望与仇恨的最后冲动"[15]，那么自由就必然是一种喀迈拉[1]般的怪物。而且，"如果不存在自由这种事物，那么行为就无所谓值得赞扬或谴责，因为既没有了善，也没有了恶，没有什么事情可以恰当地得到奖励或惩罚。这样，人的独特之处在哪里？行为的好坏之分又在哪里？坏人是那种必然会被打倒而不是必然该受罚的人，因为善行只是为图善报，而谈不上美德"。[16]诚然，如果那种旨在"把人变好，这方面远胜于充沛的、灵验的神恩"的哲学最多只不过是在使人相信邪恶不是一种个人的责任，而是一种只因害怕败露才不敢去做的事情的话，那么，这样的哲学对于人们倡导道德的热情贡献甚微。这样一来，狄德

---

1 喀迈拉（chimera），希腊神话中的吐火怪物，被描绘成狮子、山羊和蛇的组合体，通常用来形容不能实现的目标。

罗隐约意识到，哲学的信仰必然与信仰的哲学一样，是一种徒然的幻觉。

狄德罗晚年的作品展现出"两个狄德罗"之间的冲突——一个是不能无视理性、深刻思考着的哲人，一个是满腔热情的道德倡导者，不能放弃自己的信念：好的行为必须是具有美德的行为。比如说，从其1733年写作的《驳爱尔维修〈论人〉》到1774年写作的《生理学的基础》的转变中，我们发现——正如卡洛[1]所说的，"另一个狄德罗展现在我们面前"。[17]但是，关于狄德罗的悖论，最令人震惊、最艺术化的表现，或许也是有意识的、蓄意而为的表现，我们可以从他那部小部头的著作《拉摩的侄儿》中发现；这部著作写于1762年，或许是为了回应巴利索[2]的《哲人》的，但后来被修改成我们所看到的大约1772年到1774年出版时的这个样子。[18]

让·弗朗索瓦·拉摩（Jean François Rameau）当时几乎是一个贻笑大方的怪人，他坚称人们做一切事情都不过是在"往牙缝里塞东西"，并因此提出所谓"咀嚼法则"。根据这种将生活说成是一颗果核的简单哲学，狄德罗虚构出一个人物，这个人有纯粹的知识，有贪多不化的胃口，但完全缺乏任何道德责任感。"他毫无夸耀地展示自然赋予自己的各种好品格，也毫无羞愧地展示自然赋予自己的各种坏品格"——狄德罗这样评价他。这个人会这样说自己："我有着像球一样圆的大脑，以及像水仙一样鲜活的体格"——也就是说，

1　卡洛（Elme Marie Caro, 1826—1887），法国哲学家，著有《十八世纪末》（*La fin du dix-huitième siècle*, 1881）。
2　巴利索（Charles Palissot de Montenoy,1730—1814），法国剧作家、讽刺作家，曾在其喜剧《哲人》（*Les Philosophe*, 1760）中讽刺狄德罗。

这样的大脑不曾为他人的经验所动,这样的体格会像水仙渗水一样干出好事也干出坏事。不管怎么说,拉摩不是社会产物,他不受传统的影响和习俗的压力,他只是狄德罗的一个唯物主义的人格化形式,他的意志只不过是"欲望与仇恨的最后冲动"。他就像弗兰肯斯坦[1]创造的怪物,人们可以根据狄德罗的"生理学"原理创造出来。他是一个自然人的例子,似乎真的有这么一个自然人,他被剥去了所有"人为的"虚饰,行走在社会上,在巴黎,在大约1772年。

这个人为捏造出来的人物,其周围全是那种惯于世故的社会寄生虫,而狄德罗这位道德哲人走进这种环境,开始了与他的对话。这场对话似乎很不寻常,它涉及面很广,一会儿说这个,一会儿说那个,没有明确的主题,似乎只是在打发时间;但实际上,这场对话是在探寻道德的基础。拉摩不是一个稻草人,被人精巧地设计出来,以便在恰当的时候倒下。他是狄德罗的另一个自我,他具有狄德罗的强大的、理性化的想象力,有其得天独厚的感知能力,他在纯粹的、未受情感或任何利他主义冲动感染的理性之光下,警惕地观望着一个腐败的社会。

现在,理性告诉拉摩,自然是各种无目的的力量的随机组合,自然使他成为现在这个样子:"懒惰、疯癫、极尽捣蛋之能事";同时,由于不必为自己的这个样子负责,自己就没有责任,也没有想法让自己变得比现在更好,而只需变得更快乐。"任何有生命的事物,无一例外地寻求自己的快乐;为了达到自己的目的,将一切变

---

[1] 弗兰肯斯坦(Frankenstein),是英国著名诗人雪莱的妻子玛丽·雪莱1818年创作的同名小说中的疯狂科学家的名字,他用许多碎尸块拼接成了一个"人"。

成可能的猎食对象。"因此，拉摩会通过在自己看来"合乎自然的恶行"，而不是通过在他人看来合乎自然的德行（他又如何做得到呢？）来寻求自己的快乐。这就是他的幸福，"酒足饭饱，高枕无忧；除此之外，都是虚空，都是自寻烦恼"。正如狄德罗所言，通过自我牺牲去追求更高级的快乐，是徒劳无益的。它们并非更高级的快乐，因为对拉摩而言，它们根本就不是快乐。追求全社会的幸福是徒劳无益的，因为幸福是个人的，社会只是一种抽象产物，道德习俗只是"大家嘴上说说而已，没有人真会去做"，道德习俗的面具能"使人从邪恶中受益，但嘴上又不说，别人也看不出来"。拉摩后来说，你们这些哲人们的思想很古怪——其实所有的道德体系的基础都是荒谬的，你们会认为"全世界的幸福都是一样的"。对你狄德罗来说好的东西对我拉摩来说或许是坏的。如果你使我感到不自在，我就不会觉得你知道什么能使我快乐。

　　对话告一段落，没有结果；这是很常见的。在谈到幸福始于抛弃自我牺牲，放弃履行责任时，狄德罗说："我明白，你不知道幸福是什么，你也没想要搞明白。"拉摩回答说："这样更好。"有人说，事物因为有用才美好，而不是因为美好才有用——休谟曾对这一基本命题大惑不解；但这时，狄德罗和拉摩毫无疑问都接受了它。但是，什么叫有用，谁来判断？对话又从这里开始。诚然，有用会带来幸福；但是，这个机械世界的无责任感的造物们发现，让一个人感到幸福的事物会让另一个人感到痛苦，他们的幸福标准是不相容的，这样，在意志的冲突之中，令人窒息的道德世界在他们的脚下瓦解了。

　　值得强调的是，狄德罗创作《拉摩的侄儿》的时间是 1762 年到 1774 年之间。可能正是在这些年间,他第一次真正意识到了自己的悖论,而这本书就是对这种悖论的绝好表达。另一方面,正是在这些年间,他的学说在《达朗贝尔与狄德罗谈话录》及《生理学的基础》中得到了彻底的、最终的表述;同时,也正是在这些年间,关于实践道德的疑问以最贴切、最恼人的方式——女儿的教育问题——展现在他的面前。女儿很爱他;至少,对于那桩仓促到来的婚姻,狄德罗从女儿身上找到了一丝安慰。他与女儿的通信也显示,随着女儿的成熟,他日益关注如何教育好她,正如他在《拉摩的侄儿》中所说,这种教育的主要内容就是"一大堆的道德"。的确,他教给了女儿一些苛刻的道德规范;但他的主要目的似乎是要证明,"德行终将有回报,那就是快乐:做好事的快乐,以及赢得他人好感的快乐"。[19]说这话是在 1769 年,而谈话录也是写作于 1769 年;这让人联想到这样一幅画面:狄德罗是一位好问穷思的哲人,穿着人们熟知的那种袍子,在那一年的某一个早晨,走进书房,继续他那用物质和观念解释灵魂的工作;但是到了下午,他变成一位父亲,开始一边与女儿在公园散步,一边教给孩子"一大堆的道德"。或许,正是在这个早晨,他对着冰冷的纸,构思他那关于意志的冰冷学说——"欲望与仇恨的最后冲动"。而在那个下午,这种学说促使他想给女儿灌输的,又是什么样的道德指令呢?某种真正原始的东西?某种根深蒂固的东西?退一万步说,某种反传统的东西?完全不是!狄德罗是高雅的中产阶级,他告诉女儿要做一个好姑娘!狄德罗发现,哲学有时与生活大相径庭,这真令人匪夷所思。

如果一个造物的意志只不过是"欲望与仇恨的最后冲动",那么对他讲"一大堆的道德"又有何用?这就是大约1765年来到狄德罗面前,让他深感震惊的问题;同样大约是从1765年起,他不再想出版作品。实际上,当《达朗贝尔与狄德罗谈话录》完成时,狄德罗告诉沃兰德小姐,他并无意要出版这类作品。他告诉我们,某种关于道德的鸿篇巨制,某种能够证明"要得到自己的幸福,一个人最能做的,莫过于去做一个好人"的书籍,才是最重要和自己最感兴趣的,也是自己最愿意去写的——"这样的书将是我晚年的美好回忆"。但是他一直没写这样的书。"我连拿起笔写下第一行字的勇气都没有。我对自己说,如果我的努力最终没能成功,我反而会变成邪恶的辩护者,会背离美德的目标,会鼓励人们作恶。不,我不觉得自己有能力承担这样一项崇高的工作。我已经无益地为此贡献了我的整个一生。"[20]狄德罗从未写这样的书,但或许那部"冗长乏味的《论克劳迪娅与尼禄的统治》"算得上是他晚年一次抓狂的、几近绝望的努力,他要为这个世界留下他在这个问题上的半生不熟的思想碎片。

然而,一个有志于为这个腐败社会的振兴有所贡献的人,为什么会出版那些除了使人们更加相信"善行只是为图善报,而谈不上美德"外不会有其他教益的著作呢?为什么那些关于道德问题的著作除了说美德就是好的行为之外,就说不出什么新的东西来呢?若真如此,把这些手稿付之一炬或许亦未可惜。实际上,狄德罗并没有把它们付之一炬,而是交给了奈容。

三

　　狄德罗的悖论是有趣的，它作为一个具体事例，反映了那个时代根本的思想难题——至少对于那些关注法国社会振兴的人来说，这是个根本的思想难题。对于洛克所提出的经验方法，休谟从一个方向，法国的唯物主义又从另一个方向，得出逻辑结论。这种方法被认为是一种绝好的工具，能把"绝对主宰"安排得如此停当，能如此有效地把一些价值观纳入相关的检验之下，以瓦解"旧制度"的理论基础。而且，就这一目的而言，这种方法无疑是极好的——它对于批判目的是有效的；但是，对于重建，就不那么有效了。而且，就真正的经验主义而言，这种方法与捣毁"旧制度"相去甚远，最后对"旧制度"的护卫反而比以前更加坚定。在那个时代，人们从洛克的那些理论中所得出的最后一句话就是，人与自然同为一体。但是，如果人只是自然的一部分，如果人的所有行为、所有思维都取决于自己所不能控制的力量；那么，"社会"必然也是"自然的"，如此一来，迷信与启蒙一样，也是自然的，"旧制度"下的法国如同原始的高卢或者公元 2 世纪的罗马一样，都处于自然状态。对人与自然的区分，以及将二者同样视为统一的自然法的必然产物的观念，其结果充其量不过是用盲目力量取代上帝，并且通过消除世界的目的性，使人们在"做什么都对"这一"归谬法"之前面面相觑。

　　这种绝望的结论或许适合一位追求离世索居、寻求警世名言的诗人的口味；而在英国，只要还没有离世索居，大多数人都会满足于自己所看到的事物，并通常会认为这样的结论是高深莫测的。实际上，在英国，一些比蒲柏[1]更加敏锐的人如果怀疑诗人的警句，就会转向哲学家以相对功利的手法所作的再叙述，如休谟的那种叙述：不论什么，都相对是好的，因为它相对有用，相对它赖以产生的环境有用——在今天，这种说法在科学的生存法则以及历史研究结果中得到新的阐明，但其要旨并未改变。对伦理问题的这种解决方案或许是从经验主义前提出发所能得出的唯一结论；至少，它是那些沉浸于那个时代经验主义哲学的人最容易自然而然想到的结论。但是，如此说来，狄德罗为什么没想到这样的结论？或许有人会说狄德罗想到了。狄德罗生性好问穷思，他在某些方面比休谟更接近现代人的观点。功利就是对德行的检验，狄德罗坚信如此，并且恰恰是以休谟的方式。他只不过没有进一步推导出自然选择这种进化论学说罢了[21]，他的进步论也已呼之欲出；但他的功利观止于统合这些观念，止于用高调的至善论去解释"永恒流动"[2]学说，止于仰赖19世纪典型的大多数政治与伦理思考。我们还可以问，狄德罗身上究竟为什么会出现悖论？既然他处于一片前途光明的土地的前沿，他为什么没有走进去占据它？

答案必须从那些决定了他那漂浮不定但硕果累累的思想的社会背景中去寻找。在当时的法国，人们看什么都不顺眼。如果说法国"哲人"们有所决断的话，那就是他们坚信，现存的政体远非最好的政体，甚至不是相对较好的政体，而是相对较坏的政体，是一切邪恶之父。它们所需要的是用于评判社会的标准，而不是用于解释

---

1 蒲柏（Alexander Pope,1688—1744），英国诗人，其很多诗句已成英语成语。
2 永恒流动（perpetual flux），休谟语。

社会的原理。狄德罗等人所梦想的那种逆转需要某种稳定而确定的支点，但这种支点在走马灯般的相对性功利之中无法找到。这样一来，在法国，"绝对主宰"，那个在世纪之初曾被人如此轻蔑地扔到窗外的"绝对主宰"，不得不再被从后门，或者从其他什么地方捡回来。综合权衡"旧制度"，人们发现它弃之可惜，这时，就有必要再一次将社会与自然区分开来，将人的先天与后天区分开来，将本性善良的抽象的人从当时那个使他变坏的错综复杂的环境中区分出来。

众所周知，卢梭有名言："人是生而自由的，但无往不在枷锁之中"；"人性本善，是社会使他堕落"，这些话成为著名的新式二元论，也很好地体现了这种区分。但是，卢梭砍断了一个结，而不是解开了它；值得指出，很多谴责卢梭这一做法的人，本身也在寻找某种能有效地区分自然人与社会人的原则。看看狄德罗本人对这种原则所做的那些无望的寻求，或许是一件有趣的事——他总是饶有兴致地比较野蛮人与文明人的情操；他试图找到某种人人共有的本能，比如，怜悯之心，以便从中培养出社会美德；或许最重要的，他在自己与法尔科内[1]的通信中绝望地表示要在历史的教训中、在后人的评说中找到某种标准，某种或多或少绝对的标准，去评判具体的法案与制度。他所做的这一切，如果不是要寻找康德所说的"人性中的稳定因素，以理解人性多么完美，完美的人性多么使人受益"[22]，又是什么呢？

1　法尔科内（Tienne-Maurice Falconet, 1716—1791），法国雕塑家。1766 年，经狄德罗推荐，他应俄国女皇叶卡捷琳娜二世之邀去俄国，于 1778 年完成了著名的青铜雕纪念碑《彼得大帝骑马像》(又名《青铜骑士》)。

的确，很少有哲学家能够体会狄德罗未能解决的这一难题，连康德也是在卢梭的帮助下去解决它。对于不具哲学头脑的人来说，这一难题自身以一种非专业的形式展现出来。罗兰夫人有着善感的天性，她在天主教文学中找到了丰富的营养；很多这类"炽热的灵魂"摒弃教会的粗鄙教条，结果却为哲学家们冰冷空洞的理性主义而感到心寒，那些哲人的作品通向的是一条知识奴役之路。罗兰夫人说："无神论者寻找三段论，而我奉献的是感恩之心。""爱尔维修伤害了我，"她在另一篇文章中说，"他破坏了最令人陶醉的幻觉，指给我看到处是吝啬而刁蛮的利己分子。我劝自己，爱尔维修对人类的描绘，采用的是人被这个腐败社会所败坏的样子。"[23]这样的思想，与时人的高调共同奏响——高高在上的利己主义使人一边标榜自己具有与生俱来的美德，一边指责邻居们被染上了人为造成的社会邪恶。如果既想让康德在高处不胜寒的纯粹哲学领域走上一条富有成效的思考之路，又想用一种对人类美好未来的难以抑制的信仰去激励罗兰夫人等人，尚需要一些狄德罗所不具备的天赋。

1915 年

注 释

【1】*La littérature franaise*, V, p. 87.
【2】*Oeuvres complètes*, XIX, p. 272.
【3】Ibid., p. 309.
【4】Ibid., XLIX, p. 190.

【5】*Mèmoires*, I, p. 487.
【6】Ibid., II, p. 195.
【7】*Correspondance littèraire*, III, P. 345.
【8】*Mèmoires*, I, p. 405.
【9】*Oeuvres complètes*, XIX, p. 449.
【10】*Mèmoires*, II, p. 435.
【11】*Oeuvres choisies*, V, p. 16.
【12】*Oeuvres complètes*, XIX, p. 464.
【13】Ibid., IX, p. 377.
【14】*Oeuvres choisies*, IX, p. 428.
【15】Ibid., II, p. 175
【16】*Oeuvres complètes*, XIX, p. 436.
【17】*la fin du dix-buitième siècle*, I, p. 219.
【18】*Oeuvres complètes*, V, p. 361. 该剧后来又出现了 Monval 为 Bibliotheque Elzevirienne 编辑的一个版本。Lord Morley 翻译了其中重要的对话，并作为附录被收于其 *Diderot*, II, p. 285。
【19】Ibid., XIX, p. 321.
【20】Ibid., II, p. 345.
【21】*La fin du dixbuitième siècle*, I, p. 179.
【22】*Sämmtliche Werke*, II, p. 319. 转引自 Hoffding, *Hist. of phil.*, II, p. 72。
【23】*Works of Madame Roland*, II, pp. 108, 115.

约翰·杰伊与彼得·范肖克

1774年5月20日,古维诺尔·莫里斯[1]写信给约翰·佩恩,其中有这样一段话:

> 昨天,我出席了我们这个城市的一次盛大聚会,在那里……我的公民同胞们……对未来的政府形式提出了正当的主张,他们争论建立政府的原则到底应该是贵族制还是民主制。我站在阳台上,在我的右手边,是一排排有产者,还有少数仆从;在我的另一边,全是商人。……英国的宪政精神在这里有些影响,但影响不大。它的遗产当时给富人们带来一种优先权,但民众也开始了思考和推理。……权贵们开始对此心怀忧惧。他们委任了一个委员会,打算欺骗民众,但他们最后会失去民众的信任。这种事情在一方看来是一种策略,但在另一方看来却是欺骗,长此下去,如果这种现象得不到遏制,那么,再见吧,老爷们。[1]

---

1 古维诺尔·莫里斯(Gouverneur Morris,1752—1816),美国独立时期政治家,建国领导人之一;后文约翰·佩恩(John Penn,1741—1788)亦是。

这里指的是咖啡店会议，那次会议通过了对一个委员会的任命，那就是人们所知的"五十一人委员会"。当时，这个委员会的背景是波士顿倾茶事件，而其导致的直接结果就是，将群众运动的领导权总体上放在了保守阶层的手中。在"五十一人委员会"中，有两个年轻人，他们后来在公共活动中发挥了重要的作用。这两个人就是约翰·杰伊（John Jay）和彼得·范肖克（Peter van Schaack）。

这两人都不是英国人后裔，但都是真正的美国人。约翰·杰伊的祖先是17世纪流亡海外的法国胡格诺教徒。他1764年毕业于国王学院（他针对当时的形势，提交了一份关于祝福和平的论文），后来师从本杰明·基萨姆（Benjamin Kissam）学习法律，并于1768年获得执业资格。到1774年，他成为一名"阅案认真"、颇有名望的成功律师。1774年4月，他娶了列文斯通家族的一个女儿，势力大增，这件事可证明他在当地已出人头地。彼得·范肖克生于肯德胡克（Kinderhook），祖先是荷兰人。他也毕业于国王学院。他也学习法律，一开始几个月在奥尔巴尼师从彼得·西尔维斯特[1]，后来到纽约师从威廉·史密斯[2]。他1769年获得执业资格。在读大学时，他秘密地与纽约富商亨利·克鲁格（Henry Cruger）的女儿结婚。坏脾气的老泰山一度对他很不满意，但后来也就原谅了他。1774年，他被任命为"五十一人委员会"成员，这时他与杰伊一样，都已成为有名的律师，并且都与地方"名门"建立起了个人的以及事业的

---

[1] 彼得·西尔维斯特（Peter Silvester, 1734—1808），美国政治家。
[2] 威廉·史密斯（William Smith, 1728—1793），美国律师、政治家，纽约州大法官。

联系。

这两人是亲密的朋友,他们所从事的是那种使殖民地保留贵族统治的活动,他们气味相投,信念一致,都代表保守分子的利益。杰伊奉行一句名言:"拥有国家的人治理国家"[2],范肖克对此也笃信不疑。根据这一似乎可靠的原则,由于殖民地的现有政府是被授权给有产者的,那么有产者——而非那些无公民权,但却是"自由之子"中坚力量的技工和匠人——才适合单独决定采取什么样的步骤反抗英国议会的压迫措施才是正当的和有利的。《印花税法》《茶税法》《港口条例》,凡此种种,都是压迫性的,都是在破坏作为不列颠人最基本的权利,而有产者有权通过自己选择的代表治理国家;这些观念,都是杰伊和范肖克深信不疑的。因此,他们时刻准备用合乎宪政的方式抵制那些法案。但是,对任何非法的抵抗方案,任何可能将城市的控制权抛向暴民之手的方案,任何可能导致武装抵抗或者导致与不列颠彻底决裂的方案,他们都不愿意卷入其中。在他们的计划中,既看不到任何政治独立,也看不到任何向议会法案的无原则的屈服。如果在1774年5月19日这一天,他们曾被要求选择,是无原则地服从议会的法案,还是随后8年的独立战争,他们俩可能会做出同样的选择,那就是他们宁愿选择服从。然而,3年之后,杰伊被认为是反抗派,而范肖克被认为是效忠派。到1778年,杰伊成为一个委员会的成员,在一份驱逐法令上签字,将他的朋友定为自己国家的叛徒。

这两个年轻人的行为成为政治心理学以及历史解释的有趣研究课题。表面看来,在一切抉择面前,他们都应该属于同一阵营。范肖克与杰伊一样,都对美国有依恋之情(范肖克在战后回到美国);

杰伊与范肖克一样反对英国的那些措施。假如两人都站在美国一边，或者都站在英国一边，那么，以经济利己主义为基础去解释历史，并不会增强或者减弱可信性；因为根据同样的原则，将杰伊解释为效忠派，将范肖克解释为爱国者，亦未尝不可。我们不能根据政治或者信仰去解释，因为两人这方面的原则本质上是一致的；我们也不能根据两人诚实与否去解释，因为这两人都是极其正直的人。有一点或许可以作为解释依据：通过婚姻，范肖克与"德兰西[1]派"相连，而杰伊与列文斯通集团相连。这可以作为依据，但并不充分，因为并非所有的"德兰西派"都是效忠派，所有的列文斯通集团成员都是爱国者。这时候，历史学家想寻找事件的原因，就必须意识到，要抓住那些更为隐秘、难以捕捉的影响因素，它们总体上是无意识的、情绪化的，但在很大程度上决定了人的行为及其动机。这样的影响因素通常只有蛛丝马迹，这里讨论的问题尤为如此。杰伊与范肖克都很注重自省；他们都没留下什么珍贵的书信或日记，不像约翰·亚当斯，他的自我告白不管是出于有意还是无意，毕竟能使我们窥视当时的社会形势；他的记述尽管通常很模糊、很琐碎，但不能不说具有极高的重要性。

现代学者已经注意到了二者之间鲜为人知的气质上的明显差异。很可能，杰伊血气方刚；他写信给妻子说："我一直努力趋利避害，最后，好运终于来了。"[3]范肖克无疑也曾这么说过自己；但是，如果他就像他的儿子所说的那样，拥有高度的仁慈、顺从等基督徒

---

[1] 德兰西（James De Delancey, 1703—1760），美国早期纽约殖民地总督，其家族在独立战争时期倾向效忠派。

美德，那么他在趋利之时，可能比杰伊更倾向于"承担我们的罪过"，而不是"投靠我们一无所知的人"。我们知道，不管怎么说，范肖克不及杰伊机灵，不懂得为英国政府添加坏的动机。早在1774年9月，杰伊充满自信地说，英国已经堕落到"忘恩负义地为朋友和孩子锻造镣铐"的地步；但范肖克只是到了1776年才断言，那些压迫措施的通过，"本来可以不预先带有奴役我们的企图；在我看来，更好的社会结构应该建立在统治我们的人的品行上"。[4]或许，正是在性情偏好上的些微差异、在仁慈心上的差异，以及在自信程度上的差异，导致范肖克更重视战争可能带来的恶果，导致杰伊更重视屈从可能带来的恶果。

人们还可以想象，范肖克身上有着某种一丝不苟的品格，某种洞察入微的品格，某种刚直不阿的品格，这些使得他不像杰伊那样，能够轻易与他人联手走进一项共同的事业，轻易地无视差异、突出共性，寻找权宜的理由。"'你什么时候去奥尔巴尼？'他问这样的问题，是要为难自己那副好耳朵静候答案了。'我下星期去奥尔巴尼，'说完最后这几个字，想必才算完整地回答了这个问题。但这个回答没有必要地重复了问题中的字眼，他会觉得是无礼的。他喜欢简洁的答案：是或者不是。"[5]我们还知道，"他经常批评别人说话不准确，这使他落下吹毛求疵的坏名声"。一个人有着这样的好耳朵，有着这样容易被冒犯的神经，就不太容易那么心满意得地呼吸革命的气息。我可以想象，他坐在那儿开完"五十一人委员会"的某次会议之后，感到的更多的是败兴，而不是高兴；更有可能，当回到自己整洁安宁的家中，他想到的更多的是同仁们言论的不相关性，而不是他们的智慧——他们仔细甄别各种意见，使它们全都服务于"干起来吧"的现实需要。

杰伊谈不上是那种"人见人爱"的人；但是，我要说，他比范肖克更具某种可称为"合作意识"的东西。他在委员会会议上可能更得心应手，他可能更乐于享受为达成一致的行动协议而调解各方面冲突意见的过程，更倾向于使自己的意见适应这样达成的协议。与他人一样，他有着自己的信念与原则，但是在他的早期通信中，很难看出这些信念与原则是仔细思考的结果，而在范肖克的著作中这样的证据则多得多。圆满而崇高的常识性话语在杰伊的著作中比比皆是，比如下面这段话："对政府原则越做认真考察，就越明显感到，那些权力应该被并入各个职位和部门，那些权力本该属于它们。"[6]我不是说杰伊是见风使舵的人，而是说他有实干精神，这使他容易在考虑问题时注意到行动的迫切性。他说："有道理的学说并不总是得到经验的证明。"在他身上，有着某种实干家对理论的抱怨，以及实干家对"特定条件下的最佳做法"的满足。

这些品质使杰伊适合做领袖人物，特别是在纽约，这里的形势最需要的就是协调和妥协。当这两个人在美国的基本权利方面意见一致时，不管怎么说，重要的是，为实现我们的目标，在1774—1776年这几个危急年头，杰伊在判断该做什么时起到了积极的作用，而范肖克只起着消极作用，对所发生的一切他一味接受。杰伊与其他很多保守人士一样，一方面促成了很多事件的发生，另一方面又在那些事件的复合压力下推进革命；那么，从他对待著名的第一届大陆会议《联合协定》的态度上，我们能看出什么呢？纽约的代表们——杰伊就是其中之———并没有像激进分子所要求他们的那样，表示要采取单独行动。[7]似乎，在费城，杰伊与一些人一样，愿意将大陆会议的行动局限在抗议和请愿范围之内。大家都知道，他赞成《盖洛韦方案》[1]，因此他一定投了赞成票。但是，当多数人觉得单独行动更可行时，杰伊支持《联合协定》，并签字同意；或许，其中的原因，与其说是他感觉到这是一个真正的明智之举，倒不如说是他感觉到出现分歧会导致恶果。

  大陆会议休会期间，纽约与其他地方一样，面临一个现实问题就是，《联合协定》是否应该被贯彻实施。无所作为等于是明确告诉英国人殖民地人致命地缺少团结；但大家又都面临一个问题：到目前为止，《联合协定》是否真的如此不受欢迎，以至于自己可以名正言顺地批评大陆会议，并由此放弃斗争？杰伊在《联合协定》上签了字，他当然毫不犹豫地赞成纽约应该加强联合行动；就连最保守的人，包括范肖克，也觉得应该支持《联合协定》，因为他们觉得应该支持大陆会议。但是，事态越走越远，保守人士也都知道，如果《联合协定》生效，那么，正是由于它采取的可能是鲁莽的行动，它的实施才应该由一些中庸人士来领导。"我奇怪，"库尔顿[2]看到一份为执行《联合协定》而设立的"六十人委员会"的名单时写道，"居然连这些人都进了委员会。我最后发现，他们的行动意图是，保护城市不受暴民的洗劫。他们说，为了这一目的，他们有义务支持大陆会议的决议，如果他们不支持，我们当中的危险分子就会夺得领导权——在要求执行大陆会议指示的名义下，城市最终会被抛到最危险的境地。"【8】

---

1 《盖洛韦方案》（Galloway's Plan of Union），在1774年第一届大陆会议上，来自宾夕法尼亚的代表约瑟夫·盖洛韦（Joseph Galloway,1731—1803）提出一项联盟方案，要求13个殖民地继续隶属于不列颠帝国。这一提案未被大会接受。
2 库尔顿（Colden），当时的纽约总督，另见《1776年精神》一文。

无疑，在支持《联合协定》、接受"六十人委员会"的职位上，杰伊与范肖克都同样是出于这些动机。不管他们怎么看待《联合协定》本身，他们现在都认为联合已是既成事实。但是，两人之间还是有着立场差异：杰伊曾是大陆会议的代表，并且在《联合协定》上签字，因此对于联合的既成事实负有责任；但范肖克就没有这种责任。因此，后者要比前者更容易以一种评判或者旁观他人决定的姿态，去客观地观察整个形势。此外，范肖克的立场，使他更容易抽象地思考大不列颠与殖民地之间的分歧，认为那是一个关于什么才是殖民地的权利的问题，是一个关于什么才可以证明殖民地为保护这些权利的各种做法都具有合法性的问题。但是杰伊一定觉得，联合就是他所要做的；因此他每天都处于一种压力之下：他要看到自己的行动走向安全的结果，由此证明它们是正当的。结果，在抽象地思考权利问题的时候，他的思想总让他感到不适；但是他一直在寻找一种协调，他要把自己国家的权利与他本人为维护那些权利而出台的那些措施协调起来。

随着时间的推移，这种差异越来越明显。1775年5月，杰伊再次来到费城；在这里，他发现自己日渐参与了第二届大陆会议的所有重要决定。到年底，这个本来还为是否接受《联合协定》而犹豫不决的人，现在却在使这个国家准备采取武力抵抗英国的那些措施上，发挥了积极的作用。这时，范肖克的立场与杰伊的立场形成鲜明对比。在杰伊回到费城的那个月，范肖克举家迁到肯德胡克，这主要是由于他的家人身体不佳，特别是他的长子的病情——这个很有前途的9岁孩子到7月就夭折了。几天后，范肖克夫妇得知，他们最小的儿子，他们在纽约日夜思念的小儿子，又突然死了，并且已经被安葬了。由于过度哀伤,范肖克夫人的健康每况愈下,而这又成为丈夫的长期心病,直到她1778年去世。似乎是要验证他的厄运到底会发展到什么地步,范肖克后来有一只眼睛渐渐失去了视力,于是他日益发奋工作,担心自己会完全失明。

范肖克这时有了充足的机会践行基督徒的顺从美德。失去了两个孩子之后,我们发现他开始从宗教信仰中寻求慰藉。"我们不能判断天意的指向,"他这样写道,"看不见事情的因果全貌,我们以福为祸,以祸为福;所有这一切的结果就是,我们不解其中之谜,但我们应该学会信赖。"[9]顺从上帝的意志并不总是要消极接受人类的各种行为;但我们可以想象,当坐在肯德胡克的家中,笼罩在愁苦的阴影之中,大陆会议上的那些高谈阔论、"自由之子"们的那些聒噪喧哗,对范肖克来说都渐行渐远、无关紧要了。"想到这个国家灰暗的前景,我感到沮丧,"他写道,"这种无政府状态可能占据上风,也会阻止我们很快回到旧的生活轨道上;而那种想把我们这个共同的联盟与母国紧密相连的情感,或许会被永远地破坏。"[10]绝望的人渴望回归"旧的生活轨道",这是最自然不过的事了。除了各种其他影响因素之外,他在身体和精神上与同胞们的行动格格不入,也使他一开始就坚持客观性,这种客观性是他最本真的思想风格;并使他能够恪守中立,这种中立性决定了他整个独立战争期间的行动。

他的局外立场使他越来越能够作为一个旁观者去观察形势,并用一种卓越的洞察力去评判它:

"权利"这个词几乎是有问题的,它充其量是一般的"权宜之计"或者"策略";因为,当没有公认的仲裁人,当本应兼顾双方的仲裁人结党营私,当这样的党派占据多数时,精细的、适用于具体情况的政府原则所能起到的作用就微乎其微。殖民地的意见是"事先确定了的"。一些德高望重的人认为我们应该想出一个长久之策,但是当前的形势与此背道而驰。要形成较好的意见并不难,我认为问题在于,如果让殖民地人恢复以前的习惯禀性,他们所能想到的点子,有时要比现在(迫于压力)所能想到的点子多得多。因此在我看来,这场令人不快的斗争,其后果如此严重,它主要不是建立在什么好的意见基础之上,它的基础只是一个怪念头——一种"空穴来风"(vox erpraeterea nihil)。……总体上看,双方都有错误;但是一个明智的政府本身应该不助长怨恨和报复。如果一个政治实体中的不同成员之间的冲突太严重,就不能再教条地予以支持。[11]

也就是说,双方已经放弃诉诸理性,都打算用武力将自己的意志强加给对方。范肖克拒绝放弃理性。他打算继续接受自己心目中的法律、公正的引导。他一如既往地宣称自己对大不列颠的忠诚;他一如既往地声称英国政府已经破坏了殖民地的某些明确的权利;他一如既往地断言:"绝对的依赖和绝对的独立是我所避免的两个极端。"[12]因此,他宣布自己有权对武力冲突保持中立,他拒绝宣誓效忠于"引省议会",但也拒绝向大不列颠提供援助,也不阻碍自己的同胞在战争中揭发异己。他认为自己是美国人,但在政治上从属于大不列颠。他承认,美国人对英国政府有着严重的仇恨。一些美国人,其中包括"最有能力、最正直之辈",认为那些仇恨严重得足以证明武装抵抗是正当的。这是那些人的权利,范肖克也同意,"他们的做法应该得到公正的审查"。他所拒绝放弃的,是他自己的决定权:他有权决定——为自己,不为其他任何人,自己有没有责任加入那些行动。

然而,对于杰伊来说,"权利"这个词现在更是有问题的。自己身处费城的那个责任重大的职位上,必须履行诺言,不能临阵脱逃;自己参与了重大事件,并因无私报国、克服人类自由事业中的一切阻碍而感到快乐。这些情况都说明,这绝不是一时的"权宜之计",或者"策略"。这个问题一直不断地以这样一种形式来到他的面前:如果殖民地人拧成一股绳,如果有人批判独立主张,殖民地人就一定会不惜以武力证明自己捍卫正义权利——那些他们在大陆会议上所定义的权利——的决心;那么最后,大不列颠为什么一定会退让呢?在那样的情况下,那个人人渴望的伟大目标将会实现:他们到最后既没有成为反叛者,也没有成为奴隶。在那样的情况下,他们所做的,就恰恰是范肖克所希望看到的——它们避免了"绝对的依赖和绝对的独立"这两个极端。

但是,这种令人满意的结果还未出现就已消失,它的条件并不成熟;很明显,这种条件就是美国人全都拧成一股绳。而且,除非每个人都自愿在思想与行动上与大陆会议保持一致,否则拧成一股绳就不可能。像杰伊这些人,每天面对如何组织联合抵抗等大量难题,自然会本能地认为,一个人心目中认为自己国家的权利是什么,这是一个建立在个人良知基础上的问题;自然会本能地深入思考,对于每个人来说,为了国家的利益,应该尽什么样的责任。在当时的情况下，似乎很明显，个人意志服从集体意志，是每个人的责任。在杰伊看来，形势不再要求每个人去定义自己的权利；形势要求的是每个人都交出自己的忠诚。"每个人，"他几年后写信给范肖克说，"都服从两个选择：要么不列颠正确，美国错误；要么美国正确，不列颠错误。那些认为不列颠正确的人一定会支持不列颠；但美国急需那些赞成美国事业的人的服务。因此，站在这边，还是站在那边，我们必须选择。"[13]个人有责任支持国家，从这一点讲，很容易得出结论：国家有权强迫个人服从。

范肖克对杰伊的回答是有趣的。他恰恰辩称，不列颠和美国，没有谁完全错，也没有谁完全对；他恰恰辩称，因此自己要继续做一个好美国人，自己拒绝支持美国人干那些他认为错误的事情。

> 我的所作所为，不带有对我的国家不友好的动机。……我还可以说，我的希望与你们的是一致的。表面看来（在我看来，这只是表面现象），我参与反对自己国家的活动，这让我感到极为沮丧。难道我会为大不列颠去牺牲我自己本土国家的利益？我对大不列颠的情感（的确很深）乃是建立在她与美国的关系，以及我认为美国能从中获得的利益之上。在我看来，从目前发生的一切来看，这种关系还没有结束。总体上，就像以前在形势不明朗的情况下那样，我既不愿意做消极受害者，也不愿意冒险做积极攻击者。我宁愿做一个让人在背后指指点点的人，也不愿意打破我内心的安宁，更不愿意支持一项我不赞成的事业，并因自己在其中所起的作用而深感懊丧。如果美国

因革命而更加美好，我郑重表态：我会因我所在的一方是不成功的一方而欣喜不已。【14】

"我所在的一方"不是一个十分准确的措辞。在本意上，范肖克从不加入任何一方。这两个朋友之间的真正问题，实际上远比一个人支持不列颠另一个人支持美国更为深刻。他们之间没有什么个人恩怨。甚至在独立战争期间，他们仍保持良好的友谊。不是在美国人的权利问题上的分歧，也不是在对于本土的感情上的分歧，使他们分离。他们之间出现的问题，在于"一个人与一些人"[1]这一古老的争论。他们之间的问题是一个缩影，反映了国家与个人、个人自由与社会强制、强权与真理之间的矛盾。"美国就是真理，"杰伊这样说。但是，在他的定义中，"美国"等同于一个政府主导的有组织的权力；他断言个人的职责就是要屈身服从这一强权的真理，或者说这一真理的强权。美国就是真理，范肖克回答，但这实质上只是针对美国能赢得美国人的支持而言。我服从国家的强力，但是我最服膺的，是理性与良知。他可能引用帕斯卡尔的话："服从强者是必须的，服从正义是正确的。"最后，在杰伊的赞同下，范肖克被驱逐出境，因为他拒绝将自己对国家的忠诚置于对自己良知的忠诚之上。

杰伊与范肖克，谁是更好的美国人，谁是人类更好的朋友？掩卷沉思，谁能说得清楚？

1919 年

---

1 "一个人与一些人"：早在亚里士多德就曾指出，政体大致可分为一个人统治（君主或僭主）、一些人统治（贵族或寡头），以及多数人统治（共和或民主）等六种形式。

注 释

【1】 Jared Sparks, *Life of Gouverneur Morris*, I: 14-25.

【2】 Wm. Jay, *Life of John Jay*, I: 70.

【3】 H. P. Johnston, ed., *Correspondence and Public Papers of John Jay*, I: 70.

【4】 Ibid., I: 18; H. C. Van Schaack, *Life of Peter Van Schaack*, p. 56.

【5】 H. C. Van Schaack, *Life of Peter Van Schaack*, pp. 455-456.

【6】 *Speech of the Different Governors of the State of New York*, (Albany, 1825), p. 49.

【7】 Carl Becker, *Political Parties in the Province of New York*, p. 135.

【8】 Cadwallader Colden, *Letter Book*, II: 372.

【9】 H. C. Van Schaack, *Life of Peter Van Schaack*, p. 50.

【10】 Ibid., p. 38.

【11】 Ibid.

【12】 Ibid., p. 57.

【13】 Wm. Jay, *Life of John Jay*, I: 161.

【14】 Ibid., I: 163-164.

罗兰夫人的回忆录与信件

关于人们做过的事情，我们可以找到相对丰富且有借鉴价值的记录。但关于那些事情背后人们的心态，记录材料则十分匮乏，这些材料有助于我们分析人的复杂的本能与动机，它们潜藏在人们对一件行为所公认的动机及所推测的原则之后。做这种分析的时候，人们需要的是那些更具个体性的文献——回忆录，尤其是信件。在这些文献中，个人会有意无意地暴露出行为的隐蔽目的。在本人所讨论的这类材料里，革命这个本应该材料丰富的话题，却异乎寻常地少有论及。实际上，那类回忆录大多写在那一事件发生多年之后，它们告诉我们，作者关心的是世人会如何看待自己对"九三年"的思考和感受！如果说回忆录虽然内容丰富但不太可靠，那么信件应该是可靠的，但信件又太少了。在大革命时代的众多风云人物中，除一个人之外，没有人在自己的大量通信中袒露自己的心理活动；这个人就是罗兰夫人。[1]

一

现存的罗兰夫人的第一封信写于1767年，当时她年方十三，很早熟，芳名玛丽·简·菲利浦（Marie Jeanne Phlipon）。但直到三年以后，她才开始有规律地写信。她的第一批通信者是亚眠的坎尼特（Cannet）家的姐妹。她见过她们，并且和其中一位名叫苏菲（Sophie）的女孩成为闺密，当时，她在巴黎圣母院的圣母会修道院里做短期静修。1776年，她遇见罗兰。1780年，二人结婚，此后，她的大量信件都是写给自己的丈夫（丈夫离家很远，直到后来他们迁至巴黎），以及她的朋友们：朗特纳[1]、博斯克·丹蒂克[2]、邦卡尔[3]。第一部公开出版的罗兰夫人通信集（与邦卡尔）出现于1835年。1841年，出版了两小卷与坎尼特姐妹的通信。1864年和1867年，多邦（Dauban）又出版了增补本。1896年，茹安-朗贝尔（Join-Lambert）出版了一卷玛丽·菲利浦与罗兰的情书。这些早期的通信集总体上都被包含在后来另一个相对完整并大体令人满意的通信集中，那就是克洛德·佩鲁（Claude Perroud）为《未刊文献汇编》(Collection de Documents Inedits)选编的那个集子。[2]这四个版本以及佩鲁选编的一个情书集[3]，囊括了罗兰夫人实际上所有的信件——大约有1000封；也就是说，在1770年至1793年间，罗兰夫人平均每星期写一封信（有些还特别长）。

　　罗兰夫人著名的《回忆录》是在狱中秘密完成的。它们被"一件一件地"(cahier by cahier)由朋友传出并保管下来，最后，1795年，首次由博斯克·丹蒂克统到一起，并仓促出版。[4]在19

1　朗特纳（François Xavier Lanthenas, 1754 — 1799），法国大革命时期政治家。
2　博斯克·丹蒂克（Louis Augustin Guillaume Bosc，又作Louis Augustin Bosc d'Antic，1759—1828），法国生物学家，曾帮助罗兰躲避雅各宾派的抓捕。
3　邦卡尔（Jean Henri Bancal des Issarts, 1750—1826），法国大革命时期政治家。

世纪，相继出现了很多这类流行版本；但是，像编书信集一样，要编出权威性的回忆录，还得靠佩鲁。[5] 从某种意义上讲，回忆录是书信的延续，本身只不过是一些讲给世人听的最后"行传"——"告公正之后人书"（*Appel à l'Impartiale postérité*），至少作者本人作如是观。它们主要是作者以通信方式所作的自我表白，由此为作者的一生画上了适当的句号。除了书信和回忆录，罗兰夫人很少写作；她一生经历的事件，除了最后几个月在大革命中的激情体验外，大都平淡无奇。她的一生，真实的一生，说到底就是如此。它让我们知道，一天一天地，她在做些什么，想些什么，感觉如何，尤其是她最梦想的是什么。她创造了一个梦想世界，那里有着高尚的追求。这个梦想世界是对这个不尽如人意的世界的补偿，这就是这个现实世界能为她的思想所能提供的一切。不管是回忆录还是信件，其主要价值都不是体现在对外部事件的记录上；而是在记录人的内心活动方面——那些内心活动代表了当事人的心理品质，并且迸发出远远超过一般人的力量，其价值是无法衡量的。实际上，历史学家很难发现哪一个人的思想，能像罗兰夫人的思想那样被如此好地记录下来，也很难遇到这样绝好的机会，去研究一个人的思想形成过程。

虽然批评家和历史学家们自始至终对罗兰夫人津津乐道，并且其中不乏令人满意之处；但仍很难说，他们大多数都有这样难得的机会。各种版本的罗兰夫人回忆录及信件不仅自然要求编订者们精心写作介绍性序言，而且为法国批评家发表富有才华的评价提供了机会。圣伯夫写了五篇文章，其中一篇后来被作为1835年出版的书信集[6]的序言。多邦编辑的回忆录于1864年问世后，引发了埃德蒙·谢雷[1]精彩的评论。[7]1896年,勒内·杜米克写了一篇简短文章[8],评论茹安-朗贝尔编辑的那本情书集。在这本情书集中,茹安-朗贝尔本人也写了一篇序言,那或许是现存的对罗兰夫人人格最为透彻的分析。当然,无数的关于法国大革命的著作都提到罗兰夫人;相关著作有:龚古尔[2]的《18世纪的女性》(*La Femme au XVIIIe Siècle*)、戈代(Gaudet)的《吉伦特派》(*Les Girondins*),它们都粗略地论及罗兰夫人的生活。最著名的传记有:马德琳·克里蒙梭-雅克马尔(Madeleine Clemenceau-Jaquemaire)的《罗兰夫人》(*Madame Roland*)、埃达·塔贝尔[3]的《罗兰夫人》(*Madame Roland*),以及蒲柏-亨尼斯(Pope-Hennessy)的《罗兰夫人:关于大革命的研究》(*Madame Roland: A Study in Revolution*)。

这些著述者——编订者、批评家和传记作家——手头都有回忆录和至少某些信件,但是他们更多依靠的是回忆录而非信件,并且在信件中,罗兰夫人早年的信件更不为他们所重视。然而,玛丽·菲利浦写给坎尼特·苏菲的信(早在1841年就曾被人集结呈两卷出版)具有极高的价值,这主要体现在两个方面:首先,它们至少以间接但翔实的资料表明,哪些情感和教育因素影响了这个年轻姑娘成长岁月的理性思考;其次,它们使我们能够将罗兰夫人当时的叙述与她后来坐在监狱里、在断头台的阴影下的那些回忆相对照。罗兰夫人的评论家和传记作家都只注意到了其早年信件的表面

---

1 埃德蒙·谢雷(Edmond Henri Adolphe Schérer, 1815—1889),法国文学批评家。
2 龚古尔(Edmond de Goncourt, 1822—1896),也有可能是其弟弟 Jules de Goncourt(1830—1870),二人均为法国作家,身后设有龚古尔文学奖,在法国有重要影响。
3 埃达·塔贝尔(Ida Minerva Tarbell,1857—1944),美国女教师、作家、记者,"进步时代"丑闻揭发者。

价值，满足于它们透露的那些事实性信息——其实很少。他们比较信件与回忆录，也注意到二者之间某些轻微的不一致之处；但是他们发现，信件与回忆录在名称、日期、事件方面总体上是一致的，他们没有想到，其中有值得进一步思考的地方。在思考罗兰夫人一生的外部事件时，这些材料可能就够了；但是，罗兰夫人之所以引起人们的兴趣，主要在于其思考问题的方式，而不是其思考的问题，在于那些决定其行为的无意识的动机，而不是行为本身，就此而言，在信件与回忆录之间做更加仔细的比较，是十分必要的第一步。

二

罗兰夫人说自己的记忆力很好；她的确如此。但是，想到那些回忆录一定是在没有任何备忘录的帮助下完成的，有人难免认为，她关于早年生活的回忆，一定有与事实不符之处。但情况其实不是这样。佩鲁曾经指出过一些细小的错误。H. 格拉高（H. Glagau）仔细比较了回忆录与信件中关于罗兰夫人与格丹（Gerdane）的关系的记载，最终发现的不一致之处数量有限且无关紧要。[9]这里要再一次说（这一点值得反复说），不管是回忆录还是信件，主要关注的都不是事件，因为罗兰夫人本人主要并不关心事件。她主要关心的是她自己，是自己的思想和情感，她要向自己、向后人证明自己的思想和情感的正当性。她写信和写回忆录不是为了传递信息，而是为了满足自我表达的渴望，以及为了让世人知道，她配得上过幸福的生活，但那种生活被不公正地剥夺了，因此，她要复仇（"我要为幸福报仇，不公将它从我身上剥夺"〔*Je me vengerai à mériter le Bonheur, de l'injustice qui m'en tiendrait privée*〕）。[10]那些回忆录和信件主要讲的是罗兰夫人的心态。因此，在讨论它们对这种心态的描述时，我们必须对它们进行比较和对照。

年轻的玛丽·简·菲利浦梦想着，自己如果不是女儿身，该能做多么伟大的事情；她那时的心态自然与作为阶下囚、坐在窗前哭泣的罗兰夫人的心态不同。然而，在她的回忆录里，我们听到的不是哭泣。我们看不到自我哀怜的文字；实际上，我们看到一段段对雅各宾派的文采飞扬的痛斥，她骂他们是无赖，背叛了大革命的初衷。但是，回忆录里最突出的文字还是悲伤，以及对未遂之志的悔恨。这些回忆录表达的是深刻的幻灭，它们出自一个受罚的女人之手，她目睹神圣的大革命误入歧途，走向某种不可理喻的兽性的狂欢——"沃尔珀吉斯之夜"[1]，至少在她看来如此。

这种幻灭，最明显的流露莫过于下面这段话：

> 哦，布鲁图斯！你那只勇敢的手没能拯救腐败的罗马人；我们今天也在重蹈覆辙。这些单纯的人，他们燃烧的灵魂渴望自由；哲学家在平静的书房和苦行的幽居里，为他们准备了这种自由。这些人自鸣得意——就像你一样，

---

1 "沃尔珀吉斯之夜"（Walpurgisnacht），德国神话中指4月30日晚巫婆们狂欢作乐，现成为中北欧地区每年4月30日或5月1日的一个节日。

以为推翻暴政就能开启一个正义与和平的政体。它只是一个信号，预示着要释放最强烈的仇恨和最隐秘的邪恶。在遭"三巨头"[1]放逐后，你说，你为西塞罗之死感到悲伤，但更为其死因感到羞愧；为此你诅咒你的罗马同胞，他们受到奴役，与其说是暴政的过错，不如说是他们自身的过错；你说他们生性卑贱，对于所见所受之苦，只需轻声复述，他们就魂飞魄散，无以自持。的确，我坐监愈久，仇恨愈深；但是，仇恨的日子已经过去，因为很明显，期待事态的好转，或者震惊于任何邪恶，都是无济于事的。[11]

罗兰夫人的幻灭似乎并不是紧随她的被捕而发生的；她的幻灭过程与她写作回忆录的过程，有着明显的关联。罗兰夫人的回忆包含两部分内容。一部分写的是大革命，包括"关注历史"（Notices Historiques）、"内政大臣罗兰小传"（Premier Ministère du Roland）等；另一部分是"个人回忆录"（Mémories Particuliers），写的是自己的早年生活。从编年史上讲，个人回忆（"个人回忆录"）所讲述的事情发生在先，因此在一些版本中都印在前面。但是，佩鲁证明，那些历史笔记以及关于内政大臣罗兰先生的叙述，总体上写作于"个人回忆录"之前。这似乎意味着，在头几个月，罗兰夫人还盼望着吉伦特派会赢得胜利，因此主要关注的是现实；到了后来，她的希望破灭了，她开始依靠回忆年轻时的幸福时光去摆脱眼前的痛苦。

---

1 公元前60年，古罗马的克拉苏、庞培与恺撒结成政治同盟，史称"前三头"，与"后三头"相对。

无疑，罗兰夫人让我们觉得，这就是她写作个人回忆录的原因。"我打算利用被监禁的闲暇，"她说，"去回顾我从年轻时到现在的个人生活。回顾一生的历程，就如同又活了一次。在监狱里，一个人除了靠令人愉快的虚构和饶有趣味的回忆使自己置身于他处之外，还有什么更好的事情可做呢？"[12]仅在这里，我们才看到那多姿多彩而个性鲜明的个人回忆背后的最全面的动机。并非出于对死亡的恐惧，罗兰夫人才坐在窗前哭泣，或者试图越狱。使她哭泣的是痛彻心扉的失落感，是意识到对自己而言，所有对生活的美好设想都已化为幻影。她努力挣脱这囚笼，这会使人头脑清醒，实际上可以说她做到了——她写回忆录，就像她自己愉快地说的，这能"使自己置身于他处"；她还说，自己是在"唤醒甜蜜青春的安宁时光"。

无疑，那段青春时光一旦被这样回忆起来，对罗兰夫人而言，似乎要比当初更加甜蜜、更加安宁。对比无须感到奇怪，因为距离产生幻境，特别是当身旁仅有一间狱室时。重要的是，在回忆年轻时光时，罗兰夫人巧妙地改造了自己早年的观点和情感。做这一切，她完全是无意识的，因为在写作回忆录时，她寻求的不仅是摆脱眼前的痛苦，还有面向未来的精神支柱。现在，对于沦为阶下囚的罗兰夫人来说，将来就是现实，将来离死亡仅一步之遥。在她面前令人心寒的事实是，她短暂的革命生涯通向的是断头台。在这样的压力面前，这个勇敢的女人所必须做的，就是振作起来，让自己有一个好的结局。要振作起来，罗兰夫人靠的是对结局进行理想化，靠的是将自己死在断头台上看作人类自由祭坛上的崇高牺牲。

很显然，罗兰夫人无法容忍把这种牺牲想象为没有意义的，因此她努力跨越几个世纪去展望它。她把自己的受罚融进历史,在历史中,她能够看到它超出个人或者地方的意义,她相信后人愿意将它载入人类殉道的伟大史册。她相信后人会这样做,她相信,后人就如同狄德罗所说的"另一个世界的哲学家",一定会珍视自己的回忆,由此为自己平反。"罗兰在后人心中根本没有死……我也一样,我也存活在下一代人心中。"[13] 她相信,回忆录本身就是一部向正直的后人的控诉。它们第一次被出版时,就结集在那个寓意深刻的标题《告公正之后人书》之下;在这个版本的回忆录的序言里,博斯克告诉我们:"'女公民'[1]罗兰竭力在后人的尊敬中寻求告慰——她死于那个时代的不公正;又在将来的光荣中寻求对自己将要赴死的补偿。"这样,罗兰夫人"使自己置身于他处",置身于未来——后来的事实表明,她的愿望并没有完全落空。

然而,她也必须置身于过去。后人不会平白无故地纪念一个事件;罗兰夫人如果不把自己的死看作某种最高力量——上帝——的作品,或者命运的作弄,或者人们所想到的某种仁慈的推动力设定的人类宿命,那么她也无法为自己的受难找到充足的意义。这样一来,她是否与过去的那些殉道者一样,也成了宇宙意志的一个工具,使其用某种难以揣摩的方式将她的生命引向预定的归宿?"从我9岁时起,"她说,"我就知道自己必定达成的命运。"她甚至把自己的这种感觉变成一种祈愿,她依稀记得,大概从20岁起,这就是自己唯一的祈祷:"噢,你!将我放置在大地之上,使我能以最符合您神圣的意志和最适合我的兄弟们的利益的方式完成我的使命!"

---

1 法国大革命期间,革命者互称"公民""女公民"(citoyenne),不再称"先生""太太"等。

那个时候，其实她不知道自己的归宿是什么；但是当她坐在监牢里，这种归宿向她展现，在回忆中，她的一生铺张开来，似乎那全都是为了迎接这个神奇的时刻。"在我生活过的那个堕落的时代，大革命尚难以预料，我早已经具有了那些能经受巨大牺牲和遭受巨大不幸的品质。死亡对我来说仅仅是结束那些巨大牺牲和不幸。"

罗兰夫人将自己的受难升华为一个宏伟事件；因此，在自己的眼中，自己俨然成为上帝手中的一件器具，一个生来就为人类解放而赴死的女人。在这样的思想作用下，她开始撰写回忆录。在回忆自己的一生时，她不可避免地认为，自己是一个信徒，坚信自己必将成为殉道者。她那些回忆与信件之间的基本差别，除了少数几个例外，全都源于这样一种令人欣慰的幻念。通过阅读回忆录，我们不禁设想，罗兰夫人很小就开始关注政治，到1793年，她开始有了一颗纯粹的共和之心，她恨国王，诅咒那些"卑劣的老爷"（cespitoyables anoblis），她本能地，甚至或许在不知不觉中，走向自己的归宿，即那一场她未曾预见到的大革命。但另一方面，那些信件展现给我们的是这样一个女人：她接受现存的政体，视之为理当如此；她对世界的不满乃是源于一种希望自己出人头地的人之常情；她对政治的兴趣在1789年纯粹是摆摆样子，最多是在少数时候，为了帮丈夫赢得一个高贵的头衔，她蒙受了比做奴婢还卑微的屈辱。

把回忆与信件中的那些段落摆在一起，这种差异一目了然；我们现在可以做一个总结比较。

三

罗兰夫人的回忆录给人的印象是,她很早就有政治头脑;这是一种巧妙的提醒,也是一种刻意的断言。我们司空见惯的是,人们可能正确地记忆一个事件,但在回忆和叙述时,总带有一种特定的关联,这种关联为事件赋予政治意义。但信件就不是这样,信件不会让我们觉得事件当时有那种意义。

这方面的一个例子就是她对德洛尔姆[1]的简短回忆。在一封1776年10月24日写给坎尼特·苏菲的信中,我们读到这样一段话:"一个日内瓦人论英国宪政的著作很有趣,这本不朽之作激起了一些观察家的好奇心,我做了一点摘录。在这封信中我可以给你讲一下;但现在我必须任我的思绪飞扬,写下这些事了。"在回忆录中,对德洛尔姆的回忆带有一种不同的先入为主的倾向。她说,针对路易十五御前会议的解散,她不禁要问,如果不来一场革命,这样的事情还能不能继续?通过比较,她发现英国人较少轻浮之辈,因此,"我喜欢这个邻邦;德洛尔姆的著作使我熟悉了他们的宪政;我力图知晓他们的作家,研究他们的文学"。这种比较耐人寻味,这不是指事实叙述上的差异,而是指含义上的差异。玛丽·菲利浦,这位年轻的姑娘,什么书都爱读,于是读到了德洛尔姆;她还爱对读到的书进行概括,于是对德洛尔姆也做了个简短的概括。但是在回忆录中,对德洛尔姆的阅读恰当地带有一种先入为主的政治偏向,这暗示着,这种行为受到她对于政治和英国宪政方面

---

[1] 德洛尔姆(Jean Louis Delolme,1740—1806),瑞士法官、宪法学家。

的兴趣的激励，而不是受到她对于书本或者对于概括的兴趣的激励。

这方面的另一个例子是，回忆录给人们这样一种印象：罗兰夫人早在革命之前就是一个共和派。它之所以会给人们这种印象，主要是因为其中有大量不太引人注意的段落包含了大量的言外之意。在回忆录中，我没有找到任何段落，罗兰夫人在其中明确说自己1789年之前是共和派。但是她意在给人留下这样的印象。我找到的是这样一段话："正是从这时起（指她9岁阅读普鲁塔克），我得到一些思想和观念，让我成为一个共和派，我做梦也没想到我会是共和派。""我对那些共和国如醉如痴，那里有令我仰慕的最伟大的德性，以及值得我尊敬的人。""普鲁塔克引领我成为一名共和派。"同样的性情，在她回忆拜访德布瓦莫夫人（de Boismorel）时也得到了很好的体现。当亲眼看到德布瓦莫夫人在自己的女仆罗提赛特面前的那副恩赐姿态时，她并没有问自己，为什么德布瓦莫夫人就应该高人一等，而是说，"我的性格也会让我产生这样的怀疑"。人们经常引用这句话，以证明罗兰夫人对社会等级的憎恨。

这方面的例子还有很多。让我们回到那些更重要的段落上。那些在回忆录和信件中重复的段落经过比较，暴露出它们在表达思想和感情方面存在着令人难以接受的矛盾之处（至少是表面上的？）。总共不超过四五处，这里不妨一一列出。

首先看看那些涉及高等法院关于流放和召回的文字。在回忆录里，我们读到："从一开始，在御前会议与高等法院之间的冲突面前，我的性格和观点使我站在后者一边。但我招致他们的集体抗议，那些我最看好的人也以最激烈的方式表达最极端的意见。"从

1793 年的角度看，这无疑是年轻的玛侬[1]在 1771 年会做的。但是事实上，在她大量的信件中，年轻的玛侬只有一次提到高等法院的流放，并且是很偶然的，在 1771 年 9 月 15 日写给苏菲的一封长信的结尾。"我没有什么消息要告诉你，除非你还不知道图卢兹高等法院的那些压迫措施——以及它的重组，它留下了一些旧成员。"往下读 200 页，我们都没发现关于高等法院的进一步叙述，直到提到它 1774 年的召回政策。即便这时，也很明显只是在苏菲打探消息的请求下，玛侬才不情愿地讲了这件事。她本人对事件的叙述也耐人寻味——它们愈加表明，她实际上是个不偏不倚的保王分子。

> 一个王子在这种危急形势下登上王位，不可避免会采取这种必要的手段。而且，他这样做有什么好怕的？高等法院就像一个仍受我们尊敬的老朽，它其实已经不再构成对王室权威的障碍。它应该受到珍视，但它已是无用的玩偶；让它的崇拜者去崇拜它吧，因为它的存在令他们感到心安。

对高等法院的这一评论真是一针见血；说得太对了，人们很难想象说这话的人其实有着强烈的派性偏向，曾阅读了所有抨击高等法院的文章，并对其中最极端的观点也能感到满意。的确，玛侬欣喜异常——"就我而言，我欣喜异常。"但是，很奇怪，她高兴的原因不在于政治。"我欣喜异常。人世间的每一种情感都能打动我，并

---

[1] 玛侬（Monon），罗兰夫人小时候的昵称。

且在我看来，凡是大众乐于接受的东西，对于那些能以他人的欢乐为欢乐、以国家的幸福为幸福的人来说，都是让人高兴的。"很明显，玛侬对于高等法院并不十分感兴趣；她感兴趣的是要表达具有启蒙思想和高尚情操的人们关于高等法院的观点。

同样的对比还见于那些论及路易十五在位后期法国社会状况的段落。在回忆录中，我们读到：

> 我所接受的教育，……我通过学习和社会交往所获得的观念，所有这一切，使我看清了无处不在的特权和荒谬的等级差异，深感它们的不公，由此激发了对共和主义的热情。同样，在阅读过程中，我满腔热情地支持不平等制度的改革者；我就是斯巴达的阿吉斯和克里奥米尼兹[1]，我就是罗马的格拉古[2]。……我看到了每当国王或者王后继位时都城里的景象，……我将这亚细亚式的奢华、这傲世的盛况与野蛮人群的苦难与卑贱相比较，不禁心怀哀伤。

但在信件中，恰恰相反，我们读到："就我而言，我觉得，在一个君主制国家里，君威、等级、以及对法度的共同捍卫，是必不可少的。"玛侬说这话时可能没想太多，但是她应该读过孟德斯鸠的著作。至于她对共和主义的热情，我们可以从下面这段话去评价它的性质：

---

[1] 阿吉斯，指阿吉斯三世（Agis III，公元前265—前241年在位）；克里奥米尼兹，指克里奥米尼兹四世（Cleomenes IV，约公元前235—前220年在位），均为古代斯巴达的国王、政治改革家。
[2] 格拉古，指格拉古兄弟，公元前2世纪罗马保民官、政治改革家。

> 他（指国王）生病的消息让我感到郁闷。……我本出身寒门，无名无分，这似乎可使我安心不问君王之事；但尽管如此，我仍感到，我也有着人人都有的好心肠。我的国家与我有关。……它怎么可能与我没有关系呢？这不可能。我感到，我的灵魂是悲天悯人的，仁慈与善感融入我的每一次呼吸。一个加勒比人会引起我的兴趣，一个黑人的命运也会打动我的心。亚历山大为寻找可征服的新世界而叹息；如果我错过一个可以吸引我全部情感的"芸芸众生"，那么我也会因这份对他人的爱而叹息。

对此，你还能说什么？你只能说这是一个年轻姑娘在练习表达所谓"哲学"情怀。

还有一段文字也与这个问题相关。1774 年 9 月，玛侬随母亲和德汉娜赫夫人（Mlle. d'Hannaches）去凡尔赛宫，她们在那里住了 8 天，按照惯例，见识了宫廷生活的景象。在回忆录中，在描述了她们居住的乌烟瘴气的房间之后，罗兰夫人这样回忆她对这次参观的印象：

> 对于这些了不起的展览，我并不能无动于衷；但是，一想起它我就愤慨，因为这种展览本来的目的是要使一些人得到精神升华，但其手段本身却不足称道，事实上它太强势了。我更喜欢看花园里的那些雕像，而不喜欢看豪宅里的人物。当母亲问我对这次旅行是否满意，我回答说："是的，如果它早点结束的话。要是再待几天，我就

会厌恶我在那里看到的那些人了，我觉得他们让我出奇地厌恶。""但是他们有什么地方伤害了你呢？""自始至终，他们让我感受到不公，他们满脑子都是愚蠢的念头。"我不禁想起雅典；在那里，我同样可以欣赏到精美的艺术，但不会因目睹专制景象而心伤。我想象，我走在希腊城邦里，我参与奥林匹克竞技，但我遗憾地意识到，自己是一个法国女人。伟大的共和时代向我展现的一切，让我印象深刻，我忽略了那些共和国所遭受的磨难，我忘记了苏格拉底之死、亚里士多德的流亡，以及福基翁（Phocion）的获罪。我不知道，上天已为我定下宿命，要我与所有的罹难者一样，见证罪孽的发生；并在高喊他们的信条之后，从同样的迫害中体验到光荣。

实际上，1793年吉伦特派共和分子也认为，这就是凡尔赛景象在20岁的她心目中留下的印象。但真相并非如此，如果我们再看看她当时写的一封信，就能做出判断。

> 我非常乐意待在凡尔赛宫；那是一次出于好奇心、为了寻开心的旅行。就我而言，这个目标完全实现了。稍微有点想象力和品位的人，都不可能不被那些非凡的艺术作品所打动。……而当一个人受惠于公共福利时，必然会对造福者产生兴趣。要是我能在那里给你写信，我的信一定会感染上那些风格，你读起来也一定会很开心；环境造就心情。……我无法向你形容，我所看到的一切使我多么珍

惜自己的处境，我感谢上天，即便它赋予我这般卑贱的出身。你或许会想，我的这种情感是否基于我对普通大众的轻视，以及伴随身处高位而来的短视？根本不是；它只会基于我的角色，对我而言，对我被置于如此接近王位的那个状态而言，这个角色是令人尴尬的，因为我震惊地看到，巨大的不平等使一个人与其千万同胞如此隔阂。就我的地位来说，我爱戴我的国王，因为我并不经常感到被束缚；但如果我走近他，我也会对他的高高在上心生恨意。这种性情，在君主制国家里是不值得称赞的；一旦它出现在有地位、有势力的人身上，那就危险了。就我而言，它并无大碍，因为像我这个等级的人所受的教育教导我，要记住从权势阶层那里得到了些什么，要尊重自己的责任，并从责任感、从自我反省中，懂得珍视那些自己生性不太喜爱的事物。一个仁慈的国王在我看来就是一个令人爱戴的人；但如果我在出生之前就有机会选择政府，我的角色会让我做出倾向于共和国的选择；的确，我所希望的政府组织形式，在今天的欧洲还没出现。我是否很难如愿？我是否非得重新投胎？天下乌鸦一般黑。我想我看见你在嘲笑我了，我看见你伸出手指在数，一个错误未了，又生出多少错误。但尽管笑好了。

从这段话中，人们读不出专制景象给玛侬带来了多少烦恼。她说"我的国王"，这最好地说明了她的传统性情；她表达了对共和国的学院式偏爱，这更能体现她与时代精神的一致。

但是，仅凭引用一两段话，还不能充分体现玛丽·菲利浦对"共和国"（respublica）的漠然态度。要完全理解这一点，还必须通篇阅读这些长篇累牍的私人信件。它们是真正的生命篇章：文笔在很大程度上效仿卢梭或者塞维涅夫人[1]；处处提到他们的书名或引用他们的文字；以不倦的热情讨论文学作品中可能出现的一切普遍问题——人与自然、自由意志与决定论、"最高主宰"的存在、灵魂的不朽、面对繁星密布的苍穹和我们内心的灵魂时的震撼[2]、儿孙之福、人类的至善。这些没完没了的信件触及天堂和人间的一切问题，但偏偏不谈法国社会的可悲可叹；我们必须阅读它们，以便我们认识到，没有什么比当时的政治离玛丽·简·菲利浦的趣味更遥远的了，没有什么比王权至上的绝对主义，或者当前社会分层的不平等，更少使她烦忧。

对于一个20岁的人来说，不如此或许倒是反常的。但是罗兰夫人将这种传统立场一直保持到大革命的前夜。她婚后实际上并非对政治漠不关心，因为她的丈夫身为制造总监，事实上是政府命官；但是，无疑正是由于这一原因，她比以前更少有共和倾向。从信件上判断，从1780年到1789年，罗兰夫人实际上是一位传统的好妻子：她比以前较少关注文学作品里经常出现的那些宇宙问题，而更多关注吃、穿和给宝宝喂奶；而她最关心的，是丈夫在他自己所选择的事业上的成功，实际上，她野心勃勃地期待丈夫在世俗世界里取得成就，她一直相信国王一定有办法证明现存体制的正当性，承

---

[1] 塞维涅夫人（Madame de Sévigné, 1626—1696），法国书信体作家。
[2] 源自康德的墓志铭："世界上有两件东西能够深深地震撼人们的心灵，一件是我们心中崇高的道德准则，另一件是我们头顶上灿烂的星空。"

认他的这位制造总监的毋庸置疑的才能。到 1784 年，罗兰先生已忠实地施展自己的这一才能很多年了。他出版了专著。他的家族从前是有贵族头衔的，只不过后来衰落了。在妻子眼中，最重要的就是，丈夫光荣退休，并赢得养老金，而家族也重新跻身于特权等级之列。

因此，1784 年 3 月，身揣各种证明文件，带着博若莱诸贵族签名并封缄的一些推荐信，罗兰夫人来到巴黎，恳求卡隆[1]这位"迷人的坏蛋"为丈夫加封贵族头衔。她在那里一直待到 5 月；那些信件为我们描绘了一个锲而不舍、足智多谋的女人的生动感人的形象——她奔走于各衙门之间，在接待室里等候召见，用自己迷人的美貌去打动那些男仆和"贴身女侍"（femmes de chambre），忍受小官吏的欺凌，任凭他们对丈夫冷嘲热讽。只要能得到头衔，这一切都无关紧要。在当时看来，一次大有赚头的升职是可能得到的——只要罗兰先生能够听劝，用自己灵活的性格包容那些勾心斗角的"总督老爷"（Messieurs les intendants）的调侃。"最主要的，"罗兰夫人开导丈夫说，"你在写给他们的信中不要流露出气愤，或者，你在寄信之前让我先看看。你一定再也不能冒犯那些人了。你的傲气是出了名的，现在，让他们看看你的好性格吧。……亲爱的，这些人并不坏，他们只是自高自大。你生硬的做派有百害而无一利，只会让他们觉得你脾气可怕，自命不凡。我向你保证，他们是可以搞定的。"

---

[1] 卡隆（Charles Alexandre, Vicomte de Calonne,1734—1802），法国政治家、子爵，法国大革命前夕被国王任命发起改革。

1784年罗兰夫人对政治到底是什么样的一种兴趣，从这段话中可见一斑。当时，她还远不至于像1792年给路易十六的亲笔信里那样，是一个纯粹的共和分子。1793年，不出所料，罗兰先生的敌人指责他罪在渴求贵族头衔；罗兰夫人这时在狱中写回忆录，感到必须为自己的丈夫辩护。她的辩护在她自己听来都有点软弱无力，可我们却觉得言之凿凿："我不知道，在那个时候，处在他那个处境下，有谁会认为那样做是不明智的。"这话倒是说出了真相。1784年，罗兰先生不会想到，罗兰夫人也不会想到，在他们所处的体制中，或者在他们的政治观点中，有什么东西会使向专制政府恳求贵族头衔的做法显得不合时宜。实际上，也的确没有这样的东西。

　　显然，罗兰夫人由一位传统的"哲人"转变为政治斗士的过程，仅仅在短短数月之内就完成了。但是人们指出这一点时不要过于自信了，因为她在1788—1789年的紧要关头，写的信反而相对较少，或者说，保存下来的信相对较少。正如我们指出的，卡隆与内克[1]之间的笔战、布里安[2]与高等法院之间的斗争，对她的触动微乎其微。她站在高等法院一边，认为它们的罢免权是恰当的；而且，与很多热爱自由的人一样，当高等法院要求召集三级会议，或者按照1614年的体制重组时，她感到失望。在1788年11月到1789年6月之间，罗兰夫人给巴黎的博斯克写过9封信，然而，从目前保存下来的情况看，其中没有一封提到当时那些激动人心的事件——三级会议的

---

[1] 内克（Jacques Necker, 1732—1804），法国国王路易十六的财政总监，在法国大革命前夕发起财政改革。
[2] 布里安（Etienne Charles de Lomenie de Brienne, 1727—1794），法国大革命前夕的大主教，曾发起财政改革。

召集、选举、三级会议的开幕、关于三级会议代表如何委任问题的争论。

那么,是否仅在著名的 7 月 12—17 日这段时间,罗兰夫人才第一次表现为一位革命者?要准确地回答这一问题是不可能的,因为从 6 月 9 日到 7 月 26 日这段时间,罗兰夫人根本没有信件存世。但是,不管怎样,从她在攻占巴士底狱事件之后于 7 月 26 日写的第一封信中,我们看见的,明显是一位我们所熟知的革命的罗兰夫人、一位吉伦特派共和主义者。

> 不,你没有自由、没有人是自由的。公众的信任被背叛,通信被截取。你抱怨我音讯全无,我四处给你寄信。的确,我不再写我个人的事情:现如今,哪里还有"莫谈国事"的叛国者?的确,我写信比你行动更积极;一不小心,你所做的一切,都只会是虚张声势罢了。……你只是个孩子,你的狂热只是昙花一现;如果不召开国民公会,将两个头面人物绳之以法……你就到此为止了。如果这封信你还是收不到,就让那些胆小鬼去读它,去因想到它原是出自一个女人之手而羞愧,因想到这个女人塑造了一百个狂热分子,这一百个狂热分子又衍生出一万个狂热分子而胆战心惊吧。

这实际上已是新的风格——"九三年"的心态和语言。

罗兰夫人当时 35 岁。此前,她一直是典型的"哲人",她爱她的国王,懂得那些人何以能身居高位,她是一个传统的好妻子,野心勃勃地期待丈夫在他自己所选择的事业上有所成就。是什么这么快地、在数月之内,使她转变为热情的"政治家"、顽固的革命者?

四

要充分回答这一问题,必须从总体上考察罗兰夫人的精神史,它体现在——或者如一些人说的,隐含在——她的通信之中。这件工作将使我们离题甚远,与当前的研究无关,因为我们现在关注的是作为历史资料的信件和回忆录。但在这个问题上,我们仍有话要说;虽然我们无意于对罗兰夫人突然的政治转向做出解释,但或许我们能够找到某个转折点,从而接近某种解释。

在比较回忆录与信件时,我一直想指出二者之间的某些差异。那些差异绝非无关紧要;只不过,回忆录与信件的不同之处比之于相同之处,似乎要更表面、更不重要。回忆录与信件的差异在于,它们对罗兰夫人在特定时间、对特定事件的态度的记叙是不一致的;但是,二者背后典型的精神历程是一致的,透过它,我们可以明白她何以做出这些不一致的记叙。这种典型的精神历程在如此大的程度上决定了罗兰夫人的思想和行动;正是在这种精神历程中,而不是在思想和行动中,我们发现了她个性中本质上的一致性。

罗兰夫人有一种本能,如果在现实世界里找不到行动的机会,她就会退回到想象的世界里,那个世界更加契合她内心的渴望。这是一种人人都会在一定程度上具有的本能,但罗兰夫人达到了非同寻常的程度。我们看见，正是因为这一点，她企图逃离牢笼——"靠令人愉快的虚构和饶有趣味的回忆使自己置身于他处"。但是，并非只是身处牢笼时，罗兰夫人才沉迷于靠令人愉快的虚构使自己置身于他处。相反，她一生都是如此，以至于可以说这成了她的主要志趣所在。她是一个戏剧家，创造了一个伟大的人物，在伟大的舞台上扮演崇高的角色。这个人物就是罗兰夫人，这个舞台就是那个本应存在但并不存在的世界。同样，正是在回忆录和信件里，我们才看到这个人物，观赏这场演出。

玛丽·菲利浦 9 岁时就带着普鲁塔克的书籍而非祈祷书走进教堂；18 岁之前，她就饱读并效仿古代和近代的伟大作家。这样一位年轻人，难免从小就有一种很强的优越感，傲视自己所属的那个中下阶层。新桥边那个做小生意的沉闷的雕刻间[1]显然不足以威胁到这个年轻姑娘展示自己的天赋，她与书中的圣贤交谈，亲如家人。每当读到"勇敢和高尚的事迹"，她都不由得感到，自己若处在那个时代，也一定有能力那样做。自己如果是里古卢斯[2]，也会打回迦太基的；自己如果是苏格拉底，也会饮鸩而亡。在新桥，这两种机遇对她来说都不太可能出现。"不止一次，"她说（她不止一次地这么说），"我为自己没有生在斯巴达或者罗马而悲伤哭泣。"当然，她真正想要的，不是真的做一个斯巴达人或者罗马人，而是做这样的人，任何人都行。她想要的是足够的机会，使自己不可遏制的活力

---

[1] 罗兰夫人出生在巴黎新桥附近的一个雕刻匠家庭。所谓新桥（Pont Neuf），其实是巴黎横跨塞纳河的最古老的桥之一。
[2] 里古卢斯（Marcus Atilius Regulus，公元前 307—前 250），古代罗马执政官，于公元前 256 年布匿战争中攻打迦太基。

得到真正发挥，自己非凡的智慧得到运用，自己根深蒂固的自我本性和雄心壮志得到真正的展现。既然现实世界不能提供这一机遇，她就建构了一个想象的世界，这个世界让她得心应手，这个世界既不悲伤，也不丑陋。

21岁时，这个年轻的姑娘写过一封个性张扬的信；在信中，她用一些意味深长的语句，道出了自己的秘密。"我只能思想，很少行动，身处这样的环境，我劝自己，自己要忙的，就应该是完善自我，除此之外，做不了别的。"实际上，完善自我一直是罗兰夫人的追求。但是，这种完善的自我，到哪里去活动、说话、表现呢？她到哪里去与那些能够理解自己的人交谈？她的英雄行动、她的牺牲，在哪里不会为人不知，为人不齿？显然，那绝不是巴黎的这个现实世界。那是历史和传奇的世界，是普鲁塔克和让·雅克的世界，是想象中的另一个世界——在这样的世界里，其他人看待自己，会像自己看待自己一样。"我承认，"她写信给罗兰说，"在阅读传奇或者戏剧作品时，从来不会被那些小角色打动。……在研究历史时，对于那些优秀的品格、伟大的行为，我远不止是像一般人那样，只怀有纯粹和冷静的仰慕。我的同行们关于那些伟大事迹的描述深深地触动了我，潜移默化、寓教于乐。在我自己看来，它让我感觉更舒服，因为它唤醒了我的信心——我也能做到那样；我只是遗憾，自己没有身处与那些人一样的环境。"罗兰夫人从不甘居人后。但是在现实世界里，她别无选择，现实环境束缚着她，她所能做的，只能是对残酷现实予以理想化，把外部世界改变得与想象世界完美地一致，在想象的世界里，她可以不是一个小人物，她无须为身为小人物而自责。

在展现这种典型的精神历程方面,回忆录与信件是一致的,它们有着同样的价值。因此,如果有人要问,信件中的罗兰夫人和回忆录中的罗兰夫人,哪一个是真正的罗兰夫人?答案是,两个都是,或者,两个都不是。如果说两个都不是,这指的是,信件与回忆录一样,为我们呈现的是罗兰夫人自己所希望的那个形象,那是个被理想化了的形象;如果说两个都是,这指的是,通过总把自己想象为那个理想化了的形象,通过坚持不懈地追求这一形象,她最后终于成为那样的人,并且有过之而无不及。

这一点,从前面提到的那个事件中很容易看得出来,那就是凡尔赛宫之旅。在回忆录里,罗兰夫人告诉我们,在当时,她为专制景象所伤害,为宫廷的腐败而感到震惊,为社会的不平等分化而愤慨。在信件里,她告诉我们,她看到那些景象时很开心,它们使她想到,她爱戴她的国王,并且知道自己从那些身处高位的人那里受益不少,它们使她想到,尽管一旦可以选择,自己会选择生活在一个共和国里,但是她仍然认为一个仁慈的国王几乎是值得爱戴的。什么才是真正的玛丽·简的真正的情操和思想?是像回忆录记录的那样,还是像信件记录的那样?

无疑,有人首先想到的,是信件里记录的那样。但是,如果我认真考虑(我希望我不会过于认真),我敢说,这样的回答似乎是不充分的,而这实际上又并非因为信件所述缺少"两个独立的、不自欺欺人的见证人的证词"的支持,而是因为将真实的玛丽·简——如果有这样一个人的话,与理想的玛丽·简——你没有理由否认她的存在——分离开来,是极其困难的。当然,有可能,甚至的确,真实的玛丽·简真如她自己信件里所说的,因凡尔赛宫的景象而感到十分愉快。然而，有没有可能，真实的玛丽·简又如她在回忆录里说的那样，对凡尔赛宫的景象深感震惊——她深感震惊，直到她想起，在给朋友苏菲写信讲自己的参观时，作为理想的玛丽·简当然希望能以塞维涅夫人那样轻松、机智、老练的语调写作？一旦有了这样的想法，结果只会是，真实的玛丽·简立刻停止震惊、停止快乐了；或者，结果只会是，真实的玛丽·简立刻转变成了理想的玛丽·简。对此，我不敢说。我还不敢说，我们在信件里发现的、被安在现实的玛丽·简头上的那些关于共和国以及君主的灵巧思考，是不是凡尔赛宫的景象对现实的玛丽·简的直接启发的结果，或者说，它们是不是受这样一种"观念"启发的结果——这类思考乃是这类景象在理想的玛丽·简的头脑中应该产生的思考；也就是说，这个年轻女人有着"些微普世主义"的灵魂，她有品位、善感，她阅读过最伟大的作家的作品，她解放自我，摆脱了地方偏见，因此很自然地倾向于以一位真正"哲人"的超然而愉快的好奇心，去俯视人间万象。

　　说到底，这一切当中，什么是自然的，什么是造作的？有没有可能将凡尔赛宫的景象与观察者心目中的那个理想分离开来？最主要的，真实的玛丽·简何时消失，理想的玛丽·简何时出现？很难回答。如果罗兰夫人曾经能够从局外以一种客观姿态审视自己当时的所思所想，或许这个问题较容易回答。但是她从未这样做，或者说很少这样做。她太想要"完善自我"；当面对一些人和一些事时，她太在乎它们可能对她意在创造的那个角色产生什么样的影响，她曾经急于告诉我们——实际上她可能没有意识到这一点——那些人和事情真的让她十分震惊，或者如果她一直专注于自我的话，她将感到多么震惊。在罗兰夫人与外部世界之间，通常被插入了一个经小心创造的角色，一个理想的自我，它拦截并改变第一印象，然后又像传递接力棒一样，拦截随后的行为冲动。这个被创造出来的角色，才是真正的、或许有点难以捉摸的理想化的自我；不细致考察这个角色，罗兰夫人的思想和行为都无法得到理解（比如，她突然拥护 1789 年大革命）。实际上，很有可能，随着事件的推移，这个被创造出来的理想角色，会一点一点地，最后成为真正的罗兰夫人。我们有理由这样想——到 1793 年 11 月 8 日，我们尾随她的囚车，缓缓走向"革命广场"，我们看到，她英勇地登上绞刑架，傲视台下虎视眈眈的民众，大无畏地抬起双眼，看着那纹丝不动、阴森恐怖的屠刀。

1928 年

注 释

【1】此次再版，很多参考文献被节略。

【2】*Lettres de Madame Roland, 1780-1793*, Claude Perroud ed., 2. vols. (Paris, 1900-1902) ; *Lettres de Madame Roland, nouvelle série, 1767-1780*, Claude Perroud ed. (Paris, 1913-1915)。

【3】Roland et Marie Phlipon, *Letters d'Amour, 1777 à 1780* (Paris, 1900)。

【4】Appel à l'Impartiale Postérité, par la Citoyenne Roland, Femme du Ministre de l'Interieur, ou Recueil des Ecrits qu'elle a rédigé pendant sa Détention aux Prisons de l'Abbaye et de Sainte-Pélagie, imprimé au Profit de sa Fille Unique, privée de la Fortune de ses Père et Mère, don't les Biens sont soujours Séquestrés (Paris, 1795).

【5】 *Mémoires de Madame Roland*, Claude Perroud ed., 2. vols. (Paris, 1905).

【6】 *Portraits de Femmes*, pp. 165, 194; *Nouveaux Lundis*, VIII. 190.

【7】 *Études sur la Littérature Contemporaine*, II.

【8】 *Études sur la Littérature Francaise*, II.

【9】 *Die moderne Selbstbiographie* (1903), pp. 87-97.

【10】 *Mémoires*, II, 159.

【11】 *Mémoires*, II, 63.

【12】 Ibid., II. 2.

【13】 Ibid., II. 141.

附 录

卡尔·贝克尔的主要著述及相关文献[1]

1. 手稿,现藏于 THE RECIONGAL HISTORY AR-CHIVES, CORNELL UNIVERSITY, ITHACA, NEW YORK。
The Carl Lotus Becker Papers,
The George Lincoln Burr Papers.
The Charles Hull Papers.

2. 著作、文章及书评。
America's War Aims and Peace Program (Washington: Committee on Public Information, War Information Series, November, 1918).
The American Frontier, Review of Frederick Jackson Turner, *The Frontier in American History*, *The Nation*, CXI: 538 (November 10,1920).
Assessing the Blame for the World War, *Current History*, XX: 455-457 (June, 1924).
The Beginnings of the American People (New York, 1915).
Benét's Sympathetic Understanding, *Mark Twain Quarterly* VII: 13 (1943-44).
Benjamin Franklin (Ithaca, New York, 1946).
Benjamin Franklin, *Dictionary of American Biography*, VI (New York, 1931).
Benjamin Franklin, *Encyclopedia of the Social Sciences*, VI (New York,

---

[1] 摘自 Burleich Taylor Wilkins, *Carl Becker: A Biographical Study in American Intellectual History*, Cambridge, Massachusetts, 1961。

1931).

Books That Changed Our Minds, *New Republic*, XCVII: 135 (December 7, 1938).

Cavour and the Map of Italy, Review of William Roscoe Thayer, *The Life and Times of Cavour*, *The Dial*, LI: 389-392 (November 16, 1911).

A Chronicle of Facts, Review of John Spencer Bassett, *Our War With Germany*, *New Republic*, XXV: 382-383 (February 23, 1921).

Cornell University: Founders and the Founding (Ithaca, New York, 1943).

The Declaration of Independence, A Study in the History of Political Ideas (New York, 1956 edition).

Detachment and the Writing of History, *Atlantic Monthly*, CVI: 524-536 (October, 1910).

Detachment and the Writing of History: Essays and Letters of Carl L. Becker, ed., Phil L. Snyder (Ithaca, New York, 1958).

Europe Through the Eyes of the Middle East, *New Europe*, XV: 98-104 (May 13,1920).

The Eve of the Revolution (New Haven, Connecticut,1918).

Everyman His Own Historian: Essays on History and Politics (New York 1935).

Freedom and Responsibility in the American Way of Life (New York, 1955 edition).

German Attempts to Divide Belgium (Baston: World Peace Foundation, Vol, I, No. 6, August, 1918).

German Historians and the Great War, Review of Antoine Guilland, *Modern Germany and Her Historians*, and Heinrich von Treitschke, *History of Germany in the Nineteenth Century*, *The Dial*, LX: 160-164 (February 17, 1916).

Government of Dependent Territory, *Annals of the American Academy of Polit-*

ical and Social Sciences, XVI: 404-420 (November, 1900).

Growth of Revolutionary Parties and Methods in New York Province, 1765-1774, *American Historical Review*, VII: 56-76 (October, 1901).

The Heavenly City of the Eighteenth Century Philosophers (New Haven, Connecticut, 1932).

Henry Adams, *Encyclopedia of the Social Sciences*, I (New York, 1930).

The History of Political Parties in the Province of New York: 1760-1776 (Madison. Wisconsin, 1909).

Horace Walpole's Memoris of the Reign of George III, *American Historical Review*, XVI: 255-272, 496-507 (January, April, 1911).

"How to Keep Out of War," *The Notion*, CXLVI: 378 (April 2, 1938).

How New Will the Better World Be? (New York, 1944).

How New Will the Better World Be?, *Yale Review*, XXXII:417-439 (March, 1943).

In Support of the Constitution. *The Nation*. CXL: 13-14 (January 2, 1935).

An Interview with the Muse of History, Review of G. M. Trevelyan, *Clio, a Muse and Other Essays The Dial*, LVI: 336-338 (April 16, 1914).

Journey to the Left, Review of George Soule, *The Future of Liberty*, *Saturday Review of Literature*, XV: 6 (November 28, 1936).

La Belle France, Review of William Stems Davis, *A History of France*, *New Republic*, XXIII: 207-208 (July 14, 1920).

The League of Nations, Review of twenty books about the League, *The Nation*, CIX: 225-228 (August 16. 1919).

Letter from Dauton to Marie Antoinette, *American Historieal Review*, XXVII: 24-46 (October, 1921).

A letter to the editor of *The Nation*, CXXXVII: 510-511 (November 1, 1933).

A Little More Grape, Captain Bragg, *The Nation*, CX: 260-261 (February

28, 1920).

Making Democracy Safe in the World, *Yale Review*, XXXI: 433-453 (1942).

Modern Democracy (New Haven, Connecticut, 1941).

Modern England, Review of T. M. Healy, *Stolen Waters*; *Sir Frederick Maurice*, F. Maurice, ed., Gilbert Slater, *The Making of Modern England*; Ernest Taylor, *The Taylor Papers*; Ernest Alfred Vizetelly, *Republican France 1870-1912*, The Nation, XCVI: 641-643 (April 24, 1913).

Modern History, the Rise of a Democratic, Scientific, and Industrialized Civilization (New York, 1931).

The Monroe Doctrine and the War, *Minnesota Historical Society Bulletin*, II 61-18 (May, 1917).

Napoleon - After One Hundred Years, *The Nation*, CXII: 646 (May 4, 1921).

New Liberties for Old (New Haven, Connecticut, 1941).

Nominations in Colonial New York, *American Historical Review*, VI: 260-275 (January 1901).

Obituary for Othon Guerlac, *Necrology of the Cornell Faculty*, 1934.

Obituary for Preserved Smith, *American Historical Review*, XLVI: 1016-1017 (July, 1941).

On Being a Professor, *Unpopular Review*, VII: 342-36I (April, 1917).

Progress, *Eneylopedia of the Social Sciences*, XII (New York, 1934).

Progress and Power (Palo Alto, California, 1936).

A Reply to Oswald Garrison Villard, Sir Edward Grey. *The Nation*, CXXVII: 318-317 (September 20, 1933).

Report on the Twenty-sixth Annual Meeting of the American Historical Association at Indianapolis, *The Nation*, XCII: 57-58 (January 19, 19II).

Review of Charles Francis Adams, *An Autobiography*, *Political Science Quar-*

terly, XXXI: 611-612 (December, 1916).

Review of Henry Adams, *The Degradation of the Democratic Dogma*, *American Historical Review*, XXV: 480-482 (April, 1920).

Review of Ray Stannard Baker, *Woodrow Wilson and World Settlerment*, *The Nation*, CXVI: 186-188 (February 14, 1923).

Review of James Curtis Rallagh, ed. , *The Letters of Richard Henry Lee*, *The Nation*, XCIX: 691 (December 10, 1914).

Review of Harry Elmer Barnes, *The New History and the Social Studies*, *Saturday Review of Literature*, II: 38 (August 15, 1925).

Review of Charles Beard, *Cross Currents in Europe Today*, *The Nation*, CXV:552-553 (November 22, 1922).

Review of Charles and Mary Beard, *The Rise of American Civilization*, *The Nation*, CXX: 559-560 (May 18, 1927).

Review of J. B. Black, *The Art of History: A Study of Four Great Historians of the Eighteenth Century*, *American Historical Review*, XXXII: 295-296 (Jauuary, 1927).

Review of James H. Blount, *The American Occupation of the Philippines, 1898-1912*, *The Nation*, XCV: 309-310 (October 3, 1912).

Review of J. B. Bury, *The Idea of Progress*, *American Historical Review*, XXXVIII: 304-306 (January, 1933).

Review of Herbert Butterfield, *The Whig Interpretation of History*, *Journal of Modern History*, IV: 278-279 (June, 1932).

Review of Houston Stewart Chamberlain, *The Foundations of the Nineteenth Century*, *The Dial*, L: 387-391 (May 16, 1911).

Review of Edward Channing, *A History of the United States*, *I*, *The Nation*, XXCI: 40 (July 13, 1905).

Review of Edward Channing, *A History of the United States*, *II*, *The Nation*, XXCVII: 440-441 (November 5, 1908).

Review of Edward Channing, *A History of the United States*, *III*, *The Nation*, XCV: 482-483 (November 21, 1912).

Review of Cleveland B. Chase, *The Young Voltaire*, *American Historical Review*, XXXII: 608-610 (April, 1927).

Review of Gilbert Chinard, *Jefferson et les Idélogues*, *American Historical Review*, XXXI: 585-586 (April, 1926).

Review of Madelaine Clemenceau-Jacquemaire, *Vie de Madame Roland*, *American Historical Review*, XXXV: 854 (July, 1930).

Review of Benedetto Croce, *History: Its Theory and Practise*, *New Republic*, XXX: 174-176 (April 5, 1922).

Review of William E. Dodd, *The Life of Nathaniel Macon*, *The Nation*, LXXVIII: 878 (May 12, 1904).

Review of H. E. Egerton, *The Causes and Character of the American Revolution*, *American Historical Review*, XXIX: 344-345 (January, 1924).

Review of Edward Eyre, ed., *European Civilization: Its Origin and Development*, *American Historical Review*, XLIV: 346-348 (January, 1939).

Review of Bernard Fay, *L'Esprit Revolutionnaire*, *American Historical Review*, XXX: 810-812 (July, 1925).

Review of José Ortega y Gasser, *Toward a Philosophy of History*, *Yale Review*, XXX: 815-817 (June, 1941).

Review of G. P. Gooch, *History and Historians of the Nineteenth Century*, *The Nation*, XCVII: 208-210 (September 4, 1913).

Review of J. F. C. Heamshaw, ed., *The Social and Political Ideas of Some Great French Thinkers of the Age of Reason*, *Journal of Modern History*, III: 116-118 (March, 1931).

Review of Lucius Henry Holt and Alexander Wheeler Chilton, *A Brief History of Europe*, *New Republic*, XXII: 322 (May 5, 1920).

Review of Ellsworth Huntington, *The Character of Races*, *American Historical*

Review, XXX: 571 (April, 1925).

Review of Howard Mumford Jones, *America and French Culture, 1750-1848*, *American Historical Review*, XXXIII: 863-885 (July, 1928).

Review of L. Cecil Jones, *The Interpretation of History*, *The Dial*, LIX: 146-148 (September 2, 1915).

Review of Henry Cabot Lodge, *The Story of the Revolution*, *The Nation*, LXXVII: 366-367 (November 9, 1903).

Review of Malice Mandelbaum, *The Problem of Historical Knowledge*, *Philosophical Review*, XLIX: 361-364 (April, 1940).

Review of Fulmer Mood, *Development of Frederick Jackson Turner as a Historical Thinker*, *American Historical Review*, XLIV: 263-265 (January, 1944).

Review of Ernest C. Mossner, *Bishop Butler and the Age of Reason*, *American Historical Review*, XLIII: 116-118 (October, 1938).

Review of Charles Oman, *On the Writing of History*, *American Historical Review*, XLV: 591-593 (April, 1940).

Review of Coleman Phillipson, *Alsaee-Lorraine: Past, Present, and Future*, *The Nation*, CVIII: 328-329 (March 1, 1919).

Review of James Harvey Robinson, *The Human Comedy*, *The Nation*, CXLIV: 48-50 (January 9, 1937).

Review of James Harvey Robinson, *The Mind in the Making*, *New Republic*, XXX: 174-176 (April 5,1922).

Review of James Harvey Robinson, *The New History*, *The Dial*, LIII: 19-21 (July 1, 1912).

Review of Gaetano Salvemini, *Historian and Scientist: an Essay on the Nature of History and the Social Sciences*, *American Historical Review*, XLV: 591-593 (April, 1940).

Review of Willian L. Shirer, *Berlin Diary, 1934-1941*, *Yale Review*, XXXI:

173-176 (September, 1941).
Review of Henry Osborn Taylor, *A Historian's Creed*, *American Historical Review*, XLV: 591-593 (April, 1940).
Review of Frederick J. Teggart, *The Processes of History*, *American Historical Review*, XXIV: 266-268 (January, 1919).
Review of H. G. Wells, *The Outline of History*, *American Historical Review*, XXXII: 350-351 (January, 1927).
Review of A. N. Whitehead, *Adventures in Ideas*, *American Historical Review*, XXXIX: 87-89 (October, 1933).
Review of Norwood Young, *The Life of Frederick the Great*, *New Republic*, XX: 329-331 (November 12, 1919).
Samuel Adams, *Encyclopedia of the Social Sciences*, I (New York, 1930).
Samuel Adams, *Dictionary of American Biography*, I (New York, 1928).
Some Aspects of the Influence of Social Problems and Ideas upon the Study and Writing of History, American Sociological Society, *Publications*, VII: 73-107 (June, 1913).
Carl Becker and Frederick Duncalf, *Story of Civilization* (New York, 1940).
Tender and Tough Minded Historians, Review of H. H. Powers, *America Among the Powers*, *The Dial*, LXV: 106-109 (August 15, 1918).
Thomas Hutchinson, *Dictionary of American Biography*, IX (New York, 1932).
Tribute to Frank Egbert Bryant, *Frank Egbert Bryant 1877-1910* (Lawrence, Kansas, March, 1911).
The Unit Rule in National Nominating Conventions, *American Historical Review*, V: 64-82 (October, 1899).
The United States: An Experiment in Democracy (New York, 1920).
A Usable Past, Review of William E. Barton, *The Life of Abraham Lincoln*, *New Republic*, XLIV: 207-208 (October 14, 1925).

Value of the University to the State, *The University Press Bulletin*, I, Lawrence, Kansas, No. 36 (December 3, 1910).

What are Historical Facts?, *The Western Political Quarterly*, VIII: 327-340 (September, 1955).

What is Historiography?, *American Historical Review*, XLIV: 20-28 (October, 1938).

What is Still Living in the Political Philosophy of Thomas Jefferson? *Proceedings of the American Philosophical Society*, XCVII: 201-210 (1944).

The Will of the People, *Yale Review*, XXXIV: 385-404 (January 30, 1940).

The Writer in Soviet Russia, Review of Max Eastman, *Artists in Uniform*, *The Nation*, CXXXVIII: 624-625 (May 30, 1934).

3. 关于卡尔·贝克尔的著作、文章与评论。

Letter from Henry Adams to J. F. Jameson about Becker published in *American Historical Review*, L: 675-676 (April, 1945).

James Truslow Adams, Review of Carl Becker, *The Declaration of Independence*, *New Republic*, XXXII: 338 (November 22. 1922).

Sir Norman Angell, Review of Carl Becker, *How New Will the Better World Be?*, *Saturday Review of Literature*, XXVII: 8-9 (March 18, 1944).

Moses J. Aronson, Review of Carl Becker, *New Liberties for Old*, *Journal of Social Philosophy*, VII: 93 (October, 1941).

Baltimore Sun, November 22, 1935.

Harry Elmer Bernes, *A History of Historical Writing* (Norman, Oklahoma, 1937).

Charles A. Beard, Review of *The Heavenly City*, *American Historical Review*, XXXVIII: 590-591 (April, 1933).

——, Review of *The United States: An Experiment in Democracy*, and of Paul L. Haworth, *The United States in Our Time*, *The Nation*, CXI: 416-417

(October 13, 1920).

J. B. Brebner, Review of *Freedom and Responsibility*, *Yale Review*, XXXIV: 555-558 (March, 1946).

Adrian Coates, Review of *The Heavenly City*, *Philosophy*, VIII: 495-496 (October, 1933).

Merle Curti, Review of *Everyman His Own Historian*, *American Historical Review*, XLI: 116-118 (October, 1935).

William E. Dodd, Review of *Everyman His Own Historican*, *Journal of Modern History*, VII: 465-466 (December, 1935).

Max Farrand, Review of *The United States: An Experiment in Democracy*, *Mississippi Valley Historical Review*, VIII: 407-409 (March, 1921).

Guy Stanton Ford, Carl Lotus Becket, *American Philosophical Society Year Book*, 1945.

——, Review of *New Liberties for Old*, *Mississippi Valley Historical Review*, XXVIII: 623 (March, 1942).

Leo Gershoy, Introduction to *Progress and Power* (New York, 1949).

——, Invitation to Learning, A Discussion of Carl Becker's *The Declaration of Independence* on the Columbia Broadcasting System, February 22, 1948.

——, Review of *Modern Democracy*, *Yale Review*, XXX: 839-841 (June, 1941).

——, Zagorin's Interpretation of Booker: Some Observations, *American Historical Review*, LXII: 12-17 (October, 1956).

Louis Gottschalk, Carl Booker: Skeptic or Humanist, *Journal of Modern History*, XVIII: 160-162 (June, 1946).

Louis M. Hacker, Historian of Revolutions, *New Republic*, XXCV: 260-261 (January 8, 1936).

C. G. Haines, Review of *The United States: An Experiment in Democracy*, American Political Science Review, XV: 616-617 (November, 1921).

Samuel William Halperin, Review of Modern Europe, American Journal of Sociology, XXXVII: 689 (January, 1932).

Walter H. Hamilton, Review of The Eve of the Revolution, The Dial, LXVI 137 (February 8, 1919).

Marjorie S. Harris, Review of The Heavenly City, Journal of Philosophy, XXX: 190-193 (March 16, 1933).

Robert C. Hartnett, Review of How New Will the Better World Be?, Thought, XIX: 495 (September, 1944).

David Hawke, Carl Becker, Master's thesis (University of Wisconsin, Maidson, Wisconsin, 1950).

Hamer Hockett, Review of Everyman His Own Historian, Mississippi Valley Historical Review, XXII: 332-333 (September, 1935).

Ithaca Journal, November 27, 1935.

Leland Hamilton Jenks, Review of Everyman His Own Historian, American Sociological Review, I: 160-161 (February, 1936).

Isaac Joslin Review of The Beginnings of the American People, Mississippi Valley Historical Review, II: 276-277 (September, 1915).

Paul Kiniery, Review of New Liberties for Old, Thought, XVII: 381-382 (June, 1942).

Hans Kohn, Review of How New Will the Better World Be?, New York Times Book Review, March 19, 1944.

Joseph Wood Krutch, The Doctrine of Recurrence, Review of Carl Becker, The Heavenly City of the Eighteenth Century Philosophers, New York Herald Tribune Books, December 18, 1932.

Harold J. Laski, American Scholarship, Review of Carl Becker, New Liberties for Old, New Statesman and Nation, XXIII: 244-245 (April 11, 1942).

Max Lerner, Review of The Heavenly City, Yale Law Journal, XLII: 1143

(May, 1933).

William MacDonald, Review of *The Beginnings of the American People*, *American Historical Review*, XXI: 352 (January, 1916).

Andrew C. McLaughlin, Review of *The United States: An Experiment in Democracy*, *American Historical Review*, XXVI: 338 (January, 1921).

Charles E. Merriam, Review of *How New Will the Better World Be?*, *American Political Science Review*, XXXVIII: 556-557 (June, 1944).

Moorhouse F. X. Millar, Review of *Modern Democracy*, *Thought*, Xvi: 409-411 (September, 1941).

Lewis Mumford, Review of *Progress and Power*, *American Journal of Sociology*, XLII: 429 (November. 1936).

Reinhold Niebuhr, Review of *New Liberties for Old*, *The Nation*, CLIII: 430-431 (November I, 1941).

——, Review of *Modern Democracy*, *The Nation*, CLII: 441 (April 12, 1941).

David Noble, Carl Becker: Science, Relativism, and the Dilemma of Diderot, *Ethics*, LXVII: 233-248 (July, 1957).

Obituary of Carl Becker, *American Historical Review*, L: 885 (July, 1945).

Frederick Ogg, Review of *The Declaration of Independence*, *Yale Review*, XLIII: 600-604 (April, 1924).

Stanley Pargellis, Review of *Everyman His Own Historian*, *Yale Review*, XXV: 213-214 (September, 1935).

Thomas P. Peardon, Review of *Freedom and Responsibility in the American Way of Life*, *American Political Science Review*, XL: 138-139 (February, 1946).

Ralph Barton Perry, Review of *Modern Democracy*, *Virginia Quarterly Review*, XVII: 440-446 (Summer, 1941).

——, Review of *New Liberties for Old*, *Yale Review*, XXXI: 408-411 (December, 1941).

"P. G. ," Review of *Modern Europe*, *New Republic*, XVII: 351-352 (October, 1931).

Raymond O. Rockwood, ed. , *Carl Becker's Heavenly City Revisited* (Ithaca, New York, 1958).

George H. Sabine, Preface to *Freedom and Responsibility in the American Way of Life* (New York, 1955).

A. M. Sehlesinger, Review of *The Declaration of Independence*, *Mississippi Valley Historical Review*, IX: 334 (March, 1923).

Samuel Sillen, Review of *Modern Democracy*, *New Masses*, XXXIX: 22-24 (May 6, 1941).

Charlotte Watkins Smith, *Carl Becker, On History and the Climate of Opinion* (Ithaca, New York, 1956).

Phil L. Snyder, Carl L. Becker and the Great War: A Crisis for a Humane Intelligence, *The Western Political Quarterly*, IX: 1-10 (March, 1956).

Gushing Strout, *The Pragmatic Revolt in American History: Carl Becker and Charles Beard* (New Haven, 1958).

William Roscoe Thayer, Review of *The Eve of the Revolution*, *Yale Review*, VIII: 652 (April, 1919).

C. H. van Tyne, Review of *The Eve of the Revolution*, *American Historical Review*, XXIV: 734 (July, 1919).

Joseph S. Ullian, Becker and His *Heavenly City*, unpublished paper written at Harvard University, 1953.

Unsigned Review of *The Eve of the Revolution*, *Catholic World*, CIX: 405-406 (June, 1919).

Unsigned Review of *The Heavenly City of the Eighteenth Century Philosophers*, *America*, XLVIII: 365 (January 14, 1933).

Unsigned Review of *Modern Europe*, *New Republic*, LXVIII: 107 (September

9, 1931).

Unsigned Review of *The United States: An Experiment in Democracy*, *The Outlook*, CXXVI: 334 (October 20, 1920).

Eliseo Vivas, Review of *Everyman His Own Historian*, *The Nation*, CXL: 487-488 (April 24, 1935).

Wilson O. Wallis, Progress and Power, *Journal of Social Philosophy*, II: 338-346 (July, 1937).

Washington Herald, November 21, 1935.

Elizabeth A. Weber, Review of *New Liberties for Old*, American Political Science Review, XXXVI: 596-597 (June, 1942).

Edmund Wilson, Review of *How New Will the Better World Be?*, *New Yorker*, XX: 68-74 (April 15, 1944).

Robert Gale Woolbert, Review of *How New Will the Better World be?*, *Foreign Affairs*, XXII: 655 (July, 1944).

Perez Zagorin, Carl Becker on History, Professor Becker's Two Histories: A Skeptical Fallacy, *American Historical Review*, LXII: 1-12 (October, 1956).

4. 其他文献。

John Dalberg Lord Acton, German Schools of History, *Historical Essays and Studies* (London, 1907).

——, *Lectures on Modern History* (London, 1952).

Henry Adams, *Mont-Saint-Michel and Chartres* (New York, 1904).

——, The Tendency of History, American Historical Association, *Annual Report*, 1894, 17-23.

Herbert Baxter Adams, Special Methods of Historical Study, *Johns Hopkins University Studies in Historical and Political Science*, II (Baltimore, Maryland, 1884).

Charles McLean Andrews, These Forty Years, *American Historical Review*, XXX: 225-250 (January, 1925).

Noel Annan, *Leslie Stephen, His Thought and Character in Relation to His Time* (Cambridge, Massachusetts, 1952).

O. K. Armstrong, Treason in the Textbooks, *American Legion Magazine*, XXIX: 8-9, 51, 70-72 (September, 1940).

Roland H. Bainton, *George Lincoln Burr: His Life and Works* (Ithaca, New York, 1943).

Harry Elmer Barnes, Assessing the Blame for the World War, *Current History*, XX: 171-195 (May, 1924).

——, *The Genesis of the World War* (New York, 1926).

——, *A History of Historical Writing* (Norman, Oklahoma, 1937).

——, *James Harvey Robinson, American Masters of Social Science* (New York, 1927).

Charles A. Beard, *An Economic Interpretation of the Constitution* (New York, 1913).

——, *President Roosevelt and the Coming of the War, STBX194lSTBZ: A Study in Appearances and Realities* (New Haven, Connecticut, 1948).

——, That Noble Dream, *American Historical Review*, XLI: 74-87 (October, 1935).

——, *The Office of Justice of the Peace in England in Its Origin and Development* (New York, 1904).

——, The Frontier in American History, *New Republic*, XCIX: 148 (June 14, 1939).

——, Review of Frederick Jackson Turner, *The Frontier in American History*, *New Republic*, XXV: 349-350 (February 16, 1921).

——, *Public Policy and the General Welfare* (New York, 1941).

——, Preface to Brooks Adams, *The Law of Civilization and Decay* (New

York, 1943).

——, Review of Arnold Toynbee, *A Study of History*, *American Historical Review*, XL: 307-309 (January, 1935); XLV: 593-594 (April, 1940).

——, Written History as an Act of Faith, *American Historical Review*, XXXIX: 219-231 (January, 1934).

Ralph Bourne, Twilight of Idols, *Untimely Papers* (New York, 1919).

F. H. Bradley, *The Presuppositions of Critical History* (London, 1874).

——, *The Principles of Logic*, I (London, 1932).

Garl Bridenbaugh, *Cities in Revolt: Urban Life in America, 1743-1776* (New York, 1955).

Robert E. Brown, *Charles A. Beard and the Constitution* (Princeton, New Jersey, 1956).

John W. Burgess, *Political Science and Comparative Constitutional Law* (Boston, 1893).

——, Political Science and History, *Annual Report of the American Historical Association for the Year 1896*, I (Washington, D. C., 1897).

——, *Recent Changes in American Constitutional Theory* (New York, 1923).

——, Preface to *The Middle Period 1817-1858* (New York, 1897).

——, *Reminiscences of an American Scholar* (New York, 1934).

Everett Carter, *Howells and the Age of Realism* (Philadelphia, 1954).

Harold Dean Carter, *Henry Adams and His Friends* (New York, 1947).

Edward P. Cheyney, Law in History, *American Historical Review*, XXLX: 191-202 (January, 1924).

Chicago-Record Tribune, October 16, 1901.

R. G. Collingwood, *The Idea of History* (Oxford, 1946).

Henry Steele Commager, *The American Mind* (New Haven, Connecticut, 1954).

Benedetto Croee, *Logic as the Science of the Pure Concept* (London, 1917).

——, *Theory and History of Historiography* (London, 1921).

Merle Curti, *Frederick Jackson Turner, 1861-1932, Probing Our Past* (New York, 1955).

Merle Curri and Vernon Carstensen, *The University of Wisconsin*, I (Madism, Wisconsin, 1949).

John Dewey, *Freedom and Culture* (New York, 1939).

——, *Individualism Old and New* (New York, 1930).

——, *Logic: the Theory of Inquiry* (New York, 1938).

——, No Matter What Happens-Stay Out, *Common Sense*, VIII: II (March, 1939).

William E. Dodd, *Ambassador Dodd's Diary, 1933-1938*, William E. Dodd, Jr. and Martha Dodd, eds. (New York, 1941).

——, Karl Lamprecht and Kulturgeschichte, *Popular Science Monthly*, LXI-II: 418-424 (September, 1903).

——, *Woodrow Wilson and His Work* (New York, 1920).

Irwin Edman, *Philosopher's Holiday* (New York, 1938).

Richard T. Ely, *Ground Under Our Feet* (New York, 1938).

John Rutherford Everett, *Religion in Economics* (New York, 1946).

Dixon Ryan Fox, *Herbert Levi Osgood, An American Scholar* (New York, 1924).

Leo Gershoy, *The French Revolution and Napoleon* (New York, 1933).

Edward Gibbon, *Memoirs of My Life and Writing* (London, 1891).

Louis Gottschalk, *Understanding History* (New York, 1950).

——, *The Era of the French Revolution* (New York, 1929).

——, *Jean Paul Marat, A Study in Redicalism* (New York, 1927).

Albert Bushnell Hart, A Dissent from the Conclusions of Professor Barnes, a Contribution to a Symposium Assessing the Blame for the World War, *Current History*, XX: 455 (June, 1924).

History of Blackhawk County, Iowa and Its People, John G. Hartman, Supervising Ed. (Chicago, 1915).

Charles Homer Haskins, *The Renaissance of the Twelfth Century* (Cambridge, Massachusetts, 1927).

——, *The Rise of Universities* (New York, 1923).

Luther V. Hendricks, *James Harvey Robinson* (New York, 1946).

Frank H. Hodder, The Genesis of the Kansas-Nebraska Act, State Historical Society of Wisconsin, *Proceedings*, 1912 (Madison, Wisconsin).

——, The Railroad Background of the Kansas-Nebraska Act, *Mississippi Valley Historical Review*, XII: 3-22 (June, 1925).

Richard Hofsindter, *The Age of Reform, From Bryan to F, D. R.* (New York, 1955).

——, *The American Political Tradition* (New York, 1955).

E. H. Holland, Tribute to Frank Heywood Hodder, *The Graduate Magazine of the University of Kansas*, XXXIV: 3 (January, 1936).

William Dean Howells, *Criticism and Fiction* (New York, 1891).

——, *The Rise of Silas Lapham* (Boston, 1986).

Ralph Gordon Hoxie (and others), *A History of the Faculty of Political Science, Columbia University* (New York, 1955).

Charles Hull, ed., *The Economic Writings of Sir William Petty* (Cambridge, England, 1889).

Henry James, *Selected Novels of Henry James* (New York, 1954).

William James, *Essays in Pragmatism* (New York, 1955).

J. F. Jameson, *The American Revolution Considered as a Social Mooemen* (New York, 1926).

Henry Johnson, *The Other Side of Main Street* (New York, 1943).

Sidney Kaplant, Social Engineers as Saviors: Effects of World War I on Some American Liberals, *Journal of the Histoty of Ideas*, XVII; 347-369 (June,

1956).

Hans Kohn, *German History: Some New German Views* (Boston, 1954).

James C. Malin, Frank Heywood Hodder, 1860-1935, *Kansas Historical Quarterly*, V: 115-121 (May, 1936).

——, *Essays in Historiography* (Lawrence, Kausas, 1946).

——, *The Nebraska Questions, 1892-1851* (Lawrence, Kansas, 1953).

Maurice Mandelbaum, *The Problem of Historical Knowledge* (New York, 1938).

Marjorie Medary, The History of Cornell College, *The Palimpsest*, XXXIV, 145-152 (April, 1953).

Charles Merriam, John W. Burgess, *Dictionary of American Biography*, XXI: 132-134.

Fulmer Mood, The Development of Frederick Jackson Turner as an Historical Thinker, *Publications* of The Colonial Society of Massachusetts (December, 1939).

G. E. Moore, William James' Pragmatism, *Philosophical Studies* (New York, 1922).

Edmund S. Morgan, *The Birth of the Republic* (Chicago, 1956).

Reinhold Niebuhr, *The Nature and Destiny of Man* (New York, 1941, 1943).

Herman Clarence Nixon, Precursors of Turner in the Interpretation of the American Frontier, *South Atlantic Quarterly*, XXVIII: 83-89 (January, 1929).

E. J. Oliver, *Coveatry Petmore* (New York, 1956).

Vilfredo Pareto, *The Mind and Society, I, Non-Logical Conduct* (New York, 1935).

Vernon L. Parrington, *Main Currents in American Thought*, I (New York, 1927).

——, *The Beginnings of Critical Realism in America* (New York, 1930).

Lucien Price, *The Dialogues of A. N. Whitehead* (Boston, 1954).

Sir Herbert Read, *English Prose Style* (New York, 1955).

David Riesman, *Individualism Reconsidered* (Glencoe, Illinois, 1954).

James Harvey Robinson, History, *Columbia University Lectures on Science, Philosophy and Art, 1907-1908* (New York, 1908).

——, *The Mind in the Making* (New York, 1912).

——, The Newer Ways of Historians, *American Historical Review*, XXXV: 245-255 (January, 1930).

James Harvey Robinson and Charles A. Beard, *The Development of Modern Europe* (New York, 1907).

Elliott Roosevelt, *As He Saw It* (New York, 1946).

Wilhelm Roseher, *Principles of Political Economy*, I (Chicago, 1878).

Eertrand Russell, *A History of Western Philosophy* (New York, 1945).

——, *Philosophical Essays* (London, 1910).

George Sabine, *A History of Political Theory* (New York, 1950).

Edward Norman Saveth, *American Historians and European Immigrants* (New York, 1948).

A. M. Schlesinger, *The Colonial Merchants and the American Revolution* (New York, 1918).

William Holmes Stephenson, *The South Lives in History, Southern Historians and Their Legacy* (Baton Rouge, Louisiana, 1955).

Cushing Strout, The Twentieth Century Enlightenment, *American Political Science Review*, XLIX: 321-339 (June, 1955).

George Sokolsky, *Liberty Magazine*, XVII: 41-42 (May, 1940).

Frederick Jackson Turner, Social Forces in American History, *American Historical Review*, XVI: 217-233 (January, 1911).

——, *The Early Writings of Frederick Jackson Turner*, with an Introduction by Fulmer Mood (Madison, Wisconsin, 1938).

——, *The Significance of Sections in American History* (New York, 1932).

Peter Viereck, *Shame and Glory of the Intellectuals* (Boston, 1953).

H. G. Wells, *What is Coming? A European Forecast* (New York, 1951).

Morton G. White, *Social Thought in America, The Revolt Against Formalism* (New York, 1949).

William Applerman Williams, A Note on Charles Austin Beard's Search for General Theory of Causation, *American Historical Review*, LXII: 59-80 (October, 1956).

译后记

本书是美国著名历史学家卡尔·贝克尔的一本历史学与政治学论文选,由他的学生们汇编而成,可以说是一幅贝克尔思想的简洁明快而令人信赖的素描。

本书初版由 F. S. Crofts 出版公司在 1935 年付梓。中译本依据的是 Quadrangle Paperbacks 出版公司 1966 年重印版。书中所录《人人都是他自己的历史学家》一文已有王造时(民国时期著名的"七君子"之一)等人不同的中文节译本;《弗雷德里克·杰克逊·特纳》一文有杨生茂先生的节译本。贝克尔的著作,已有何兆武先生译《18 世纪哲学家的天城》、彭刚译《论〈独立宣言〉》、林猛译《现代民主》。译者借鉴了上述译本,从中受益良多。

本书翻译过程中,译者得到了清华大学刘北成教授、山东大学冯克利教授的指导和鼓励;中国人民大学侯深老师以及她在美国的博士导师为我解答了一些疑难问题;中山大学周立红老师帮助我解决了一些法语翻译问题;我目前所访问的美国宾夕法尼亚大学·麦克尼尔早期美国研究中心(McNeil Center for Early American Studies)的同行们帮助我解决了拉丁文翻译问题;北京大学出版社岳秀坤编辑为我搜寻了多种参考资料,一并致谢!

书中各章尾注系原文所有，为方便读者检索，尽量不做翻译。脚注为译者所加，但愿是对读者的帮助而不是误导。

借用贝克尔的一句话说，学术翻译是"充满艰辛的星光大道"。译者虽勉力而为，但因水平有限，错谬之处难免，敬请识者指教。我的电子信箱地址是 mawanli@dlut.edu.cn。

马万利
2011 年 1 月 3 日于宾夕法尼亚大学

非常高兴这样一本学术性较强的译著受读者欢迎而有机会再版。借再版之机，译者对全书进行了校阅，理顺了一些句子，订正了个别术语的误译。感谢华东师范大学张耕华教授关于王造时译本的指教；感谢同行、学生分享阅读体会并提出宝贵意见；感谢读者朋友在网络平台上的评论与指教。

此版收录的篇章和文字有删改。

马万利
2022 年 1 月 2 日
于大连理工大学